KB137896

마을공동체의 요람, 세대별 마을 공간

우리는
마을에 산다

마을공동체의 요람, 세대별 마을 공간

우리는
마을에 산다

초판 1쇄 발행 2018년 6월 15일
초판 2쇄 발행 2020년 11월 21일

지은이 유양우, 신동명, 김수동, 문재현
펴낸이 김승희
펴낸곳 도서출판 살림터

기획 정광일
편집 조현주
북디자인 꼬리별

인쇄·제본 (주)신화프린팅
종이 (주)명동지류

주소 서울시 양천구 목동동로 293, 22층 2215-1호
전화 02-3141-6553
팩스 02-3141-6555
출판등록 2008년 3월 18일 제313-1990-12호
이메일 gwang80@hanmail.net
블로그 http://blog.naver.com/dkffk1020

ISBN 979-11-5930-070-7 03370

이 도서의 국립중앙도서관 출판예정도서목록(CIP)은
서지정보유통지원시스템 홈페이지(http://seoji.nl.go.kr)와
국가자료공동목록시스템(http://www.nl.go.kr/kolisnet)에서 이용하실 수 있습니다.
(CIP제어번호: CIP2018017440)

마을공동체의 요람, 세대별 마을 공간

우리는
마을에 산다

유양우·신동명·김수동·문재현 지음

　1987년은 우리에게 아주 특별한 해였다. 모두 청주라는 공간에 살았고 충북대학교를 다니며 누구보다도 앞장서서 온몸으로 사회의 변화를 외쳤다. 그렇게 활화산처럼 불타오르는 20대를 보내고 사회에 나와서는 가정을 꾸리고 아이를 키우며 살다 보니 어느덧 50대의 중년이 되었다. 농민으로, 사업가로, 공무원으로 서로 다른 길에서 20년을 정신없이 바쁘게 살았다. 그랬던 우리가 이제 커다란 정치적 이슈가 아닌 내가 사는 마을 사람들과 정을 나누며 살고 싶어서 다시 뭉쳤다.

　우리가 마을에서 공동체 문제에 관심을 갖게 된 것은 비슷한 시기였다. 2011년쯤 유양우의 아이들은 왕따를 당했고, 신동명은 마을의 가출 청소년을 만났고, 김수동은 아파트 놀이터에서 일진 아이들의 물갈이를 접했다. 우리가 자랄 때와 너무나 다른 아이들의 세계에 놀라고 당황했다. 아이들이 힘들어하는 것을 보면서 도와주고 싶었지만 어떻게 해야 할지 막막하기만 했다.

　그래서 오랫동안 공동체운동을 해오고 왕따와 학교폭력 문제 해결의 전문가인 평화샘 책임 연구원인 문재현 마을배움길연구소 소장님께 도움을 요청했다. 문 소장님은 예전과 다른 아이들 세계에 대해 자세히 알려주었고, 왕따와 일진 아이들 문제는 모두가 어려워하고 힘들어하는 일이지만 마을 사람들이 문제 해결에 함께 나선다면 그것이야말로 진정한 공동체의 출발이 될 수 있다는 격려를 해주었다.

처음에 우리는 놀이터와 골목에서 아이들의 일탈행위에 대한 대응 방안을 주로 논의하였고 위기 상황에 적극적으로 개입하는 것을 중심으로 활동하였다. 이러한 활동은 위기 상황에 놓인 아이들을 도울 수 있었고, 아이들 문제 해결에 대한 마을 사람들의 인식을 높이는 계기가 되었다. 그러나 위기 개입은 일시적으로 도움을 줄 수는 있었지만 근본적인 문제 해결은 될 수 없었다. 저소득층 밀집 주거지역인 수곡동의 경우 위기 청소년 대부분은 가정과 사회에서 보살핌을 받지 못해 생겨난 문제였다. 금천동에서도 위기 개입 프로그램으로 놀이터가 안전해졌지만 결국 다른 아파트 놀이터로 아이들을 내쫓는 결과를 가져왔다. 이런 과정을 통해 진정으로 아이들을 돕기 위해서는 아이들을 보살필 공간과 프로그램, 그리고 마을 사람들의 참여와 협력이 필요하다는 것을 깨달았다. 우리가 아이들 공부방, 청소년 쉼터, 작은 도서관을 만든 것은 마을의 보살핌 공간을 만들기 위한 첫 번째 시도였다.

이렇게 보살핌 공간과 함께 마을에서 아이들과 우리를 이어준 끈은 매주 펼쳐진 놀이마당이었다. 당시 아이들과 관계 맺는 것이 서툰 우리에게 문재현 소장은 어린 시절 마을과 골목에서 놀았던 놀이를 제안하였다. 놀이는 우리에게 한 줄기 빛과 같았다. 놀이는 아이들과 우리뿐만 아니라 부모와 마을 사람들을 연결시켜주는 통로였다. 놀이는 마을에서 대보름 쥐불놀이와 백가반, 단오날 씨름으로 확장되었고 마을 사람들과 관계도 깊어졌다.

이렇게 놀이를 통해 확장된 관계는 아이들 문제뿐만 아니라 공동체 전체에 대한 관심과 비전으로 넓어졌다.

수곡동에서 마을공동체센터(부지)가 만들어지는 과정은 우리가 세대별 마을 공간에 대해 본격적으로 고민하기 시작하는 계기가 되었다. 먼저 각자가 사는 마을에서 세대별 마을 공간이 있는지 찾아보았고, 이 과정에서 예전 우리가 살았던 마을과 현재 마을의 차이도 알수 있었다. 가장 큰 차이는 마을에 사람들이 어울리며 소통할 수 있는 세대별 공간이 없다는 것이었다. 우리가 살았던 마을에는 어린아이, 청년, 아저씨, 아줌마, 할아버지, 할머니까지 모이는 장소가 다 따로 있었고 그곳에서 정을 나누며 동질감과 정체성을 가질 수 있었다. 하지만 우리가 살고 있는 농촌 마을이나, 도시의 주택가 골목, 아파트 단지 모두가 경로당을 제외하고는 세대별 마을 공간이 없다는 것을 확인할 수 있었다. 아파트 단지는 건축 연도와 세대수, 평수에 따라 세대별 마을 공간이 차이가 난다는 것도 알았다.

흔히 사람들은 우리 사회가 공동체 의식이 부족하다는 이야기를 한다. 하지만 우리가 만난 마을 사람들은 모두 공동체를 진심으로 원하고 있었다. 공동체가 붕괴되고 삶이 파편화되면서 공동체에 대한 욕구는 점점 높아지고 있다는 것을 피부로 느꼈다. 그리고 공동체를 약화시키는 것은 마을 사람들이 아니라 공동체라면 전제가 되어야 할 세대별 마을 공간을 도시계획과 주택계획에 반영하지 않은 정부와 기업의 문제라는 확신을 가지게 되었다.

세대별 마을 공간에 대한 우리의 생각을 사람들과 나누기 위해 부족하지만 우리가 마을에서 경험했던 사례를 정리해서 책으로 내기로 했다.

당초에는 2017년 말까지 책을 내고 2018년 6월 지방선거에서 국민들과 세대별 마을 공간에 대해 이야기하고 사회적 의제로 만들 계획이었다. 하지만 글쓰기의 기본부터 하나하나 배워나가면서 정리하다 보니 많은 시간이 걸렸고, 무엇보다도 우리의 게으름 때문에 책이 늦게 나온 것은 두고두고 아쉬움이 남는다.

　　투박하고 서툰 글이지만 그동안 마을에서 주민들과 함께 울고 웃었던 일들과 목소리를 고스란히 드러내려고 노력했다. 이 책이 공동체를 꿈꾸는 모든 사람들, 특히 아기를 키우는 엄마들에게 조금이나마 위로와 힘이 되길 진심으로 바란다.

　　항상 공동체가 무엇인지, 어떻게 살아야 하는지에 대해 아낌없는 조언을 주신 문재현 마을배움길연구소 소장님께 지면을 빌려 진심으로 감사의 인사를 드린다. 그리고 부족한 글에 냉철한 비판과 따뜻한 조언을 해준 마을배움길연구소 식구들에게 고마운 마음을 전한다. 마지막으로 이 책을 펴내는 데 도움을 주신 살림터 정광일 사장님과 편집부 여러분께도 감사를 드린다.

2018년 6월

유양우, 신동명, 김수동

차례 --

국가와 기업이 책임져야 할
세대별 마을 공간

문재현

새마을운동에 대한 추억과
마을 만들기 사업에 대한 우려

새마을운동 하면 가장 먼저 떠오르는 장면이 우리 마을 앞에 산처럼 쌓여 있는 시멘트 포대더미이다. 내가 초등학교 3학년 때였다. 시멘트 포대는 그렇게 한참 쌓여 있었다. 그것을 어떻게 사용할지 마을 사람들의 의견이 통일되지 않았기 때문이다. 그러더니 마을 안길을 포장하고 농로를 넓히고 마을회관도 만들었다. 마을 공동빨래터도 만들었고 마을 공동우물도 새로 단장했다.

내가 새마을운동을 자세히 기억할 수 있는 것은 그 운동이 초등학교 고학년 때 본격화되어 전 과정을 마을에서 지켜보았기 때문이지만 아버지가 새마을운동을 싫어하는 것도 한 가지 원인이었을 것이라는 생각이 든다. 우리 집은 마을 노인들이 모여서 이야기 마당을 벌이고 화투도 치는 장소였다. 아버지뿐만 아니라 우리 집에 오는 아버지 친구들은 새마을운동을 좋아하지 않았다. 그때는 까닭을 잘 몰랐지만 지금 와서 생각해보면 새마을운동이 자신들의 삶과 정체성을 부정한다고 느꼈기 때문일 것이다. 새마을운동은 우리 마을 사람들이 자연스럽게 모이고 공감할 수 있는 공통 문화의 기반을 없앴다. 정월대보름에 있었던 마을 제사와 지신밟기도 새마을운동과 함께 사라졌다. 내가 초등학교 저학년 때까지만 해도 정월대보름날 풍물이 울리면 마을 사람 모두가 모여들었다. 어른이고 아이고 할 것 없이 지신밟기를 시작하는 풍물소리는 엉덩이를 들썩이게 하여 방 안에 도저히 앉아 있을 수 없게 하는 마법 같은 힘이 있었다. 노인들은 마을의 전통문화에 대하여 깊은 애착을 가지고 있었지만 중·고등학교를 졸업하고 도시에 대한 선망이 있었던 청년들은 달랐다. 그들은 마을 제사나 지신밟기를 미신이라고 하면서 없애야 한다는 생각을 가지고 있었다. 대보름날 풍물이 울리지 않으니 경험이 많지 않았던 어린 나도 허전했는데 평생을 그렇게 살아온 사람들의 상실감이 얼마나 컸을지 짐작도 되지 않는다.

노인들은 새마을운동을 하면서 청년과 여성들의 목소리가 높아지는 것도 싫어했다. 그전까지 마을 청년들은 어른들에게 자기 입장을 분명히 말하거나 대들지 못했다. 그런데 새마을운동이 시작되면서 마을 청년들의 태도가 달라졌다. 마을 노인들의 의견에 대해서 그것은 구식이고 이제 신식으로 해야 한다고 맞서기 일쑤였다. 또 그런 청년들의 말에 마을에 상주하다시피 했던 공무원들까지 거들고 나서면 예전과 달리 어른들이 물러서기 마련이었다. 그 장면이 지금도 기억날 정도로 그것은 마을에서 아주 큰 사건이었다. 그때 새마을지도자나 반장을 맡았던 청년들은 나보다 열 살에서 스무 살쯤 더 많은 형들이었다. 초등학교도 졸업하지 못한 사람이 대다수였던 노인들에 비해서 그 형들은 중·고등학교를 나왔고 도시에 대한 선망을 가지고 있었다. 그래서 새마을운동이 시작되기 전부터 목축을 하거나 돈이 되는 작물을 재배하는 등 마을을 바꾸고 싶어 하는 욕망이 강했다. 마을 청년들이 새마을운동에 그렇게 열성적으로 참여한 것은 박정희가 농촌 청년들의 욕망과 불만을 예민하게 포착했고 이를 정치적, 이념적으로 동원하는 데 성공했기 때문일 것이다.

청년들 못지않게 마을 부녀자들도 열심이었다. 새마을운동 이전까지 마을 잔치나 결혼식 등에 쓸 그릇을 장만하기 위한 그릇계는 있었지만 마을 부녀회는 없었다. 여자들은 우물터나 품앗이를 하면서 세대별로 따로 어울렸을 뿐 마을 전체를 포괄하는 조직을 가지고 있지 않았던 것이다. 그런데 새마을운동과 함께 부녀회를 조직하면서 여자들은 마을 안에서 자기 역할을 찾고 새마을지도자 연수에 참여하는 등 사회활동이라는 것을 하기 시작했다. 그전까지는 여자가 마을에서 공식적인 발언을 한다는 것은 있을 수 없었다. 더구나 무슨 연수를 받는다고 2박 3일이나 5박 6일을 떠난다는 것은 상상도 할 수 없는 일이었다. 내가 마을 아주머니들의 이름을 알게 된 것도 새마을운동을 하면서부터였다. '○○댁'이라고 불리던 아주머니들이 마을 스피커에서 '부녀회장 ○○○'이라고 호명되었다. 마을 부녀회장은 바빴다. 집안일에 농사일, 동네일, 나라에서 시키는 일까지 모두 해내야 했기 때문이다. 그래도 살맛 난다는 듯이 활기차게 동네를 주름잡고 다녔다. 옛날하곤 달리 시부모들의 말을 일부 무시하거나 대들기도 했다. 국가의 힘은 가족 안에서의 가부장주의를 약화시켜서 여성들에게 일종의 해방감을 주었던 것으로 보인다. 사회적 인정으로 인한 자부심도 있었다. 마을 이장과 새마을지도자, 공무원들은 물론 국회의원이나 군수도 자신의 이름을 불러주면서 칭찬을 하는 사회적 인정은 여성들이 그 이전에는 받지 못했던 달콤한 보상이었을 것이다.

새마을지도자와 부녀회장을 새로 맡으면 1주일 가까이 보이지 않았다. 어디선가 교육을 받고 왔다는 것이다. 그런데 교육을 받고 온 그들의 태도는 그 이전과 아주 달랐다. 아주 당당하고 확신에 찬 태도로 말하고 행동했다. 그것을 마을 사람들도 당연하게 인정하는 것 같았다. 그러한 변화의 요인이 어렸을 때부터 궁금했는데 어른이 되어 새마을지도자연수원의 교육 프로그램에 관심을 갖고 연구하면서 그 까닭을 알 수 있었다.

프로그램 내용은 유신체제를 정당화하는 한국적 민주주의의 당위성이나 반공교육 같은 이념교육이 중심이었다. 하지만 연수생들을 변화시킨 것은 생활 곧 교육이라는 이름 아래 진행된 몸과 행동에 대한 규율 훈련이었다. 교육에 참가한 연수생은 누구나 아침 6시에 일어나면 아침 점호를 했다. 아침 점호시간에는 국기에 대한 경례와 국민체조를 했고 아침밥을 먹은 뒤는 조회와 노래 부르기를 하고 강의를 들었다. 조회에서도 국민의례가 있었고 명상과 노래, 분임토의, 간단한 사례 보고 등이 있었다고 한다. 10분간의 명상시간에는 눈을 감고 박정희의 어록을 들었다. 분임토의에서는 자신의 삶을 반성하면서 어떻게 바뀌어야 할 것인가에 대한 토론을 시켰다. 그들에게 가장 크게 영향을 미친 것은 새마을지도자 성공 사례 보고였다고 한다. 자신들과 같은 처지에 있는 사람들이 성공을 이룬 것을 들으면서 자기도 할 수 있다는 자신감을 갖게 하는 시간이었던 것이다.

새마을지도자연수원의 생활은 교육뿐만 아니라 일상적인 행위에 이르기까지 정형화된 행동을 요구했고 그러한 공동 행동은 성별, 연령, 학력이 다른 사람들에게 동질감을 갖게 했다. 또한 분임토의와 성공 사례 보고는 외부로부터 주입된 것을 자신의 것인 양 능동적인 참여의식을 갖게 하는 전환점이 되었다. 새마을운동에서 강조한 자조와 자발성은 이렇게 정부가 제시한 방향을 받아들여서 그것을 자기 것으로 내면화하는 과정이었다. 진정한 자발성과 자율성에 바탕을 둔 선택은 일절 가능하지 않았다. 새마을지도자 연수를 받은 사람이 70만 명에 가까웠는데 그들이 그때 가졌던 동질감과 공통 감정, 공통 행위 양식은 그 뒤 독재정권을 유지하고 박근혜 정권을 탄생시키는 데 결정적인 의미를 가졌던 것으로 보인다. 실제로 우리 마을 새마을지도자와 부녀회장들은 대다수 보수 정당의 열렬한 당원이 되었고 지금도 박근혜 정권과 보수 정당의 강력한 지지자로 남아 있다.

그러면 그들이 애초에 약속했던 농촌 잘 살기 운동의 효과는 있었을까? 내가 기억하는 것은 새마을운동을 하면서 마을 사람들의 농가 빚이 감당할 수 없을 정도로 늘어났다는 것이다. 특히 우리 마을은 경부철도와 국도, 고속도로가 지나가는 곳이라 지붕개량사업이나 주택개량사업을 했는데 돈을 빌려서 할 수밖에 없었기 때문에 더 많은 빚을 지게 되었다. 그래서 내가 느끼는 새마을운동은 초등학교 때 학년이 올라가면서 우리 반 아이들의 숫자가 점점 줄어들고 마을을 떠나서 도시로 이주하는 사람이 많아졌다는 것이다. 당시 자료를 보면 새마을운동 성공 사례로 보고된 마을일수록 농가 부채가 많았고 그 마을을 떠나 도시로 이주하는 사람이 많았다고 하니 이것이 새마을운동의 진짜 모습이라고 나는 생각한다.

요즘 여러 지방자치단체에서 마을 만들기 운동을 진행하고 있다. 주민의 자발적인 운동이 아니라 자치단체가 중심이 되기 때문에 새마을운동을 떠올리는 사람이 많다. 그러니 새마을운동과 무엇이 다른지 따져보지 않을 수 없다. 프로그램의 전체적인 개요나 진행 방식에서 새마을운동과 크게 다르지 않기 때문일 것이다. 새마을운동 당시 정부는 전국 3만 4,665개의 행정리를 기초마을(1만 8,415개), 자조

마을(1만 3,943개), 자립마을(2,307개)로 분류했다. 그러한 등급화는 마을 사이에 경쟁을 촉발시킬 수밖에 없다. 마을공동체에 대한 애착이 큰 조건에서 하나의 면에 있는 마을을 세 개의 등급으로 분류하면 마을 사이에 자존심 경쟁이 일어날 수밖에 없고, 이는 정부가 적은 투자를 하더라도 큰 효과를 얻을 수 있는 방법이었다. 새마을운동 30년 자료집에 따르면 1972년에 7% 성도밖에 되지 않았던 자립마을은 1979년에는 무려 97%에 이르게 되었다고 하니 모든 마을이 살 만하게 되었다는 것이 지표에 나타난 모습이다. 겉으로만 바뀌고 속으로는 망해가는 마을들이 자립마을이라는 허망한 이름만을 얻게 되었던 것이다.

마을 만들기 사업에서도 마을 커뮤니티를 발전 단계에 따라 세 단계로 구분한다. 씨앗마을, 새싹마을, 희망마을이다. 씨앗마을은 마을 커뮤니티 형성이 미약하여 정부의 지원 사업을 따낼 수 없고 마을 리더 양성을 위한 교육활동이 중심인 마을이다. 새싹마을은 기초적인 기반이 닦여 1~2개의 사업을 신청할 수 있고, 희망마을은 커뮤니티 활동이 활발해 여러 개의 사업을 지원받을 수 있는 조건을 가진 마을이다.

여기서 주목해야 할 것은 새마을 사업처럼 마을 만들기 사업도 지방자치단체가 마련하는 교육을 받은 사람들이 중심이 될 수밖에 없다는 것이다. 희망제작소나 도시연대 등이 마련한 마을 만들기 교육 코스를 통해 마을활동가로 이름 붙여진 사람들은 그 교육과정을 통해 사업 아이템을 만들고 사업 신청을 하게 된다. 그 사업 절차를 보면 다음과 같다. 연간 사업 계획 발표 → 주민 신청 → 일반 상담 → 사업 제안서 제출 및 접수 → 심층 상담 → 심사·선정 및 협약서 작성 → 사업 실행 계획 수립 → 사업비 지원 → 사업 집행 → 사업 정산 → 사업 평가 순이다.

여러 교육청에서 진행하고 있는 혁신지구사업도 이와 다르지 않다. 이러한 과정이라면 지방자치단체의 의도와 가이드라인, 그들이 제공하는 교과과정의 울타리가 활동가들의 의식과 행동의 한계를 정할 수밖에 없게 된다. 어떤 활동가가 창의적이고 독립적으로 계획을 세웠다 하더라도 정부가 정해놓은 사업 계획서 및 제안서, 예산 지침이라는 틀 안에서는 형식화, 규격화될 수밖에 없기 때문이다. 한마디로 교육받을 때와 논의할 때까지는 이런저런 이야기가 나올 수 있지만, 사업에 선정되는 순간부터 그 어떤 유연성도 새로운 제안도 하기 어렵다. 어떤 제안도 지방정부와 교육청이 미리 정해놓은 가이드라인을 벗어날 수 없고 그들의 의도에 맞지 않은 사업은 상담과 교육, 컨설팅을 통해 바뀌지 않으면 안 된다. 또 다른 문제는 교육에 참가하는 사람들이 대다수 여성이라는 데 있다. 오늘날 공동체운동은 여성들의 보살핌 노동을 남성과 지역사회가 나누어 지는 것이다. 그렇게 하려면 공동체 활동가가 되기 위한 교육을 남성과 지역사회의 기관장들이 받아야 한다. 현재처럼 여성들이 주로 교육을 받게 된다면 보살핌 노동의 짐이 여성들에게 더 지워져서 새마을운동 때처럼 여성 노동을 착취하는 쪽으로 가는 것이 아닌지 의심스럽다.

새마을운동 당시 마을은 공동체적인 생활 단위였고 구성원들의 공동체의식도 높았다. 이와 달리 요즘 마을 만들기 운동을 하는 사람들은 마을의 기반이 약하거나 거의 없다시피 한다. 그래서 요즘 마을 만들기 운동은 더욱 정부나 지방자치단체를 매개로 사업을 진행하고 마을 사람들을 만날 수밖에 없는 척박한 환경에 놓인 사람들이 하는 운동이다. 이렇게 기반도 취약한데 자발성, 자율성도 없다면 마을 만들기 운동에 과연 밝은 미래가 있을까? 지난 20년간 마을공동체운동을 구상하고 기획하고 실천해온 나는 그 미래를 걱정할 수밖에 없다. 마을을 살릴 수 있는 조건, 기반에 대한 인식이 부족한 상태에서 지방자치단체를 중심으로 마을 만들기 사업이 진행된다면 새마을운동처럼 실패한 사업이 될 수밖에 없기 때문이다. 벌써 지방자치단체에서 사례로 내세우는 마을은 땅값만 올라가고 그 안에서 마을 만들기를 하던 사람들은 땅값을 감당하지 못해 밀려나고 있는 것이 현실이다. 게다가 마을 주민들 전체를 기반으로 사업이 진행되는 것이 아니기 때문에 마을 만들기 사업이 좌파들의 의제란 말들도 나오고 있다.

이러한 상황에서 이번에 이 책을 통해서 소개하는 세 가지 마을 사례는 주민들이 자발적으로 진행하고 마을 사람들 전체를 포괄하는 의제이면서도 소수자들을 보호하고 존중한다는 측면에서 마을공동체운동의 새로운 지평을 열 수 있는 계기가 될 것이라고 생각한다.

자발성은 어떻게 가능한 것일까?

　마을공동체와 그 문화를 연구하고 실천해온 지 25년 동안 요즘만큼 많은 질문을 받은 적이 없다. 그 질문은 대개 마을 만들기 사업을 할 때 주민들의 자발성을 어떻게 끌어낼 수 있는가 하는 것이다. 이처럼 많은 활동가와 학자들이 마을 주민들이 자발성이 없는 것을 심각한 장애로 보고 있다면, 이에 대한 인식과 실천의 공유는 마을공동체 운동의 성공을 좌우하는 근본적인 문제로 봐야 할 것이다. 먼저 마을 만들기 사업을 추진하고 있는 담당자의 자발성에 대한 생각을 들어보자. 수원시 마을만들기추진단 민완식 단장의 인터뷰이다.

　새마을운동과 다른 점이 뭔가 하는 말을 가장 많이 듣는다. 저도 맞다고 본다. 다른 게 없다. 그런데 추진 주체는 다르다. 관이 아니라 주민이 주체가 된다. 바로 그 점이 다르다. 관은 시너지 효과를 위해 도와준다. 물론 초반기 관에서 끌고 간 게 없잖아 있다. 그러나 올해는 작년보다 나아지면서 주민의 다양한 의견이 접목되더라. 관의 역할은 마중물을 해주는 거다.

성미산 마을이나 동작동 성대골 사례처럼 주민들의 자발적인 실천을 바탕으로 마을 만들기 사업이 시작되었다고 믿기 때문인지 새마을운동과는 주민들의 자발성이라는 측면에서 확실히 다르다는 인식을 가지고 있다. 하지만 자발성과 주체성, 자율성을 강조한 것은 새마을운동도 마찬가지였다. 박정희가 새마을운동을 시작하기 전에 이미 마을환경 개선과 소득 증대, 교육환경 개선을 위한 문고 만들기 사업이 주민들에 의해서 진행되고 있었다. 우리 충북에서 새마을운동의 성공 사례로 제시되는 곳이 청주 석화리다. 이 마을은 마을회관을 1961년 12월에 지었고 그 회관에서 문맹퇴치를 위한 계몽활동을 했다. 1962년에는 지붕개량을 했고, 1968년에 전기도 들어왔고 마을 안길도 넓혔다. 이러한 사업들을 체계적으로 발의하고 진행한 단위가 청년 18명이 중심이 되어서 만들어진 청년 상조회였다. 이러한 사례들을 발굴하고 전유함으로써 박정희 정권은 농민들에 대한 설득력을 높일 수 있었던 것이다.

이와 달리 마을 만들기 사업은 주민들의 눈높이에서 받아들일 수 있는 사례를 가지고 있지 못한 것이 문제이다. 서울 마포구 성산동 성미산 마을 사례도 일반적인 모델이라고 보기는 어렵다. 성미산 마을 사람들은 성산동 주민들과 다르다. 성미산 마을은 주민 전체를 포괄하는 개념이 아니라 공동육아와 대안학교인 성미산학교 안팎의 사람들을 바탕으로 만들어진 독특한 커뮤니티이기 때문이다. 그렇다고 성미산 마을의 가치를 낮게 보는 것은 아니다. 국가와 지방자치단체가 육아를 방치하거나 획일적으로 교육할 때 부모들이 중심이 돼서 어린이집과 대안학교를 만들고 마을 차원에서도 소통하기 위한 여러 가지 장치를 만든 것은 유례를 찾기 힘든 높은 자발성과 협동의 산물임이

틀림없기 때문이다. 하지만 공동육아나 성미산학교에 가기 위해서는 일정 정도 부모의 경제적 조건이 뒷받침되어야 하고 그 교육과정은 진보적이거나 생태적인 의식이 높은 사람들이 참여할 수 있는 내용이라서 일반 주민들이 참여하기가 어려운 것이 현실이다. 그래서 일반 주민들과 다른 커뮤니티가 형성된 것이고 그렇게 형성된 단위를 그들은 성미산 마을이라고 부르고, 성산동 일반 주민들은 원주민이라고 달리 부르는 것이다. 이러한 정도의 심리적 거리를 가진 조건에서 성미산 마을이 주민들 전체를 포괄하는 공동체운동으로 발전한다는 것은 불가능에 가까운 도전이 될 것이다.

그러면 마을 만들기 사업을 하는 자치단체의 의도대로 교육을 통해서 자발성을 가진 활동가를 기를 수 있을까?

몇 년 전 서울 마을활동가 교육에서 있었던 질문과 답변이다.

"선생님, 제가 지금 마을 사업 아이템을 만들고 있거든요. 저는 마을에서 생태교육 프로그램을 진행하고 싶은데 어떻게 하면 좋을까요?"

"마을에서 생태교육을 진행하려면 먼저 마을 사람이 되어야지요. 함께 진행할 만한 사람을 찾을 수 있습니까?"

"없는데요."

"생태적 지식도 중요한데요. 마을화단이나 공원에서 생태관찰을 해본 적이 있습니까?"

"그것도 없습니다."

"그러면 마을에서 생태교육을 진행하기 위한 조건이 갖추어지지 않은 것인데, 그런 생각을 하게 된 계기는 무엇입니까?"

"그거야, 교육을 받으면서 그러한 교육을 하면 좋겠다는 생각을 했기 때문이죠."

만약 그분이 가족들과 함께 평상시 도감을 들고 꾸준히 생태관찰을 해 왔다면 어땠을까? 이웃 주부와 아이들의 관심을 끌게 되었을 것이고, 뜻만 있다면 사계절 아파트 생태관찰 프로그램을 만들 수 있었을 것이다. 실제로 나와 대화를 한 여러 사람이 그렇게 아파트에서 주민들과 함께 프로그램을 진행하고 마을공동체운동을 시작할 수 있었다. 이 책에 나오는 사례들도 그렇게 마을에서 주민들이나 아이들과 생태관찰을 하면서 시작하거나 그것이 중요한 계기가 되었다. 모든 아이들이 학교에 다니는 현실에서 교사가 부모와 함께 마을 나들이를 하면서 생태관찰을 할 수 있다면 그 효과는 훨씬 더 좋을 것이다. 학교가 중심이 돼서 마을공동체운동을 진행하고 있는 수곡동 사례가 이를 증명한다.

자발성은 마을에서 주민들과 같은 눈높이에서 문제를 발견하고 해결을 위해 참여할 때, 그리고 주민들이 '내가 뭐를 도와줄까' 하는 반응이 나올 때 점화된다. 외부에서 교육을 받고 주민들을 대상으로 사업을 구상하는 상황에서 자발성이 뿌리내릴 수는 없다.

주민들이 자발성을 가지고 운동에 참여하려면 모든 주민이 심각하다고 느끼는 문제이거나 아주 절박해서 주변 사람들이 도와주기를 간절히 바라는 문제로부터 시작해야 한다. 주로 여성들이 담당하고 있는 보살핌 문제가 그런 영역이다. 영아에게는 그 마을에서 아이를 보살필 수 있는 프로그램, 유치원과 초등학교에 다니는 아이들을 위해서는 함께 놀 수 있고 방과 후에 도움을 받을 수 있는 프로그램, 결혼한 여성을 위해서는 양육 및 생계를 위한 지원 프로그램 등이다. 그러한 사업이 진행된다면 당사자들이 간절히 도움을 바라는 문제이므로 쉽게 공동체 활동에 참여할 수 있다.

　현재 진행되고 있는 마을 만들기 사업이 주민들의 자발성을 끌어내지 못한 까닭을 더 깊이 따져보자. 먼저 사업 주체에 문제가 있다. 현재 마을 만들기 사업의 주인공은 공무원과 학자, 단체 활동가라고 볼 수 있다. 마을 만들기 사업이 공모사업 중심으로 진행되기 때문이다. 공모사업에서는 가장 먼저 하는 것이 계획서를 쓰는 것이다. 그리고 심사를 받기 위해서는 마을 사람들의 동의를 받기 위해 모임을 가지는데, 한두 차례 형식적으로 하는 경우가 많아 마을 사람들이 들러리가 된다고 인식할 수 있다. 마을 사람들은 처음에는 마을을 위한 사업을 한다고 하니까 그 사업에 동의해주지만 마을 사람이 아닌 활동가와 동질감을 느끼지 못한다. 게다가 관의 예산을 받아서 하는 사업은 마을 실정에 맞게 의제가 진화할 때 여기에 대응할 수 있는 유연성을 가질 수 없다. 결국 돈만 쓰고 지속성이 없는 사업이 되는 것이다. 실제 돈 때문에 공동체가 깨지는 경우도 있다.

　이런 문제를 해결하려면 마을공동체사업은 마을 사람들의 힘으로 진행해야 한다는 원칙을 분명히 해야 한다. 다시 말하면 마을공동체사업은 마을에서 살고 있는 아이들과 아줌마, 아저씨, 할머니, 할아버지가 함께 느낄 수 있고 발견할 수 있으며 참여할 수 있는 의제여야 한다. 특히 가족이 함께할 수 있는 의제가 중요하다. 가족은 마을의 모든 세대와 소통하는 연결고리가 될 수 있기 때문이다. 어머니를 통해 할머니들과, 아버지를 통해 할아버지들과 만나고, 아이들을 통해 그 친구와 그 친구의 부모들을 만나고, 내 아내를 통해 다른 아줌마를 만나는 것은 어려운 일이 아니다. 이렇게 가족과 마을 생활의 사회적 조건을 파악하면 사람 관계가 고통이 아니라 자신의 실존적인 문제를 함께 해결하는 중요한 지점이 될 수 있다. 아내가 양육의 어려움을 호소하면 마을에서 양육 지원 프로그램을 만들고, 아버지 친구가 우울증으로 고생하면 이를 돕기 위한 마을 프로그램을 만들 수 있는 것이다.

현재 진행되는 마을 만들기 사업은 시·군·구 단위 곧 기초자치단체를 중심으로 진행된다. 그렇게 큰 단위에서는 마을 사람들의 실존적 상황 그리고 그 상황으로부터 발생하는 문제 상황이 보이지 않는다. 그러한 상태에서 만들어진 사업이 마을 사람들의 내적인 욕구 충족과 교류의 계기가 될 수 없는 것은 당연하다. 외부에서 돈을 주면서 자발적인 공동체 사업을 하게 할 수는 없기 때문이다. 진정한 공동체운동은 자기 돈과 시간, 손과 발을 놀려서 공동체에 참여하고 이를 통해 공동체 구성원으로서의 정체성을 함께 구성하는 것이다. 따라서 마을 사람들의 자발성을 문제 삼을 것이 아니라 공동체 활동가들의 삶과 활동 방식을 먼저 검토해야 할 것이다.

이 책에 나오는 세 마을의 사례를 살펴보면 자발성이 어떻게 나오고 어떤 효과를 가지는지 알 수 있게 된다. 세 마을 모두 외부로부터 교육을 받거나 돈을 받아서 사업을 진행하지 않았다. 자기가 생활 속에서 발견한 문제를 가지고 지속적으로 고민하고 망설이다가 결단을 하고, 주변 사람들을 설득하고 함께 고민을 나누면서 활동을 시작했다. 물론 전문가의 도움이 있다. 세 사례 모두 나와 관련이 있기 때문이다. 하지만 내 강의나 교육으로부터 시작된 것은 아니다. 자신들이 스스로 발견한 문제를 풀기 위해서 상담해왔고, 나 역시 그 마을에서 어떻게 문제를 풀어갈 수 있는지 그 조건과 방법에 대해서 이야기했을 뿐이다.

발견한 문제도 각기 다르다. 농촌 사례에서는 방치된 아이들을 보살피는 것에서 운동이 시작되었고, 수곡동에서는 가출 아이들을 어떻게 마을 전체가 함께 보살필 것인가가 중심 의제였다. 아파트 단지 사례에서는 일진 아이들이 놀이터에서 마을 아이들을 위협하는 문제를 어떻게 해결할 것인가에서 시작해서 아파트 도서관 만들기, 마을생태 프로그램 등으로 확장되었다. 특히 수곡동 사례는 학교와 마을의 여러 기관들, 부모들과 전문가들이 함께 협력해서 새로운 공동체운동의 지평을 열어가고 있다는 점에서 중요하다. 학교 선생님이 마을 나들이를 가고 아이들과 관련된 기관을 방문하면서 학교와 마을의 신뢰가 싹트고 이를 바탕으로 다양한 사업이 전개되는 모습은 도시공동체 운동의 새로운 방향을 제시하고 있다고 생각한다.

그렇다고 해서 이 사례들이 완전한 모델이 될 수 있다고 보지 않는다. 세 명 모두 남자인 데다가 학생운동과 농민운동, 시민운동을 경험한 사람들이기 때문에 가능한 사례일 수 있기 때문이다. 공동체 문화가 형성되려면 모두에게 공통되며 인간의 활동을 총괄할 수 있어야 한다. 이를 위해서는 활동가가 아니라 일반 주민이 따뜻한 지원과 환대 속에서 공동체 활동에 참여할 수 있어야 한다. 그러한 계기를 나는 세대별 마을 공간으로 본다.

세대별 마을 공간 만들기의 책임은 정부와 기업에 있다

옛날 농촌 마을은 모든 공간이 열려 있었다. 남자들은 사랑방, 여자들은 안방과 부엌, 빨래터를 세대별 마을 공간으로 삼고 소통했다. 정월대보름이 되면 모든 마을 공간이 다 열렸고 마을 제사나 지신밟기 등을 통해 하나의 마음자리를 가진 공동체임을 확인했다. 마실이나 지신밟기는 서로의 속사정을 낱낱이 알 수 있는 계기가 되었다. 육아도 온 마을이 함께했다. 다시 말하면 우리가 어렸을 때는 온 마을이 아이를 길렀다. 아이 근처에서는 항상 이웃과 친척이 있었다. 어른들뿐만 아니라 많은 언니, 형들의 관심을 받았고 그런 관심과 기대 속에서 아이의 몸과 마음은 건강하게 자랄 수 있었다. 아이는 가족의 한 사람으로 태어나는 것이 아니라 마을의 구성원으로 태어나기 때문에 아이를 기르는 것은 엄마만의 일이 아니고 할머니를 포함한 가족과 마을 전체의 일이었다.

할머니, 할아버지, 아버지, 어머니, 언니, 형들이 맺는 다양한 인간관계는 아이가 세상에 참여하고 환대받을 수 있는 밑바탕이었다. 육아에 대한 지식도 밖에서 얻을 필요가 없었다. 할머니들은 적어도 대여섯 명의 아이를 기르고 수십 명의 아이들이 자라는 것을 지켜본 육아의 달인들이었다. 할머니들은 경험이 부족한 엄마들의 든든한 상담자이기도 했다. 손주들의 똥 가리기와 옷 입기, 밥 먹기 등 생활습관을 잡아주는 역할도 기꺼이 맡았고 틈틈이 노래를 불러주고 놀아주고 이야기도 들려주었다. 둘러앉은 할머니들의 무릎사이에서 만들어지는 육아 동아리는 갓난아기들이 행복하게 자랄 수 있는 튼튼한 울타리가 되어주었다. 고모, 큰어머니, 작은어머니, 형과 언니, 이웃 어른들도 아이들을 데리고 놀았다. 그렇게 어릴 때부터 동생을 업어주고 데리고 놀게 되면 육아 방법은 자연스럽게 배우기 마련이다. 어렸을 때부터 육아에 참여한 언니와 형이 자라서 엄마, 아빠가 되는 것이기 때문에 이제 막 아이를 갖게 된 젊은 부모도 임태와 출산, 육아를 두려워하지 않았다. 아이가 마을공동체에서 받는 것은 입고 먹는 것만이 아니라 정서적인 공감과 사회적인 정체성을 포함한 모든 것이었다.

이처럼 옛날 마을은 함께 일하고 함께 아이를 기르는 공적 공간으로 기능했다. 이와 달리 요즘 사람들은 자기 집을 벗어나면 돈 없이는 누구를 만나고 교류할 수 있는 공간이 없다. 그래서 공동체운동을 하려면 가장 먼저 등장하는 문제가 어디서 만날까 하는 것이다. 이는 아이들을 기르는 부모일수록 더 절박한 문제이다. 열린 마을 공간은 어린이들이 발달하는 데 가장 중요한 조건이기 때문이다. 이 책의 필자들 역시 세대별 마을 공간이 마을공동체를 살리기 위한 필수적인 조건이라는 것을 분명히 하고 있다. 자기 아이를 기르고, 마을 아이들을 보살피고, 어른들과 마음을 모으면서 공간의 확보 없이는 공동체운동이 확장될 수 없음을 온몸으로 확인했기 때문일 것이다.

그러면 세대별 마을 공간은 누가 만들어야 할까? 현재 마을 만들기 운동에서는 공간에 대한 논의의 최대치가 마을 카페이다. 하지만 마을 카페는 이제 막 공동체운동을 시작하려는 사람들의 거점이 될 수는 있어도 주민들의 공간에 대한 생활적 요구를 실현할 수 있는 곳은 아니다. 더구나 현재 마을 만들기 운동을 하는 사람들의 역량은 그러한 작은 카페 하나 만들거나 유지하기도 어려운 것이 현실이다. 마을 만들기 운동으로 땅값이 오르면서 쫓겨난 마포구 성산동의 '작은나무카페'가 이를 잘 보여준다.

따라서 세대별 마을 공간을 만들기 위해서는 공동체운동에 대한 생각을 근본적으로 바꾸어야 한다. 일부 활동가가 아니라 주민들이 삶의 필요에서 시작하는 공동체운동이 되어야 한다. 이 글의 필자들이 이야기하는 것처럼 마을에 경로당뿐만 아니라 아이들을 위한 실내외 놀이방, 어른들을 위한 사랑방, 여성들을 위한 수다방, 청소년을 위한 공간들이 만들어지고 이를 지원하는 체계가 갖추어졌을 때 어떤 일들이 일어날 것인지 상상해보자. 요즘 부모들은 자기 집에서 고립된 상태로 아이를 기른다. 마을의 도움은 생각도 못하고 밖으로 나오면 돈이 많이 드는 키즈 카페나 놀이공원, 백화점 키즈룸 등을 활용한다. 개인적인 선택이 있을 뿐 공동체적인 비전이 없는 것이다. 하지만 마을에 간단하게 무엇을 만들어 먹일 수 있는 시설이 있고, 아이들이 나와서 놀 수 있는 거실과 조용하게 재울 수 있는 방도 몇 개 있는 놀이방이 있으면 어떨까? 마을에서는 상시적으로 지원되는 자원봉사자를 배치하고 엄마들에게 쉬거나 바깥일을 처리할 수 있는 시간도 제공할 수 있다면, 이런 조건을 활용하려고 하지 않는 부모는 없을 것이다.

부모세대를 위한 사랑방 역시 마을과 학교에 새로운 기회를 제공할 수 있다. 먼저 마을에서 자리 잡지 못하고 유흥가를 떠도는 아버지들을 마을 속으로 끌어들일 수 있다. 요즘 진로교육과 자유학기제, 자유학년제가 쟁점이 되고 있다. 마을은 온갖 직업을 가진 사람들이 함께 살아가는 곳이므로 그들이 힘을 합쳐 학생들을 위한 멘토가 되고 여러 가지 프로그램을 만들 수 있다면 그 모든 활동이 공동체 활동의 일부가 될 수 있다.

이처럼 생활의 필요를 바탕으로 공동체운동을 점화하고 활성화할 수 있다면 마을공동체운동의 모습은 아주 달라질 것이다. 주택계획과 도시계획을 바꾸려면 활동가의 생각이 중요한 것이 아니라 모든 주민들의 힘이 뒷받침되어야 한다. 학계에서는 정부와 업계의 입김이 가장 센 분야 가운데 하나가 도시 건축 연구라고 한다. 공동체 공간을 만들지 않으면 기업의 이윤이 그만큼 늘어나고, 정부 역시 복지에 들이는 비용을 그만큼 줄일 수 있기 때문이다. 이러한 이해관계 때문에 도시계획과 주택계획에서 세대별 마을 공간이 중요하게 고려되지 않는 것이다. 따라서 관·산·학 연계를 극복하고 마을공동체운동이 미래를 열기 위해서는 거대한 대중운동이 필요하다. 학교급식운동 이상의 대중적 기반을 가진 장기적인 실천이 있어야 할 것이다. 어쩌면 생각보다 쉬울 수 있을지도 모른다. 학교급식운동보다 세대별 마을 공간 만들기 운동은 훨씬 더 절박한 요구이고 더 많은 사람들의 참여를 가능하게 하는 이슈이기 때문이다. 이 책의 필자 세 사람이 오랜 실천을 통해서 세대별 마을 공간의 중요성을 확인하고 이를 정책으로 제기하는 것도 그러한 가능성을 보았기 때문이다.

이 책에 담긴 이야기들이 사람들에게 감동을 주는 것은 가까운 사람들하고 이야기하고 걷고 놀이하는 것이 공동체운동의 바탕을 이룬다는 것에 대한 깨달음이다. 당위적인 실천이 아니라 서로에 대한 기대와 설렘, 일체감 속에서 공동체운동이 진행될 수 있는 가능성을 보여주는 것이 이 책의 미덕이다.

　요즘 '마을이 화두고 걷기가 유행이며 대세다'라는 말이 있다. 나는 이 말을 '마을이 화두고 걷기가 대세이며 놀이가 초점'이라는 말로 바꾸고 싶다. 이 책의 필자들의 실천을 가장 잘 요약하고 있기 때문이다.

　이들은 항상 마을을 화두로 삼고 있다. 공부를 하든, 놀이를 하든, 일을 하든 마을을 바탕으로 생각하고 실천한다. 그리고 자기 마을을 마을 사람들과 함께 걷는다. 요즘 학교에서 배우는 것은 우주와 같은 거대한 대상이거나 현미경으로 볼 수 있는 작은 세상이다. 그런데 우리들의 삶이 행복해지려면 마을에서 걷는 것이 중요하다. 마을을 걷게 되면 마을 사람들을 만나고 마을의 역사와 문화도 서로의 마음에 담게 된다. 걷는 만큼 사람 냄새 나는 세상이 다시 돌아오는 것이다.

　이들의 실천에서 초점이 되는 것은 놀이였다. 요즘 놀이가 아이들의 밥이라고 하는 말이 유행한다. 하지만 이들은 놀이를 아이들의 밥이라고 생각하지 않고 공동체의 밥이라고 생각한다. 그래서 아이들과 놀뿐만 아니라 어른들과도 놀면서 마을이 함께 노는 세상을 꿈꾼다. 이들은 놀이를 통해서 마을 사람들과 자연, 사회와 서로 접속의 지점을 만들 수 있었다. 이제 그 실천은 새로운 단계에 접어들었다. 세대별 마을 공간 만들기 운동을 통해서 자신들의 꿈을 우리 사회 모두의 꿈으로 바꾸려고 하는 것이다. 이 꿈에 동참하는 것이 공동체운동이라니 정말 신나는 일이 아닌가. 그리고 모두가 함께 꾸는 꿈은 현실이 될 수 있다.

아파트 공동체의 속살
-세대별 마을 공간

김수동

주민의 힘으로 만든
첫 번째 공유 공간, 작은 도서관

2013년 4월 30일 아침.

"위원장님! 오늘 해품터직지도서관 개장식인 거 아시죠? 꼭 참석해 주세요."

전화기 너머로 아파트 입주자 대표회장의 들뜬 목소리가 들렸다.

대표회장의 전화를 받고 나는 한동안 망설였다. 3월에 큰 교통사고를 당해 병원에 입원을 하고 있어서 제대로 걸을 수도 없었기 때문이다. 가려면 목발을 짚고 가야 하는데 그런 모습으로 여러 사람 앞에 선다는 것이 왠지 쑥스럽게 느껴졌다.

"그동안 도서관 만드는 데 일등 공신이니 꼭 참석을 하셨으면 좋겠어요."

이번에는 아파트 관리소장이 전화를 했다.

한참 고민을 하다가 도서관 만들기에 함께 노력했던 추진위원들도 보고 싶었고, 무엇보다도 도서관이 어떤 모습인까 궁금해서 견딜 수가 없어 참석하기로 했다. 두근대는 마음으로 길을 나섰는데 500미터밖에 안 되는 길이 무척이나 멀게 느껴졌다. 땀으로 뒤범벅되어 행사장인 관리동 앞에 도착하니 준비한 100개의 의자는 이미 찼고 주변

해품터직지도서관 개장식

에 서 있는 사람들도 많았다. 우리 아파트가 생긴 이래 청주시장을 비롯한 도의원, 시의원들도 모두 참석한 가장 큰 행사라 추진위원들은 긴장한 표정들이었다.

나를 보자 저 멀리서 입주자대표회장이 쫓아와서 반갑다고 손을 내밀었다. 안전지킴이 총무이면서 도서관 건립 추진을 함께했던 최 사장도 활짝 웃으며 반갑게 맞아주었다. 함께 고생했던 다른 도서관 건립추진위원들도 내게 다가와 인사를 건넸다. 좌석의 맨 뒤편 경로당 회원 틈에 계시던 아버지는 목발을 짚은 나를 걱정 어린 눈으로 바라보셨다. 내가 처음 작은 도서관 만들기의 꿈을 갖게 해준 홍 통장도 내 손을 덥석 잡으며 말했다.

"그렇게 애쓰더니 결국 해내셨어요. 정말 고마워요."

이렇게 여러 사람들이 따뜻하게 반겨주니 통증이 하나도 느껴지지 않았다. 불편한 몸으로 겨우 의자에 앉았는데 대표회장이 다가와 도서관 추진 경과 보고를 해 달라고 부탁했다.

"추진위원장이 해야지 누가 해요? 한마디라도 해주세요."

몸 상태가 안 좋아서 사양을 했지만 거듭되는 대표회장의 요청에 하겠다고 했는데, 막상 하려고 하니 머리가 하얘졌다. 그러는 사이 내 차례가 되어 절뚝거리며 마이크 앞에 섰는데 목이 메어 말을 제대로 할 수가 없었다. 도서관을 만들기 위해 추진위원들과 함께했던 지난 몇 개월이 눈앞을 스쳐 갔다.

어떻게 경과 보고를 했는지 아무것도 기억이 나지 않았다. 그 뒤로 대표회장의 인사말과 청주시장을 비롯한 내·외빈의 축사도 하나도 들리지 않았다. 빨리 도서관을 보고 싶은 생각만 간절했다.

드디어 참석 내·외빈이 테이프 커팅을 하는 것으로 개장식이 마무리되었다. 내가 목발을 짚고 계단을 내려가려 하자 사람들은 위험하다며 말렸지만 한 발짝 한 발짝 천천히 지하로 내려갔다. 내려오면서

작은 도서관

나처럼 몸이 불편한 사람들도 쉽게 이용할 수 있는 시설을 갖추지 못한 것이 못내 아쉬웠다. 지하도서관 문 앞에 서서 자동문 버튼을 누르는데 손이 떨리고 울컥했다. 몇 달 전까지 폐허나 다름없던 지하가 많은 책과 사람들이 이야기를 나눌 수 있는 공간으로 바뀌어 있었다.

"지하가 천지개벽을 했네."

"어머! 엄마와 아기들을 위한 방도 있어."

"여기는 애들이 책 읽는 곳인가 봐. 이름도 꾸러기방이네."

처음 도서관을 만들 때 가장 신경을 많이 썼던 모임방을 보며 좋아하는 사람들을 보니 뿌듯했다.

"그동안 수고 많았어요. 도서관 만들기를 참 잘한 것 같아요. 이제부터 잘 운영하는 일만 남았네요. 만들 때처럼 힘을 모아서 잘해봅시다."

행사에 참여했던 사람들이 모두 돌아가고 대표회장이 손을 잡으며 말하는데 나도 모르게 힘을 주어 그 손을 꽉 잡았다.

"애비야, 고생했다. 경로당 사람들도 모두 잘했다고 해."

도서관 밖에서 기다리고 계시던 아버지는 나를 대견스럽게 바라보며 말씀하셨다. 지금은 계시지 않은 아버지의 따뜻한 목소리가 아직도 귓전에 맴돈다.

이렇게 내가 살고 있는 금천H아파트에 작은 도서관이 문을 열었다. 지금은 500세대가 넘는 아파트에는 작은 도서관을 꼭 짓도록 되어 있지만, 우리 아파트가 지어진 1991년에는 그런 규정이 없었다. 그럼에도 우리 아파트에 작은 도서관이 만들어진 것은 주민들 노력의 결실이었다. 작은 도서관이 만들어지자 아파트가 변하기 시작했다. 작은 도서관은 아파트 주민들의 소통 공간으로 자리 잡았고, 사람들은 그곳에서 공동체의 속살을 채워나가고 있다. 지금 우리 아파트에서는 작은 도서관이 다 담지 못한 각 세대의 요구를 반영한 세대별 마을 공간을 만들기 위한 새로운 움직임이 일고 있다.

참다운 마을살이의 시작, 동대표

나는 2004년 봄부터 지금 살고 있는 아파트에 살았다. 그동안 대부분의 사람들이 그렇듯이 옆집에 누가 살고 있는지도 모른 채, 직장과 집을 오가면서 그렇게 8년을 살았다.

그런 내가 아파트에 관심을 갖고 공동체 일에 참여하게 된 계기는 두 가지이다. 하나는 아파트 동대표를 맡은 것이다. 당시 나는 마을배움길연구소에서 무심천 수달 살리기와 학교급식운동에 참여하면서 언론에 자주 나왔는데, 이것을 본 이웃 아주머니들이 젊은 사람이 동대표를 해야 한다며 집으로 찾아왔다. 처음에는 거절을 했지만 계속되는 부탁에 동대표를 맡게 되었다. 동대표는 동을 대표하여 아파트입주자대표회의에 참여하고 아파트 살림살이와 주요 정책을 결정하는 일을 한다.

'역할이 사람을 만들고, 아는 만큼 보인다'고 동대표를 맡고 나서는 그냥 지나쳤던 아파트의 모든 것이 예사롭지 않았다. 아침에 출근할 때 무심코 지나치던 게시판을 자세히 보게 되고, 이웃들에게 먼저 인사하는 습관도 생겼다. 또한 아파트 예산이 수십억 원이나 되는 것과 내가 낸 관리비가 어떻게 쓰이는지도 처음 알았다. 무엇보다 놀란 것은 아파트의 모든 살림살이가 입주자대표회의에서 결정된다는 것이었다. 진짜 풀뿌리 자치가 어떻게 운영되는지 직접 배울 수 있는 기회를 얻은 것 같아 기뻤다.

또 하나의 계기는 '학교폭력에 대처하는 지역사회 역량 강화를 위한 실천적 연구'에 참여한 것이다. 이 연구에 참여하면서 학교 서열의 최상위에서 왕따, 전따, 빵셔틀 등 심각한 학교폭력을 주도하는 일진과 일진문화의 실상을 이해하게 되었다. 아파트 주민으로 더 심각하게 다가온 것은 일진 아이들이 학교를 벗어나면 주로 아파트나 주택가의 놀이터와 공터 등에 모여서 일탈행위를 한다는 사실이었다. 그리고 실제 우리 아파트 놀이터에서 일진 아이들이 벌이는 '물갈이' 사건을 보게 되었다. 그것이 가족과 이웃 사람들을 힘들게 한다는 사실을 알고 아파트 주민들을 만나 문제를 풀려고 시도한 것이 내가 진짜 마을 사람이 되는 계기가 되었다.

평화로운 아파트 만들기의 발화점,
놀이터 일진 물갈이 사건

우리 아파트 길 건너편에는 초등학교와 중학교가 담장 하나를 사이에 두고 있어 아파트 단지가 아이들의 등하굣길 통로로 이용되고 있다. 아파트 남쪽 후미진 곳에 있는 큰 놀이터 등나무 아래는 주변 학교 노는 아이들이 찾아와 담배도 피우고, 술도 마시는 일탈행위가 자주 일어나는 장소였다.

2011년 무더위가 기승을 부리던 7월, 제사가 있어 아내와 아이들은 같은 아파트 단지에 살고 있는 부모님 댁에 먼저 가 있었다. 부모님 댁은 놀이터 가까이에 있는 2층이어서 놀이터가 잘 보인다. 창문을 내다보던 둘째 딸이 놀이터에서 20여 명의 아이들이 2명의 아이를 때리고 기합을 주는 장면을 보고 깜짝 놀라 아내에게 알렸다. 놀란 아내가 관리사무소와 경찰에 신고했는데, 현장에 출동한 경찰은 장난이라고 하는 아이들의 말만 듣고 몇 명의 연락처만 적고서 집으로 돌려보냈다고 한다. 나를 보자마자 아내는 그렇게 심각한 상황을 경찰이 안일하게 대처할 수 있느냐며 속상해했다. 나도 경찰의 태도가 이해가 가지 않았다.

옆에서 듣고 있던 어머니와 아버지도 한마디씩 거들었다.

"얘, 말도 마라. 평상에 노인네들이 앉아서 쉬고 있어도 중고등학교 남자, 여자애들이 서로 끌어안고 담배도 피우고……. 결국 노인들이 그 자리를 피한단다."

"경비 말로는 아침에 담배꽁초 줍고 깨진 술병 치우다가 하루가 다 간다고 하더라."

아버지의 말이 끝나기가 무섭게 둘째 딸아이도 입을 삐죽이 내밀고 말했다.

"나도 놀이터에 언니, 오빠들 안 왔으면 좋겠어."

가족들의 이야기를 듣고서 나는 충격에 빠졌다. 당시 학교폭력과 왕따 예방을 위해 전국에 강의를 다니면서도 내가 살고 있는 아파트에서 벌어지고 있는 심각한 문제는 몰랐기 때문이다. 물갈이 사건을 겪으면서 형식적인 경찰의 태도에 실망했지만, 더욱 심각하게 느낀 것은 대낮에 벌어지는 아이들의 폭력행위를 보고도 어른들이 할 수 있는 일이 고작 경찰에 신고하는 것밖에 없다는 것이었다.

 다른 아파트에 사는 친구들에게 우리 아파트 물갈이 사건을 이야기 했더니 자기들 아파트 놀이터도 마찬가지라고 걱정을 했다. 일진문제는 학교만의 문제가 아니라 생활공동체의 문제이기도 하다는 말이 실감 났다. 이렇게 가만히 있어서는 안 되겠다는 생각이 들었지만 어디서부터 시작해야 할지 막막하기만 했다. 그래서 내가 근무하고 있는 마을배움길연구소 소장이며 평화샘 프로젝트 책임연구원인 문재현 소장님에게 고민을 털어놓았다. 문 소장님은 우선 아파트 구성원들이 이 문제를 어떻게 인식하고 있고, 해결 방안을 어떻게 생각하는지 주민 목소리를 듣는 것이 좋겠다고 조언을 해주었다. 이후에도 문재현 소장님은 우리 아파트 공동체 살리기 운동을 하면서 어려움이 있거나 새로운 방향에 대해 고민이 있을 때마다 따뜻한 조언과 날카로운 비판을 해주었다. 연구소는 우리 아파트와 협약을 맺어 폭력 없는 평화로

평화로운 아파트 만들기 협약식

운 아파트 만들기와 공동체 활성화에 적극적인 도움을 주었다.

그 후 아내와 함께 놀이터에 놀러 오는 아이들, 경로당 어르신들, 아주머니들, 그리고 아파트관리사무소장과 경비아저씨들을 만났다. 주민들은 일진 아이들의 일탈행위에 대해 불안해했고, 그러면서도 어떻게 하지 못해 안타까워했다. 어떤 사람들은 아이들을 비난하기도 했지만 공동체의 보살핌을 받지 못하고 입시에 내몰리는 아이들의 딱한 처지에 대한 연민, 어른들이 제대로 된 역할을 하지 못해서 생긴 일이라는 반성의 목소리도 들을 수 있었다.

주민들의 목소리를 정리하여 입주자대표회의에 '폭력 없는 평화로운 아파트 만들기 운동'을 제안하였다. 처음에는 '우리 아파트만의 노력으로 과연 해결되겠느냐', '누가 할 거냐' 등 우려도 있었지만 대표회장을 비롯한 동대표들이 수차례 토론을 하며 아파트의 정식 사업으로 결정하였다. 그 뒤로 협약기관인 마을배움길연구소의 도움을 받아 아파트에서 벌어지는 아이들의 일탈행위와 폭력 상황을 유형별로 파악하고 대응 매뉴얼을 만들어서 관리사무소 직원, 경비아저씨, 안전지킴이들과 시뮬레이션 교육을 통해서 공유하였다. 그리고 일탈행위가 주로 벌어지는 놀이터, 정자와 들마루, 아파트 상가와 지하 공간, 지하 계단과 옥상 출입구 등 위험 구역을 찾아보고 놀이터에 밝은 가로등과 평화규칙을 담은 안내판, CCTV를 설치하였다. 이렇게 놀이터 환경을 바꾸는 것과 함께 자발적인 주민들이 모여서 아파트 위험 구역을 순찰하는 안전지킴이를 만들어 활동을 시작하였다. 이처럼 아파트의 공식적인 사업으로 주민들이 관심을 가지고 나서면서 분위기가 바뀌고, 노는 아이들의 일탈행위로 몸살을 앓던 놀이터는 평화를 찾아갔다(자세한 내용은 『아이들을 살리는 동네』, 살림터, 2013 참고).

보살핌에 눈뜨는 마을

"아저씨, 우리도 갈 데가 없어요."

노는 아이들의 발길이 뜸해지자 많은 주민들이 아파트가 조용해졌다고 좋아했다. 지역 언론도 '평화로운 아파트 만들기' 사례를 관심 있게 보도하여 주변 아파트에도 소문이 났다. 주변 아파트에 사는 친구가 우리 아파트 이야기를 들었다고 부러워할 때는 어깨에 힘이 들어가기도 했다. 안전지킴이 대원들과 순찰을 돌다 보면 전과 다르게 아이들의 행동이 변하고 있는 것을 느꼈다. 우리가 다가가면 모여 있다가 자리를 피하기도 했고, 담배를 피우다가도 서둘러 끄는 모습을 보였다.

"수고하세요. 아저씨, 우리 금방 들어갈 거예요."

순찰을 나가면 아이들이 먼저 인사를 하기도 했다. 나도 아이들과 말을 주고받는 것이 자연스러워졌다. 서로 알게 되니까 어렵게 느껴지던 일진문제도 해결할 수 있겠구나 하는 자신감이 생겼다. 이렇게 어른들이 나서면 바꿀 수 있는데 그동안 아이들이 문제라고 탓만 한 것이 부끄러웠다.

하지만 몇 달이 지나자 다시 노는 아이들이 놀이터에 오기 시작했다. 우연히 만난 관리소장은 요즘 놀이터에 아이들이 다시 와서 담배를 피우고 있다며 걱정을 했다.

"아이들이 순찰 도는 시간을 어떻게 알았는지 그 시간에는 자리를 피했다가 순찰이 끝나면 다시 와서 담배를 피워. 애들이 주로 오는 시간이 하교시간인데 그때는 직장에 있어서 속수무책이야."

안전지킴이 대원들도 몇 달 동안의 노력이 물거품이 되는 것 아니냐면서 속상해했다. 하지만 대원들은 아이들이 오는 낮에 올 수도 없고, 부담을 경비아저씨들과 관리사무소 직원들에게만 지울 수도 없어 난감했다.

그러던 2012년 10월 어느 날. 나는 둘째 딸을 병원에 데리고 가기 위해 아파트에 갔다가 큰 놀이터 등나무 아래 여러 명의 아이들이 노는 모습을 보았다. 등나무 벤치에서는 담배를 피우고 있는 아이도 보였고, 운동기구에 올라가서 장난을 치는 아이들도 여러 명 있었다.

보고 싶은 아이들을 만났지만 10여 명이나 되는 무리에 다가서려니 발이 쉽게 떨어지지 않았다. 몇 번을 망설이다가 용기를 내어 아이들에게 갔다. 아이들은 내가 다가가자 처음에는 담배를 가리더니, 바로 무시하고 다시 담배를 피우며 자기들끼리 떠들었다. 나는 태연한 아이들의 반응에 당황했다.

"안녕하세요, 아저씨."

그때 한 아이가 나에게 인사를 했다. 순찰을 돌다가 만난 아이였다. 아이의 아는 척에 아이들은 다시 담배를 감췄다.

"니들 ○○중 다니니?"

"예."

"몇 학년이야?"

"3학년이요."

"언제부터 여기 와서 놀았어?"

"3학년 돼서 왔어요. 그전에는 형들 있어서 못 오고요."

"그 형들은 언제부터 여기 왔대?"

"엄청 오래됐을 거예요. 여기 놀이터는 ○○중의 역사와 전통이 있는 곳이에요."

아이는 자랑스러운 듯 어깨를 으쓱했다.

"니들 우리 아파트 사니?"

"아니요. 쟤는 여기 살아요."

모두 나에게 인사했던 아이를 가리키자 그 아이는 멋쩍게 웃었다.

"그런데 니들 담배 피우면 뭐가 좋으니?"

"멋있잖아요."

키가 크고 리더처럼 보이는 아이가 짝다리를 짚으며 말했다.

"좋은 것만 있어?"

"축구할 때 숨이 차요. 가래도 끓고요."

옆에 있던 아이가 침을 찍 뱉으며 말하자 다른 아이들은 고개를 끄덕이기도 하고 웃긴다는 표정으로 손가락질을 하기도 했다.

"그러면 끊으면 되잖아?"

"그게 마음대로 안 돼요. 끊기는 끊어야 하는데……."

아이들은 어느새 경계심이 풀렸는지 하나둘 이야기를 하기 시작했다.

"그런데 얘들아. 니들이 여기 와서 담배 피우고 그러면 아파트 주민들하고 동생들이 불편하고 힘들어하는 거 아니?"

"알아요."

"그런데 왜 여기서 그래?"

"여기만큼 좋은 데가 없어요. 학교에서 가깝고, 어른들이 터치하지도 않고요. 그리고 우리도 갈 데가 없어요."

'갈 데가 없다'는 아이의 말에 가슴이 찡했다. 놀이터가 아니면 어디로 가느냐고 물었더니 PC방이나 노래방에 간다고 했다. 그동안 내가 자랑삼아 이야기하던 아파트 활동이 결국 아이들을 어른들의 눈길이 닿지 않는 곳으로 내몰았다는 생각에 미안했다.

방치된 지하실이 행복 공간 도서관으로

'갈 데가 없다'는 아이들의 이야기가 계속 머릿속을 맴돌았다. 아이들이 마음 놓고 놀 수 있는 공간이 있어야 한다는 생각을 하니 아파트의 공간 하나하나가 새롭게 다가왔다. 아파트에서 사람들이 모일 수 있는 공간이라고는 아무리 찾아봐도 아파트 관리동밖에 떠오르지 않았다. 관리소장에게 부탁해서 관리동 곳곳을 다녔다. 관리사무소가 있는 관리동 2층은 관리사무소 사무공간과 CCTV 종합판 등으로도 비좁아 보였다. 1층은 경로당으로 방이 2개인데 할아버지와 할머니들이 각자 사용하고 있었다. 경로당 입구 왼쪽에 사랑방이라고 쓰인 방이 있어 반가운 마음에 확인을 했더니 청소하시는 아주머니들이 탈의실과 휴게실로 쓰는 아주 작은 방이었다. 이제 남은 곳은 아파트 지하실인데 생각만 해도 답답했다. 지하실에는 2개의 공간이 있는데 하나는 입주자대표회의를 하는 곳이고 다른 하나는 에어로빅실이다. 먼저 에어로빅실을 들어가봤더니 70평의 넓은 공간에 매트리스가 깔려 있었다. 이곳을 청소년들이 놀 수 있는 공간으로 만들면 어떻겠냐고 이야기했더니, 관리소장은 아직 계약기간이 남아 있어서 어렵다고 했다. 또 대다수 회원이 아파트 주부들이라 이곳에서 나가라고 하면 반발이 많아서 어려울 것이라는 이야기를 덧붙였다. 아파트 전체의 공간인데 에어로빅을 하는 사람들만 이용하는 것이 불공평하게 느껴졌다. 대다수 대표들과 관리소장이 주부들을 상대해야 하는 것에 부담을 느끼고 있는 현실도 무시할 수 없어 답답했다.

마지막 남은 공간이 입주자대표회의실이다. 말이 회의실이지 칸막이 하나를 사이에 두고 고장 난 의자와 책상 등 폐기물이 쌓여 있고 곰팡이가 여기저기 피어 있어 귀신이 나올 것 같은 창고였다. 엄두가 나지는 않았지만 이곳이라도 리모델링하면 어떻겠냐고 관리소장에게 물었더니 몇백만 원만 가지고도 대표들이 돈 쓴다고 난리인데 1억 원을 쓰자고 하면 반발이 심할 것이라며 부담스러워했다. 하늘에서 1억 원이 뚝 떨어였으면 좋겠다는 상상을 하기도 했다. 1,000세대가 넘는 아파트에 아이들이 모일 공간이 없다는 것이 이해가 가지 않았다. 이런 답답한 마음을 동대표를 하는 50대의 활달한 아주머니인 홍 통장에게 털어놓았다.

"대표님도 그런 생각을 했군요. 예전에 엄마들이 지하공간에 독서실과 도서관을 만들자는 이야기를 한 적이 있었어요."

역시 부모들의 마음은 통하는 데가 있다는 생각이 들었다.

"그런데 왜 추진을 못했어요?"

"논이 없고 추신하는 사람이 없어서 그렇지요."

홍 통장의 이야기를 듣고 보니 추진할 사람들은 어떻게 모을 수 있을 것 같은데 돈은 어떻게 해야 할지 답답하기만 했다. 그런데 며칠 후 홍 통장한테 반가운 전화가 걸려왔다.

"대표님 좋은 소식이 있어요. 얼마 전 금천동 시의원을 만났는데 개신동처럼 아파트에 도서관을 만들 수 있다는 거예요. 이참에 대표자회의실로 쓰고 있는 지하공간을 도서관으로 만들면 어떨까요?"

홍 통장의 이야기는 오랜 가뭄 끝에 만난 단비 같았다. 나는 입주자대표회장에게 관리동 지하에 도서관을 만드는 것을 아파트 사업으로 추진하자고 제안했다.

"나도 통장님께 들었어요. 지하에서 회의할 때 마다 열악한 환경 때문에 늘 마음에 걸렸는데 지원을 받아서 도서관까지 지을 수 있다면 한번 추진해봅시다."

대표회장은 내 이야기에 반색을 했다. 입주자대표자회의 때는 지원을 받아서 도서관을 만드는 것은 좋은데, 만든 다음 운영을 하려면 비용이 많이 든다고 반대하는 대표들이 있었다. 모든 문제를 돈으로 연결시키는 대표들의 반응에 속이 탔지만, 놀이터에서 만난 아이들 이야기를 하면서 꼭 도서관을 만들자고 목소리를 높였다.

"대표님들이 이야기하는 도서관 운영비용 문제도 일리가 있지만, 아이들을 위한 공간을 만들자는데 우리 어른들이 마음을 내야 하지 않을까요? 이렇게 기회가 됐을 때 우리 한번 해봅시다."

대표회장의 단호한 입장 표명에 더는 반대하지 않았다. 대표회장이 적극 나선 덕분에 일은 순풍에 돛 단 듯 잘 풀렸다. 예산 확보를 위해 지역구 시의원을 만나서 협의를 했는데 의원도 흔쾌히 동의를 했고, 나중에 이야기를 들은 도의원도 돕겠다고 나섰다. 시 관계자도 좋다는 반응을 보였다. 드디어 청주시와 충청북도에서 각각 5천만 원씩

1억 원의 지원이 결정되었다. 대표회장한테 청주시로부터 지원이 결정되었다는 반가운 소식을 들었을 때는 정말 뛸 듯이 기뻤다. 홍 통장도 잘됐다며 함께 기뻐했다. 이제 우리 아파트에 드디어 아이들을 위한 공간이 생긴다는 부푼 꿈에 잠도 오지 않았다.

함께 만들어가는 마을, 그 기반이 되는 도서관

지원 결정 후 가장 먼저 한 일은 도서관건립추진위원회를 만드는 것이었다. 추진위원은 대표자회의에서 추천한 사람들과 자발적 참여자들로 구성하기로 했다. 추진위원 모집 공고를 냈지만 접수 마지막 날까지 신청하는 사람이 없었다. 주민들의 관심과 참여가 중요한데 반응이 없어서 실망하고 있을 때 전화가 걸려왔다.

"게시판 보고 전화를 드렸어요. 우리 아파트 지하에 도서관이 생긴다고 해서 정말 좋아서요. 저 같은 사람도 참여할 수 있나요?"

7살과 9살 아이를 둔 아이 엄마라고 자신을 소개하는 엄마의 목소리는 답답한 가슴을 뻥 뚫는 사이다처럼 상쾌했다.

그 전화 이후로 신기하게도 자발적인 지원자가 계속 늘었다. 인테리어를 하는 사람, 건축업 종사자, 보험설계사, 퇴직 공무원, 대기업 시설관리자 등 다양한 경험을 가진 사람들이 함께하게 되었다. 내가 생각한 것보다 아파트에는 다양한 재능과 자원을 가지고 있는 사람들이 넘쳐났다. 아파트에 있는 1,000세대 사람들의 마음을 모으면 못할 것이 없을 것 같아 가슴이 설렜다. 많은 사람들이 모이니 회의 때마다 각자 자신의 전문적인 지식과 경험을 쏟아놓아서 이야기가 풍부해졌다. 그만큼 자기주장이 강하여 의견을 모으기가 어려울 때도 있었다. 그럴 때마다 결과가 아니라 논의하는 과정이 더 중요하다는 원칙을 가지고 충분히 서로의 생각을 이야기하고 상대방의 입장을 듣는 시간을 가졌다. 자신의 이야기가 무시당하지 않고 존중되자 고집스럽게 자기주장을 하는 사람도 줄어들었다. 나는 공동체는 자기주장만 하는 골방이 아니라 서로를 존중하면서 하나하나 마음을 맞추어가는 광장임을 깨달았다.

도서관을 만들기로 했지만 어떻게 만들어야 할지 제대로 아는 사람이 없었기 때문에 다른 아파트 단지에 있는 작은 도서관을 찾아갔다. 우선 청주에서 작은 도서관의 모델이라고 하는 개신동 K도서관, 산남동 D아파트 도서관, 오창 J아파트 도서관, 증평 H아파트 작은 도서관을 찾아갔다. 잘 운영되는 곳일수록 주민들의 자발적인 참여와 자원봉사로 도서관을 운영하고 다양한 프로그램을 만들어가고 있었다. 추진위원들 가운데 아이들이 공부하는 독서실 위주로 운영하자는 의견을 가진 사람들도 있었다. 그래서 벤치마킹을 갔을 때 그곳 운영자들에게 그런 요구는 없었는지를 물었다.

"도서관은 공간이 넓지 않기 때문에 시험기간에 이용하려고 독서실을 만드는 것은 어려워요. 그리고 독서실을 만들면 저녁에도 관리를 해야 하는데 그럴 사람도 없고요. 작은 도서관은 일반 도서관과 달리 주민들을 위한 소통 공간이 더 중요합니다."

먼저 경험했던 사람들의 이야기를 현장에서 함께 들으니 더 이상 독서실을 만들자는 이야기는 제기되지 않았다. 함께 보고 느끼는 벤치마킹과 같은 공통 경험이 공동체를 만들어가는 자양분이라는 생각이 들었다.

엄마랑 아가랑(놀이방)

꾸러기방

사랑방

회의실

　한 달여 기간 동안 네 번의 벤치마킹과 수차례의 논의가 거듭되면
될수록 작은 도서관은 시설이 아니라 주민들이 소통할 수 있는 공동
체 공간이 되어야 한다는 데 뜻이 모아졌다. 자연스럽게 공간 배치도
이용하는 사람들의 요구와 연령에 맞게 설계하기로 했다. 입주자대표
회의와 30~40명이 모임을 할 수 있는 '회의실', 10명 이내 사람들이 모
임을 할 수 있는 '소모임방(사랑방)', 유치원과 초등학교 저학년 아이들
을 위한 '꾸러기방', 젖먹이 아기와 엄마들을 위한 '엄마랑 아가랑'으로
구성했다. 청소년과 어른들을 위한 공간도 고민은 되었지만 도서관이
라 많은 책꽂이로 인해 설치하지 못한 것이 아쉬웠다.

도서관 이름도 공모를 통해 당시 한창 인기가 있던 드라마를 패러디한 '해품터도서관'에 청주시가 요구한 '직지'라는 이름을 넣어 '해품터직지도서관'으로 최종 결정을 했다.

주민들의 관심과 참여의식을 높이기 위해서 도서 기증 운동도 펼쳤는데, 한 달 사이에 2,000권의 책이 모이는 것을 보고 공동체를 생각하는 주민들의 마음을 느낄 수 있었다.

책을 분류하고 등록하는 작업도 주민들의 힘으로 진행했다. 추진위원들과 그 가족들, 그리고 자원봉사를 신청한 대학생, 주부, 아빠들이 주말에 모여서 작업을 했다. 도서관에 올 때는 먹을 것을 가지고 와서 서로 나누어 먹으면서 가족 같은 분위기가 만들어졌다. 마을에 아는 사람이 우리 가족밖에 없던 둘째 딸도 함께 참여하면서 마을에 언니와 동생이 생겼고, 학교 친구도 만나서 더 친해졌다며 좋아했다. 아이들이 친해지니 부모들도 더 가까워졌고 아파트에서 만나면 서로의 안부를 묻는 따뜻한 이웃이 되었다. 이렇게 만난 여러 가족들은 이후 아파트 공동체운동의 씨앗이 되었다.

위기는 또 다른 기회

도서 분류와 등록을 마치고 한동안 근무할 사람이 없어 도서관 문을 열지 못했다. 운영위원들이 휴일에는 자원봉사로 근무를 하기로 의견을 모았지만 평일에는 방법이 없었다. 그래서 평일에 도서관 근무를 할 자원봉사자를 모집하는 방을 붙였다. 그러면서도 과연 자원 봉사하는 분이 올까 하는 걱정이 되었다.

방을 붙이고 며칠 후 관리사무소에 40대 주부 한 분이 찾아오셨다. 노인회에서 활동하시는 시아버지가 아파트에서 좋은 일을 하니 가서 도와주면 좋겠다고 해서 왔다는 것이다. 천군만마를 얻은 기분이었다.

자원봉사자 한 분이 혼자 일주일을 다 할 수 없으니 화·수·목·금요일 오후 2시부터 오후 6시까지 운영했다. 이렇게 한 달 정도 운영하자 또 한 분이 자원봉사를 하겠다고 찾아왔다. 이사 온 지 얼마 되지 않았는데 작은 도서관 간판을 보고 찾아왔다가 책 읽는 것을 좋아해서 자원봉사를 한번 해보고 싶다는 것이었다. 두 분의 자원봉사자가 화요일부터 토요일까지 10시부터 6시까지 운영했다. 자원봉사자 두 분에 대한 활동비, 도서 구입비, 도서관 운영비 등의 예산이 필요했는데, 우선 아파트관리비 중 재활용품 판매대금 등 잡수입으로 편성된 공동체활성화지원금에서 80만 원을 받기로 했다. 이 가운데 40만 원은 자원봉사자에 대한 활동비로, 나머지는 운영비로 편성했다. 활동비가 너무 적어서 자원봉사자를 보기가 미안하던 참에 청주시에서 작은 도서관에 참여하는 자원봉사자 실비보상 40만 원을 지원해서 수고비를 더 드릴 수 있어 다행이었다.

이렇게 자원봉사자들의 노력으로 작은 도서관은 자리를 잡아갔다. 그런데 도서관 문을 연 지 2년 만에 위기가 닥쳤다. 시에서 지원하던 자원봉사자 실비보상이 끊겨 아파트관리비에서 자원봉사자 활동비 80만 원을 모두 지급해야 하는 부담이 생겼다. 게다가 주민들 가운데 자원봉사자를 월급 받고 일하는 직원처럼 대하고 이것저것 요구가 많아져 자원봉사자들을 힘들게 했다. 엎친 데 덮친 격으로 자원봉사자 가운데 한 분이 몸이 아파서 계속 일하기가 어려운 상황이 되었다. 당장 자원봉사자를 구할 수도 없어 도서관이 문을 닫아야 하는 난감한 상황이었다. 자원봉사자로 안정적인 도서관을 운영하는 것은 한계가 있을 수밖에 없기 때문에 정식 사서를 채용하는 근본적인 대책을 마련해야만 했다. 하지만 정식 사서를 채용하려면 급여와 4대 보험 지급 문제로 입주자대표회의의 의결을 거쳐야 했다.

돈 문제만 나오면 민감한 대표들의 반응이 걱정되었지만 도서관 문을 닫아야 하는 다급한 상황이라 입주자대표회의에 정식 사서 채용을 제안하기로 했다.

이번에도 대표회장에게 먼저 도움을 요청했다.

"좋은 이야기이기는 한데 아시다시피 동대표 중에 관리비 인상에 민감한 분들이 있잖아요. 쉽지는 않을 것 같은데요. 그런데 도서관 만들어놓고 문을 닫으면 안 되니 같이 논의를 해보지요."

대표회장은 사서 채용에 공감하면서도 걱정스러운 표정이었다. 입주자대표회의 전에 도움을 요청하기 위해 몇 분의 동대표를 만났는데 예상대로 반발이 심했다.

"도서관이 주민들에게 좋은 반응이 있다는 것도 알고 있습니다. 지금까지 자원봉사로 무리 없이 운영했잖아요. 다시 자원봉사자를 찾아보면 안 될까요?"

"현재 이용자가 많지도 않고, 이용하는 사람들도 엄마들하고 얘들인데 관리비에서 사서 인건비를 내자고 하면 주민들이 우리한테 항의할 거예요."

도서관이 있는 것은 좋은데 관리비에서 돈이 들어가기 때문에 주민들의 부담을 의식하지 않을 수 없다는 이야기였다.

우선 동대표들을 설득하는 것이 관건이었다. 그래서 도서관 운영위원들과 도서관이 생기면서 우리 아파트에 어떤 변화가 시작되었는지를 이야기해보았다.

"저는 도서관이 생기면서 가장 좋은 것은 언제든지 부담 없이 갈 수 있는 공간이 있다는 거예요. 관리사무소는 문제 있을 때만 가니 부담이 있어요."

"엄마들 중에는 급한 일이 생겼을 때 잠시 아이를 맡길 수 있어서 좋다고 해요. 다른 단지에 있는 엄마들이 부러워해요."

"부동산에서 집을 보러 오는 사람들한테 도서관이 있어 좋다고 홍보를 한대요. 엄마들한테 민감한 문제잖아요. 그래서 그런지 우리 아파트 값이 올랐대요."

이야기를 들으며 도서관이 아파트에 새로운 변화를 가져왔고 공동체 공간으로 자리 잡고 있는 것 같아 뿌듯하고 동대표들에게 말할 용기가 생겼다.

대표자회의 때는 운영위원들과 나눈 이야기로 대표들을 설득했다. 동대표 중 몇 분은 여전히 주민들의 반응을 걱정하며 반대를 하여 논의가 길어졌다. 관리소장에게 사서 채용 예산에 대한 방법을 물었다.

"지금 자원봉사자 활동비처럼 공동체활성화지원금으로 잡수입에서 부담하면 주민들에게 직접 부과를 하지 않을 수 있습니다. 그리고 현재 잡수입에 여유가 좀 있습니다."

관리비에서 직접 부과하지 않는다는 관리소장의 이야기가 설득력을 가지면서 동대표들도 더 이상 반대하지 않고 채용에 동의했다. 큰 산을 하나 넘은 것 같았다.

작은 도서관에 피는 공동체꽃

　정식 사서가 근무를 하니 도서관의 모든 것이 바뀌기 시작했다. 우선 도서관을 화요일부터 토요일까지 오전 10시부터 오후 7시까지 문을 열 수 있어 주민들이 이용할 수 있는 시간이 대폭 늘어났다. 무엇보다도 도서관을 찾는 사람들이 늘었다. 특히, 아이들이 도서관을 많이 찾았다. 잠시 외출을 하면서 아이를 맡기는 사람도 많았다.

　"그동안 외출할 때 아이가 혼자 있는 것이 걱정이었는데 도서관에 안심하고 맡기고 다녀올 수 있어서 얼마나 좋은지 몰라요."

　환하게 웃으며 말하는 아기 엄마를 보니 마을에 이런 공간이 있다는 것이 얼마나 중요한지 느낄 수 있었다. 특히 자기보호아동(일정한 시간에 부모나 어른의 보호 없이 혼자 지내는 아이)이 사회적 문제가 되는 요즘, 가까운 곳에 작은 도서관이 있고 믿을 수 있는 어른이 있어 마음 놓고 아이를 맡길 수 있는 안전지대가 있다는 것이 도서관 프로그램 운영보다 더 중요하게 다가왔다.

　사서 선생님은 아동 독서지도를 오래해온 경험을 살려 동화 읽어주기, 그림자극, 북아트 등 여러 가지 프로그램을 진행하여 엄마들과 아이들을 도서관으로 불러 모았다. 사서 선생님과 함께 프로그램에 참여하고 도서관에 자주 오던 부모들이 중심이 되어서 '메아리'라는 동화읽기모임이 만들어졌다. 엄마들의 입소문으로 메아리 회원들은 하나둘 늘어났다.

나는 안정적으로 사람들과 관계를 맺고 챙겨줄 수 있는 사서 선생님을 채용한 것은 정말 탁월한 선택이었다고 생각한다. 메아리 모임이 활성화되는 것을 보면서 공간이 있으면 사람이 모이고, 사람이 모이면 뭔가를 한다는 말이 실감 났다. 그동안 공간 만들기에만 신경 썼지 사람들과 뭘 같이하고 나누려고 하지 않았던 모습을 돌아보게 되었다.

그래서 주민들과 함께할 수 있는 것이 무엇이 있나 이곳저곳 도서관 프로그램들을 찾아보았더니 대다수 도서관이 책과 관련된 프로그램을 운영하고 있었다. 마을에서 책을 읽을 수 있는 공간도 중요하지만 공동체 활성화를 위한 공간이 더 중요하다는 생각을 하던 터라 많은 고민이 들었지만 딱히 떠오르는 것이 없어 답답했다.

가족 나들이가 아파트 생태 나들이로

고민하던 나에게 문재현 소장님이 해주신 다른 지역 아파트 이야기는 눈을 확 뜨게 했다. 한 아파트 엄마가 생태 공부를 하고 싶다고 문 소장님한테 전화를 했다고 한다. 그때 소장님이 혼자 찾아오는 것보다는 아파트에 같이할 수 있는 사람이 있는지 모아보라고 했고, 그 엄마가 아파트에 방을 붙였더니 수십 명이 모였다는 이야기였다.

거기서 힌트를 얻어 아파트에서 생태 나들이를 해보기로 했다. 아이들과 엄마들이 함께할 수 있는 프로그램으로는 안성맞춤이라는 생각을 했다.

그런데 막상 아이들이랑 아파트 생태 나들이를 하려고 하니 생태적 지식이 부족하다는 생각에 부담이 되어 제안을 못 하고 뒤로 미뤄놓고 있었다. 이런 고민을 이야기했더니, 아내는 나들이는 생태 지식보다는 느끼는 것이 더 중요하니 우리 가족부터 먼저 아파트를 돌아보자고 했다.

"우리 아파트가 13개 동이나 있네요. 113동은 오늘 처음 가봤어요."

"우리 아파트에 이렇게 많은 나무와 꽃이 있는지 몰랐어."

가족들이 함께 아파트 나들이를 하다 보니 공유하는 것이 많아지고 자연스럽게 이야기도 풍성해졌다. 둘째 딸아이는 103동 앞 감나무를 친구나무로 사귀고 작은 변화에도 재잘재잘 이야기가 많아졌다. 가뭄이 들 땐 물을 줘야 한다고 걱정을 하고, 큰딸은 아파트 느티나무에 앉아 있는 개똥지빠귀를 만난 뒤 새에 관심이 생겨 책도 사고, 용돈을 털어 카메라를 샀다. 그리고 틈만 나면 카메라를 메고 새를 찾아 아파트 곳곳을 누벼 우리 부부는 '새언니'라는 별명을 붙여주었다.

우리 가족은 시간이 있을 때마다 아파트 화단에 나가서 꽃과 나무, 곤충, 새들을 보았는데, 그때마다 아파트의 공간과 사물들이 특별한 의미로 다가왔다. 가족 밴드에 나들이를 하며 올린 아내의 글이다.

늦은 아점을 먹고 두 딸들과 아파트 화단 나들이를 했다.

정말 오랜만이다. 한가롭고 여유 있고 따뜻했다.

잣나무 잎이 떨어지다 무당거미 거미줄에 걸려 있으니 마치 시간이 멈춘 것 같다.

오늘의 주제는 겨울눈, 방석식물, 그리고 가을 하면 뭐니 뭐니 해도 국화와 국화과 꽃들이다. 덤으로 산수유와 탐스러운 감은 가을 날씨와 딱 어울린다. 작은 놀이터 감나무 밑에서는 가장 마음에 드는 감나무 잎을 모아보았다. 묘한 그라데이션(?), 노랑, 붉은색, 옅은 연두색…… 하나도 똑같은 색이 없다.

겨울눈 중에서 나는 산수유 겨울눈이 가장 맘에 든다. 모양도 잘 빠졌을 뿐 아니라 맨 위 꼭지로 모여든 흰 선이 균형을 이룬다. 그리고 그 속에 감추고 있을 노란 산수유 꽃이 겹쳐져 더 맘에 와닿는다.

조잘조잘 떠드는 딸들도 사랑스럽고 가을 날씨도 맘에 들고 그냥 좋고 좋다!!!

가족회의에서 아파트의 꽃과 나무, 곤충, 새 친구들을 이웃과 함께 나누었으면 좋겠다는 이야기를 나누었다. 그래서 가족 나들이를 시작하고 한 달 뒤인 2013년 12월 중순에 아파트 게시판에 '아파트 생태 나들이'를 함께하자는 방을 붙였다.

추운 날씨이고 크리스마스를 앞두고 있어 참여하는 사람이 적을까 봐 걱정이 되었다. 약속 시간보다 먼저 작은 도서관에 가서 초조하게 기다리고 있는데, 시간이 되자 걱정과는 달리 22명이나 모였다. 엄마와 함께 온 아이들도 있었지만 아파트 게시판을 보고 혼자 온 아이들도 여러 명 있었다.

먼저 서로 소개하고 아내가 준비한 겨울눈, 방석식물 PPT를 보고 직접 찾아 나섰다. 돋보기를 들고 이리 뛰고 저리 뛰는 아이들의 모습에 지나가는 사람들이 신기한 듯이 쳐다보았다.

"무엇을 보는 거니?"

아파트 생태 나들이

"겨울눈 봐요. 이것 보세요."

찬이가 목련의 겨울눈을 돋보기로 가리키며 해맑게 웃었다. 아저씨들은 재미있겠다고 하면서 아이들의 머리를 쓰다듬었다. 한참 나들이를 하는데 동민이의 울먹이는 소리가 들렸다.

"아, 망했다. 똥 위에 앉았어요."

방석식물이라고 하니까 방가지똥 로제트를 방석 삼아 털썩 주저앉았는데 거기에 고양이 똥이 있었던 것이다. 울상이 된 동민이한테는 미안한 일이지만 그 모습이 귀여워 웃음을 참기가 힘들었다.

"아저씨, 다음에도 이거 또 해요. 같이 보니까 재미있어요."

나들이를 하고 도서관으로 돌아오는 길에 4학년 둘째 딸 친구가 나에게 다가와 한 말이다. 친구들과 이웃 어른들과 함께 보고 함께 느끼는 공통 경험이 인상적이었나 보다. 나들이를 마무리하며 앞으로도 이렇게 계절별로 나들이를 같이하자고 했더니 모두가 입을 모아 좋다고 했다. 이웃 아파트에서 온 동형이 엄마는 아파트가 다르니 나들이 밴드를 만들어 서로 공유하면 좋겠다고 해서 바로 밴드도 만들었다. 요즘에도 그 밴드에는 봄날 따뜻한 햇살과 새싹, 여름날 나뭇잎에 맺힌 빗방울, 가을날 빛깔 고운 단풍과 열매들, 겨울날 눈 덮인 아파트 화단의 모습이 담긴 이야기들이 올라온다.

놀이는 공동체의 밥-목요놀이

2014년 7월 아파트 여름 생태 나들이를 준비하면서 아내가 뒤풀이로 아이들과 함께 놀면 어떻겠냐고 했다. 좋을 것 같아 게시판에 공지를 하긴 했지만 막상 아이들과 놀이를 하려고 하니 걱정이 앞섰다. 그동안 교사들과 놀이 연수를 한 적은 있어도 아이들과 놀아본 경험이 없었기 때문이다. 이 고민을 문재현 소장님에게 이야기했다.

"아이들과 놀아준다고 생각하지 말고 내가 즐겁게 놀면 거울반응에 의해 신나는 놀이판이 만들어질 거예요. 놀이도 어렵게 찾지 말고 우리가 어릴 때 재미있게 놀았던 경험을 살려서 놀아보세요."

소장님의 이야기를 듣고 놀이는 아이들에게 가르쳐주는 것이 아니라 어릴 적 내가 놀았던 놀이를 함께 논다고 생각하니 부담이 많이 줄었다.

드디어 나들이를 하기로 한 날. 아침부터 비가 많이 내려 우리 가족은 걱정을 하며 도서관으로 갔다. 도서관 앞에는 10여 명의 아이들과 3명의 부모들이 색색의 우산을 들고 우리를 기다리고 있었다. 그 순간 어찌나 반갑던지. 우리는 토란잎에 맺힌 영롱한 빗방울과 느릿느

릿 뿔을 내고 춤추는 달팽이, 털 하나하나에 작은 물방울을 매달고 있는 강아지풀, 빗물에 더 선명해진 주황빛 나리꽃, 노란 꽃에 물방울을 머금은 괭이밥 등 자연이 주는 선물에 빠져들었다. 그렇게 나들이를 끝내고 큰 놀이터에 도착하니 아이들은 이리 뛰고 저리 뛰고 정신이 하나도 없었다. 어떻게 시작할까 머뭇거리고 있을 때 아이들과 많이 놀아본 아내가 엄지손가락을 치켜들었다.

"달팽이진 놀이 할 사람 여기여기 붙어라!"

"저요!"

"저도요!"

너도나도 달려와 아내의 엄지손가락에 손을 보탰다. 달팽이진 놀이를 처음 한다고 하는 아이가 많았는데 다들 너무 재미있다고 난리였다. 나들이에 참여하지 않았던 아이들도 자연스럽게 하나둘 모여들었다. 여자아이들은 달팽이진 놀이를 했고, 주변에 있던 남자아이들은 비석치기를 했다. 땅이 젖어 잘되지 않았지만 그래도 무척 재미있어했다. 비석치기를 마친 남자아이들이 '월화수목금토일'에 맞추어 두 줄 고무줄놀이를 했는데 그 모습이 너무 귀여웠다. 달팽이진, 고무줄놀이가 양쪽에서 벌어지니까 큰 놀이터가 비좁게 느껴졌다. 아이들은 이렇게 잘 노는데 아이들을 믿지 못한 것은 나라는 생각이 들었다. 내가 어릴 적 놀았던 놀이를 이렇게 좋아하는 걸 보면 놀이는 세대를 뛰어넘는 마력이 있다는 생각이 들었다.

한 시간 반이라는 시간이 어떻게 지나갔는지 모르게 흘러갔다. 아내가 쪄 온 따끈따끈한 옥수수와 미숫가루를 먹으면서도 아이들은 놀이판에서 눈을 떼지 못했다. 옥수수 알갱이를 입 안 가득 물고 3학년 남자아이인 지원이가 말했다.

"진짜 재밌어요. 오늘처럼 매일 놀았으면 좋겠어요."

"맞아요. 또 놀아요."

지원이의 제안에 아이들이 맞장구를 쳤다. 매일 놀기는 어려우니 매주 목요일에 모여서 놀자고 의견이 모아졌다. 신이 난 아이들은 집에 갈 생각도 잊은 채 놀이에 빠졌고, 우리 부부는 먼저 집으로 돌아와야만 했다. 한참 뒤에 둘째 딸이 땀을 뻘뻘 흘리며 집으로 돌아와서 흥분한 목소리로 말했다.

"아빠, 어른들이 가면 애들이 휴대폰만 만지작거리고 놀이가 끝날 줄 알았어. 근데 신기하게도 아빠가 가르쳐준 놀이를 계속하는 거 있지? 그리고 나 친구도 생겼어."

환하게 웃는 딸아이의 얼굴을 보며 놀이야말로 관계를 열어주고 하나로 만들어준다는 것을 새삼 느꼈다.

아이들이 이렇게 좋아하는데 왜 진작 함께 놀지 않았을까? 그동안 동대표를 하면서 '아이들이 행복하고 안전한 아파트'를 만들겠다고 내세웠지만 직접 아이들을 만나 소통하려고 하지 않았던 나를 돌아보게 되었다. 아이들과 신나게 놀고 보니 이제야 아이들 세계에 접속한 느낌이 들었다.

놀이와 함께 성장하는 우리 가족

같이 놀면서 가장 많이 바뀐 것은 우리 가족이다. 먼저 가족 안에서 이야기꽃이 피었다. 그동안 무뚝뚝한 나를 닮아서 대화가 없던 우리 가족은 놀이를 준비하는 과정, 놀면서 있었던 일, 마을 아이들에 관한 이야기를 서로 하기 시작했다.

"아는 사람이 많이 생겨서 좋아요."

둘째 딸의 말처럼 아이들을 알고 그 아이들을 통해서 부모들을 알게 되니 아파트가 친숙한 공간으로 다가왔다.

나는 교통사고 후 다리가 불편해서 운동이나 놀이에는 자신이 없었는데, 요즘 놀이터에 가면 내 목소리가 가장 크다.

"얘들아, 안녕?"

아이들은 여자아이, 남자아이 할 것 없이 달려와 나에게 안긴다.

"우리 진놀이 해요."

"아저씨, 구슬치기요."

"아니, 비석치기 해요."

내가 이렇게 아이들에게 인기 있는 사람이 되었다는 것이 지금도 신기하다. 일을 하다가도 아이들과 함께 놀던 모습이 떠올라 나도 모르게 웃는 버릇이 생겼다.

아파트에 이사 오고 그동안 마을 일에 관심이 없었던 아내는 요즘 부쩍 마을 이야기를 자주 한다.

"아이들이 '아줌마, 아줌마' 하며 반갑게 인사하니까 괜히 기분 좋은 거 있지? 애들 덕에 엄마들도 알게 되고. 아이 백일에 초대도 받고 하니까 정말 내가 마을 사람이 된 거 같아 좋아."

새로운 놀이를 배우면 마을 아이들이 생각난다고 할 정도로 마을 아줌마가 다 되었다.

변화는 딸들에게도 있었다.

스무 살이 넘은 큰딸은 놀이터에서 놀이언니 역할을 톡톡히 한다. 편을 나누는 일, 잘 못하는 아이가 있으면 연습을 시키기도 하고, 갈

목요놀이터

등을 해결하려고 애쓴다. 혼자 있는 아이에게 같이 놀자고 제안하는 딸아이의 모습은 집에서 보는 모습보다 훨씬 어른스럽다.

아이들은 나와 아내보다 큰딸을 더 좋아한다. 큰딸이 놀이판을 벌이기만 하면 나와 같이 놀던 아이들도 그리로 우르르 몰려간다.

"엄마, 애들은 이상해. 내가 잘 노는 것도 아닌데 나랑 같은 팀이 되려고 막 애쓴다. 너무 많아서 편짜기도 힘들어."

큰딸은 볼멘소리를 했지만 얼굴엔 웃음이 가득하다. 큰딸이 나오지 못한 날이면 아이들은 어김없이 찾았다.

"그 언니 왜 안 와요?" 하고.

가장 많이 달라진 것은 둘째 딸이다.

목요놀이를 시작할 때 초등학교 5학년이었던 둘째는 낯을 가리고 친구 사귀기를 어려워했다. 그런데 놀이터에서 함께 어울려 놀다 보니 자연스럽게 친구들이 많아져 무척 좋아했다. 또, 스스로를 몸치라고 여기고 고민이 많았다.

"아빠, 난 왜 이렇게 춤을 못 출까? 내가 하면 사람들이 웃어서 이젠 못하겠어."

한창 강남 스타일 춤이 유행할 때도 엇박자와 뻣뻣한 몸짓으로 가족들에게 웃음을 주었다. 어렸을 때는 그냥 웃으며 넘기더니 초등학교 고학년이 되어서는 자신의 뻣뻣함을 심각하게 고민하며 자신 없어 했다. 괜찮다고, 연습하면 된다고 다독였지만 별 위로가 되지 않는 모양이다. 그런 아이가 몸치라는 생각을 스스로 뒤집게 된 것은 놀이에 참여하면서부터다. 달팽이진 놀이, 비석치기, 구슬치기, 고무줄놀이. 그 가운데 둘째 딸 또래 여자아이들은 고무줄놀이에 특히 관심을 보였다. 아내한테 두 줄 고무줄을 먼저 배운 딸이 시범을 보였다. 노래에 맞추어 사뿐사뿐 뛰는 모습에 아이들이 진짜 잘한다며 박수를 치자 입을 다물 줄 몰랐다.

"장난감 기차가 칙칙 떠나간다. 과자와 설탕을 싣고서~"

바로 이어서 아내가 세 줄 고무줄을 시도하자 아이들은 아줌마가 노래에 맞추어 뛰는 모습이 신기했는지 환호성을 지르며 너도나도 배워보겠다고 나섰다. 하지만 딸아이는 망설이며 선뜻 나서지 못했다.

그때 같은 반 친구인 희진이가 딸아이의 손을 잡아끌었다.

"같이 해보자."

딸아이는 마지못해 세 줄 고무줄 안으로 들어갔다. 세 명의 아이는 처음에는 '오른발 왼발 오른발 왼발' 아내의 구령에 맞추어 연습을 했다. 조금 익숙해지니 아내가 아주 천천히 노래를 부르기 시작했다.

"장난가암 기이차가 칙칙 떠나가안다~"

노래와 발동작이 조금씩 맞아떨어지기 시작했고, 어느 정도 장단이 맞을 때 아내는 좀 더 빠르게 노래를 부르기 시작했다. 여기에 맞추어 아이들의 발놀림도 빨라졌다. 아내가 부르는 노래와 아이들의 발동작, 호흡이 척척 맞았고 뛰는 아이도 구경하는 아이들도 모두 하나가 되었다.

"엄마 방에 있는 우리 아기한테 갖다주러 갑니다!"

마지막 고무줄을 밟음과 동시에 노래가 끝나자 주변에 있던 아이들은 박수를 쳤고, 세 아이들은 가쁜 숨을 몰아쉬며 서로를 바라보고 좋아했다.

"우와, 재미있다."

"우리가 딱딱 맞았어. 정말 신기해."

집으로 돌아오며 딸아이는 고무줄놀이 이야기만 했다. 집에 와서도 의자 다리와 피아노 다리에 줄을 묶어놓고 지치지도 않고 연습을 했다.

며칠 후 딸아이가 밝게 웃으며 아내와 나를 불렀다.

"엄마, 아빠 이것 봐! 나 이모한테 이것도 배웠어."

'산골짝에 다람쥐~' 노래를 부르며 고무줄을 감았다 풀었다 하며 능숙한 솜씨를 선보였다.

"아직도 네가 몸치라고 생각해? 이렇게 노래에 맞춰서 리듬을 타는데?"

"아니~"

아이는 조금의 망설임도 없이 대답했다.

작은딸은 우리 부부와 큰딸이 없을 때 친구들과 놀이판을 펼치는 놀이언니로 성장해가고 있다. 중학생이 된 지금도 매주 놀이터에서 동생들의 놀이언니 노릇을 하고 있다.

마을 언니들의 품속에서 자라는 귀염둥이 삼남매

놀이터에 늘 나오는 엄마가 있다. 한 살 샛별, 세 살 준희, 다섯 살 성찬이 삼남매를 키우는 엄마다. 성찬이를 앞세우고, 샛별이를 업고, 준희는 유모차에 태운 삼남매 엄마가 놀이터로 오면 아이들은 놀이를 멈추고 달려간다.

"샛별이다!"

서로 먼저 안아보겠다고 야단이 난다.

"아이들이 나보다 더 우리 애들을 잘 데리고 놀아요. 아이들 아니었으면 정말 힘들었을 거예요. 아이들이 있어 얼마나 고마운지 몰라요."

아이들 노는 모습을 흐뭇한 표정으로 바라보던 엄마가 말을 했다.

샛별이 엄마는 젊은 나이에 결혼을 해서 남편은 직장에 나가고 혼자 아이 셋을 키우는데 스트레스가 이만저만이 아니었다고 한다. 답답

놀이터 삼남매

한 마음에 아이들을 데리고 놀이터에 나왔는데, 놀고 있던 아이들이 삼남매를 예뻐하고 같이 놀아주니 잠시나마 여유를 가질 수 있었다고 한다. 그때부터 계속해서 놀이터에 나왔고, 어느새 아이들은 삼남매를 친동생처럼 여기고 샛별 엄마를 '이모'라고 부르며 따랐다.

삼남매도 누나와 오빠들의 보살핌과 놀이를 통해 공동체의 아이들로 자라고 있다.

첫째 성찬이는 비석치기를 하면 순서를 지키지 않고 돌을 던지고 넘어뜨렸다. 고무줄놀이를 할 때는 고무줄을 밟고 방해를 하였다. 이럴 때면 엄마는 아이를 혼내며 억지로 놀이판 밖으로 끌고 가려 했고, 아이가 울음을 터뜨려서 무척 당황스러운 상황이 만들어졌다. 그래서 성찬이를 깍두기로 놀이에 참여시켰다. 한 발 앞에서 던질 수 있게 했고, 비석을 맞히면 모두가 박수를 치며 환호했다. 누나와 형들의 열렬한 호응에 성찬이는 순서를 기다릴 줄도 알고, 규칙을 지킬 줄도 아는 아이로 바뀌어갔다.

둘째 준희는 누가 놀이를 가르쳐준 것도 아닌데 형과 누나들이 하는 것을 보고 너무나도 자연스럽게 익혀갔다. 하루는 4살 준희가 형과 누나들이 하는 '딱따구리 구리 마요네즈~~' 고무줄놀이의 덤블링 묘기를 보고 있더니 자기도 하겠다고 고무줄로 달려들었다. 준희의 습격에 모두가 놀랐다. 주변의 노래와 박수, 함성 소리를 들으면서 준희는 구르고 또 굴렀다. 구르기를 마치고 뿌듯해하는 준희가 너무나 예뻐서 한 손을 내밀었더니 하이파이브를 했다. 앙증맞은 준희의 손이 닿는데 가슴이 뭉클했다. 자치기도 형들이 하는 것을 보고 흉내를 내더니 직접 자치기 판으로 뛰어들었다. 주변의 열렬한 지지와 환호 속에 새로운 세계에 도전하는 것이 무척 자연스럽다.

막내 샛별이는 걷기 시작하자 놀이판 이곳저곳을 누비고 다녔다. 앙증맞은 몸짓으로 오빠와 언니들이 하는 놀이를 흉내 내면서 놀이판에 스며들고 있다. 놀이에 공감하고 반응하는 것은 어릴수록 더 민감하고 빠르다는 것을 알 수 있었다.

'한 아이를 온 마을이, 공동체가 키운다'는 말이 가슴에 와닿았다.

목요놀이, 어른들의 생각을 바꾸다

"보고, 만지고, 느끼고, 토론하고~
팀을 이뤄 놀이를 하면서 웃고 즐기고 친해지는~
어른 잣대로 성형하는 요즘 세대에 그래도 자발적으로
즐거워서 웃고 소리 지르는 아이들을 보면서
밝은 미래에 대한 조그만 소망을 가져봅니다."

놀이터에서 노는 아이들의 모습을 본 안전지킴이 총무가 밴드에 올린 글이다. 놀이터를 지나가는 할머니, 할아버지, 아저씨, 아줌마들도 자신들의 어릴 적 추억이 담긴 놀이를 아이들이 하고 있는 것을 지그시 바라보는 모습을 자주 본다.

"요즘도 이런 놀이를 하고 노네."

"옛날에는 정말 좋았는데."

놀이터에서 만나는 어른들은 백이면 백, 어릴 적 놀이 경험 이야기만 하면 신나 한다. 놀이로 즐거웠던 추억이 되살아나고, 자신의 경험이 존중받고 다음 세대로 전승되는 것에서 오는 기쁨인 것 같다.

얼마 전 서울의 한 초등학교에 강의를 다녀온 아내로부터 충격적인 이야기를 들었다. 주변 아파트의 민원으로 운동장에서 2개 반 이상이 체육을 할 수 없다는 것이다. 심지어 소음측정기를 들고 교장실을 찾아오는 사람들도 있었다고 한다. 우리 아파트 놀이터에서도 놀다 보면 수십 명의 아이들이 웃고 떠드는 소리가 무척이나 소란스럽다. 하지만 시끄럽다고 민원을 제기하는 사람은 없었다. 놀이터에서 노는 것이 입주자대표회의에서 아파트 사업으로 결정한 것이라는 공신력도 중요했지만, 무엇보다 부모들이 함께 나오고 자기가 아는 아이들이 놀고 있다는 것이 결정적이라는 생각이 들었다. 잘 아는 아이들이 내는 소란함은 소음이 아니라 정겨운 소리가 아닐까. 관계가 얼마나 중요한지 새삼 깨닫는다.

목요놀이는 놀이터에 대한 어른들의 생각도 바꾸어놓았다. 아파트 동대표를 맡고 처음으로 아파트 곳곳을 동대표들과 함께 돌아본 일이 있었다. 몇몇 대표들은 놀이터가 불량 학생들이 많이 와서 담배 피우고, 술 먹고, 싸우는 골치 아픈 장소라고 목소리를 높였다. 또 우리 아파트는 주차장이 모자라 주민들의 불편이 많은 실정이니 놀이터 일부를 주차장으로 만들자며 목청을 높였다. 대다수 대표들이 그 의견에 동조했고, 나 혼자만 아이들이 놀 수 있는 유일한 공간이 놀이터인데 그곳마저 없애면 안 된다고 반대를 했던 기억이 난다.

최근에는 놀이터를 줄여서 주차장을 만들자는 이야기가 사라졌다. 결정적인 것은 4년 전부터 매주 목요일 놀이터에서 아이들과 놀이를 시작한 것이다.

공동체의 품, 대보름 백가반

2015년 11월 작은 도서관 프로그램으로 저자와의 대화를 진행했다. '평화로운 아파트 만들기' 사업의 협력 기관으로 많은 도움을 주고 있는 문재현 마을배움길연구소 소장을 모시고 '마을에 배움의 길이 있다'라는 주제로 강의를 들었다.

자신이 살았던 마을 중에서 가장 인상적인 장면을 그리고, 그것을 다른 사람들에게 소개하는 시간을 가졌다. 부모들은 종이에 자기 고향 마을과 놀이하는 풍경을 그리며 입가엔 웃음이 가득했다.

엄마를 따라온 석민이가 엄마의 표정을 물끄러미 쳐다보더니 호기심 어린 얼굴로 물었다.

"엄마, 여기가 어디야?"

"엄마 고향. 여기 나무 있잖아. 여기서 매일 놀았어. 그리고 여름에는 이 앞개울에서 살다시피 했어."

"정말?"

정겨운 대화에 주변 사람들은 흐뭇한 미소를 지었다.

"우리가 살던 마을을 떠올리면 이렇게 좋은데, 우리 아이들에게는 이런 마을과 경험을 만들어주지 않고 공부해라, 학원 가라 간섭하고 통제하는 우리 부모들이 너무나 이기적인 것 아니에요?"

문 소장님의 이야기에 모두들 "맞아, 맞아" 하면서 고개를 끄덕였다.

문 소장님 강의 속에서 예전 놀이에 대한 이야기를 하다 대보름 백가반 이야기가 나왔다. 그때 한 엄마가 우리도 백가반을 하면 재미있을 것 같다며 한번 해보자고 제안을 했다. 그 자리에 있던 사람들 모두가 그 정도는 할 수 있다면서 흔쾌히 동의를 했다.

처음 '백가반'으로 시작된 논의는 점점 확산되어갔다. 우선 정월대보름에 했던 놀이를 찾아보았다. 처음에는 청주 수곡동처럼 쥐불놀이를 해보자는 의견이 먼저 나왔는데, 1월에 아파트에 화재가 났었기 때문에 선뜻 이야기하기가 어려웠다.

두 번째는 도서관 엄마들만 하는 것이 아니라 아파트 사람들과 함께할 수 있도록 제안하자는 의견이 나왔다. 그래서 아파트 입주자대표회의 회장과 관리소장에게 이야기하니, 행사 준비를 위한 책상이며 물품들을 적극 지원해주었다.

경로당 어르신들을 초대하면 좋겠다는 이야기도 나와 경로당을 방문하여 어르신들께 대보름 행사로 윷놀이와 백가반을 하려고 한다니까 모두 놀라셨다. 금세 자신들이 겪은 대보름 이야기로 경로당이 들썩들썩한다.

"백가반을 한다고?"

"우리는 밥을 얻기도 했지만 훔쳐 먹었어. 친구들이랑 몰래 부엌에 들어가서 어느 솥에 밥이 있는지 머뭇거리고 있는데, 방 안에서 '얘, 밥은 가운데 솥에 있다'고 하시는 거야."

노인회장님 말에 어르신들이 손뼉을 치며 고개를 끄덕였다.

어른들의 이야기를 들으니 나도 어릴 적 밥을 훔쳐 먹으러 갈 때 두렵기도 하고 설레기도 했던 기억이 떠올랐다. 훔치는 우리나 도둑맞는 집이나 서로 다 아는 사실이었다. 휘영청 밝은 보름달은 우리 마을 구석구석까지 비추었고 온 마을이 깨어 있어 하나도 무섭지 않았다. 이 날은 밤늦게까지 큰 소리로 떠들며 마을을 다녀도 아무도 잔소리하는 사람이 없었다. 다니는 집집마다 후한 인심을 맛볼 수 있었다. 그때는 진짜 내가 마을이고 마을이 곧 나였다.

노인회장님이 들려주는 백가반이야기

　백가반에 참여하는 아이들과 부모님들을 모집하기 위해 아파트 게시판에 방을 붙였다.

　"아! 그래요. 재미있겠는데요. 뭘 준비하면 돼요?"

　"저는 그때 일 나가는데 아이들만 보내면 안 될까요? 다음에는 시간을 내볼게요."

　부모들은 각자 처한 상황에 맞게 호응을 해주었다.

　"밥을 얻어먹어요? 신기하네요."

　"그거 거지 놀이예요?"

　아이들은 무척 재미있고 신기해했다. 밥을 얻으러 다닐 아이들과 밥을 나누어줄 집을 따로 신청을 받았는데, 아이들은 삼십 명이었고, 집도 열다섯 집이나 되었다.

　드디어 대보름날, 마을 잔치는 아이들의 놀이로 시작했다. 놀이터에서 진놀이, 고무줄놀이, 비석치기, 제기차기를 하는 아이들로 분위기가 달아올랐다. 역시 공동체 축제는 아이들의 신명으로 열리는 것 같다. 어른들이 관심 있어 하는 것은 새끼 꼬기였다. 지나가던 할머니도 열일곱 살에 꼬아봤다며 능숙한 솜씨로 쓱쓱 꼬아 올렸다. 할머니를 둘러싼 아이들은 "우와!" 하며 탄성을 지르고, 그런 어른들 옆에서 서툰 솜씨로 따라 배웠다. 도서관 메아리 엄마들은 어묵, 두부김치, 가래떡, 부럼(비싸서 뻥튀기), 막걸리를 나누어주시며 맛있게 잘 먹으니 뿌듯하다고 좋아하셨다. 할머니, 할아버지들은 윷놀이도 하시고, 대보름 때 있었던 옛날이야기에 목소리가 점점 커져갔다.

놀이터에서 놀이마당을 마치고 백가반을 하기 위해 아파트 도서관에 아이들이 모였다. 밥을 얻으러 가기 전에 먼저 노인회장님이 대보름에 관련된 옛날이야기를 해주셨는데, 아이들이 무척 신기하고 재미있어했다.

"옛날에는 부엌에 솥이 세 개가 있었어. 옹솥 이건 국을 끓이고, 가운데 밥솥, 그리고 가마솥, 여기에는 물을 끓이거나 해. 그래서 우리가 밥솥에서 얼쩡거리면 방에서 이런 소리가 들려. '얘, 밥은 옹솥에 있다!' 그럼 옹솥에서 꺼내 갔지."

"와, 그냥 가져가도 돼요?"

"암만. 그날은 다 그렇게 해도 되는 날이여."

세 집 이상 세 가지 성씨를 가진 집의 밥을 먹으면 그해 운수대통이라 공부도 잘하고, 건강하고, 친구들도 많을 거라는 말에 아이들은 얼른 가고 싶다고 엉덩이를 들썩거린다.

드디어 백가반이 시작되었다.

아이들을 여섯 모둠으로 나누어 다섯 집씩 찾아가기로 했다. 아이들끼리만 가는 것이 불안하니 어른들도 한 명씩 같이 갔으면 좋겠다는 사서 선생님의 제안에 따라 나는 제일 장난이 심한 아이들과 한 조가 됐다.

다섯 명의 아이들이 밥과 반찬 담을 통을 들고 아파트 주차장과 엘리베이터, 복도를 이리저리 다니는데 정말 아파트가 떠들썩했다.

"재미있겠다. 니들 좋겠다. 나도 옛날에 그거 했는데."

승강기에서 만난 이웃 어른들은 아이들의 머리를 쓰다듬어주며 웃었다.

밥을 주는 어른들이나 밥을 얻는 아이들의 표정이 모두 밝았다. 특히 자기 집으로 친구들을 데리고 갈 때는 아이들 표정이 더 당당해졌다. 백가반에 신청하지 않았던 아이가 있었는데 친구들을 만나 같이 다니게 됐다. 그 아이는 엄마에게 전화해 밥을 달라고 했고 엄마가 좋다고 하자 펄쩍펄쩍 뛰면서 좋아했다.

"할아버지, 밥 주세요."

"뭐! 밥?"

"예, 밥 주세요."

우리 집으로 밥을 얻으러 온 아이들이 호수를 잘못 알고 맞은편 할아버지 집으로 먼저 찾아갔다. 아이들이 다짜고짜 밥을 달라고 했으니 할아버지는 당황하실 만도 한데 웃으면서 밥을 갖다주셨다. 아이들이 고맙다는 인사를 하자 손자를 바라보듯 인자하게 웃으셨다. 밥을 얻어 도서관으로 들어오는 아이들 표정은 마치 개선장군처럼 의기양양했다.

무슨 일을 해도 부모와 이웃이 온전히 받아주고 호응해주던 공동체의 품을 오늘 하루만은 아이들도 느끼지 않았을까. 아이들은 커다란 양푼에 얻어 온 오곡밥과 나물, 고추장, 고소한 참기름을 넣고 비비는

대보름 백가반

동안 눈을 떼지 못했다. 나도 입에 침이 고여 숟가락을 찾아야 했다. 양푼 주변에 사이좋게 모여 앉아 맛있다며 밥을 나누어 먹는데 그 모습이 한 가족처럼 정겨웠다.

"집에서 나물을 먹으라면 이렇게 먹겠어? 여럿이 먹으니까 이렇게 먹지."

엄마들은 오곡밥과 나물을 준비하면서 옛날 밥을 얻어먹으러 다니던 아이로 돌아간 것 같아 설레고 행복했다며 맛있게 밥을 먹는 아이들을 대견스럽게 바라봤다.

맛있게 밥을 나누어 먹고 올 한 해의 소망을 비는 소지를 만들었다.

"좋은 선생님 만나게 해주세요."

"친구들이 많았으면 좋겠어요."

초등학교 입학을 앞둔 아이들의 간절한 마음이 느껴졌다. 소지를 태우러 큰 놀이터로 가는 길에 110동과 107동 사이로 달이 보이자 약속이나 한 듯 동시에 함성을 질렀다.

"와! 달이다."

휘영청 밝은 달빛 아래서 소지를 태우고 나서는 강강술래를 시작했다. 보름달 아래서 서로 잡고 도는데 마주 잡은 손이 정말 따스했다. 9시가 넘어 끝내려고 하는데 아이들은 더 놀겠다며 아쉬워했다. 종서는 노인회장님께 들었던 쥐불놀이를 해보자고 졸랐다. 수곡동처럼 학교 운동장에서 쥐불놀이하는 날이 빨리 왔으면 좋겠다. 집으로 돌아오는 길에 본 대보름달이 유난히 크고 밝았다.

그때부터 대보름 백가반을 3년째 진행하고 있는데, 올해는 유난히 힘이 들었다. 행사를 함께 준비했던 메아리 모임 엄마들과 놀이터에 나오는 부모들이 취직을 해서 모임이 제대로 진행되지 않았기 때문이었다. 그만큼 경제 사정이 어렵고 살기가 팍팍하다는 것을 피부로 느낄 수 있었다. 먹고사는 기본 문제가 빨리 해결되어야 서로 수다 떨고 함께 나누고 노는 공동체가 될 수 있을 것 같았다. 지난 대선 때 이야기되었던 국민 모두에게 조건 없이 빈곤선 이상으로 살기에 충분한 월간 생계비를 지급하는 제도인 '기본소득제'가 공감이 되었다. 또한 단오라는 명절의 속살을 제대로 이해하지 못하고 있는 나를 발견할 수 있었다. 명절이라면 공동체가 같은 날, 같은 음식을 먹고, 같은 놀이와 의례를 하는 것인데 몇몇 사람들이 정해진 틀에서 하는 이벤트로 가고 있다는 반성이 되었다. 엄마들과 아이들뿐만 아니라 아빠들, 노인분들도 함께하려면 어떻게 해야 할지, 무엇을 어려워하는지에 대해 함께 이야기도 나누고 대안도 찾아봐야겠다. 무엇보다도 단오와 같은 세시를 마을 사람들과 함께 어울릴 수 있도록 공휴일이나 문화휴가로 정하는 제도가 꼭 필요하다는 생각이 들었다.

아파트 옥상에서 들은 별들의 속삭임

요즘 우리 아파트에서는 옥상에서 별 보기를 진행하고 있다.

그동안 별은 청주 외곽이나 나가야 볼 수 있고, 증평의 좌구산 천문대를 가야만 볼 수 있다고 생각했다. 이런 생각은 얼마 전 문재현 소장님이 내신 책『별자리, 인류의 이야기 주머니』를 만나고 바뀌기 시작했다. 과학의 눈이 아닌 사람과 사람을 연결하는 마음의 눈, 문화의 창으로 별을 보는 것과 왜 아파트에서는 별을 못 보느냐고 하신 소장님의 말은 많은 것을 생각하게 했다.

이런 느낌을 이웃과 나누고 싶어서 도서관에서 저자와의 대화로 소장님을 모셨다. 2시간 동안 진행된 소장님의 동양과 서양 그리고 현재와 과거, 여러 학문을 자유자재로 넘나드는 별 이야기에 모두 공감하고 몰입하는 모습이었다. 특히 70세 할머니들은 어릴 적 추억이 살아나는지 계속 고개를 끄덕이면서 가장 뜨겁게 반응했다. 50대 주부 한 분은 별에 관심이 있어서 가끔 천문대를 가보곤 했는데 이렇게까지 깊은 이야기를 들을 수 있어서 좋다며, 소장님을 개인적으로 찾아가서 궁금한 것을 더 여쭈어보겠다고 연락처를 묻기도 했다.

소장님의 강의 후 아파트 옥상에서 별 보기를 하자고 하니 사서 선생님이 반기며 1월 초 도서관 겨울방학 프로그램으로 잡았다. 사서 선생님이 도서관에 오는 사람들에게 아파트 옥상 별 보기를 이야기했더니 반응이 폭발적이었다고 한다. 순식간에 계획했던 20명이 다 차서 아파트 전체에 홍보를 해야 할지 말아야 할지 즐거운 고민을 하게 되었다.

나는 아내와 아이들에게 우리 가족이 먼저 별을 보자고 제안을

저자와의 대화

했다.

내가 살고 있는 금천동은 청주 동쪽 외곽에 자리 잡고 있어 빛 공해가 비교적 적은 편이다. 연구소에서 퇴근하면 늘 차를 주차하는 곳이 갈비탕집 앞마당이다. 하루는 주차를 하고 동쪽 하늘을 보니 겨울철 다이아몬드 육각형이 선명하게 보였다. 도시라서 1등성만 보이니 별자리를 찾기도 쉬웠다. 그렇게 우리 가족은 흐린 날을 제외하고는 매일 밤 밤하늘 별자리와 마주할 수 있었다. 처음에는 모르던 별이 하나하나 들어오고 별의 색깔까지도 조금씩 구분할 수 있는 것이 신기했다. 왜 문 소장님이 생활공간인 아파트에서 별을 보라고 하시는지 알 수 있었다. 둘째 딸은 그리스로마신화를 읽어서 그런지 별과 관련한 이야기를 하면 신나 했다. 새벽에 퇴근하는 날은 봄철에 볼 수 있는 봄의 대곡선까지. 우리 가족은 매일 밤 신비로운 별들의 향연에 감탄하며 잠자리에 들었다.

옥상에서 별을 볼 수 있는지 미리 확인하려고 올라가 보려고 했는데 날씨가 도와주지 않았다. 12월 31일 밤, 드디어 하늘이 맑아 옥상으로 갔다. 기대와 설렘으로 옥상 문을 여는 순간 보름달이 환하게 비추고 있었다. 주변에 높은 층수의 아파트들로 인해 빛 공해도 심했다. 하지만 15층 높이에서 바라보는 주변 풍광도 좋았고 1등성을 보는 데도 어려움이 없었다.

아파트 옥상 문을 열어주기 위해 같이 올라간 아파트 주임은 아파트에서도 별을 볼 수 있다는 것에 놀라워했고, 아이들의 안전을 위해 몇 가지 준비를 해주겠다고 호응해주었다.

별 보기 일정을 잡아놓고 한파와 폭설로 인해 두 번을 연기할 수밖에 없었다. 별 보기는 하고 싶다고 할 수 있는 것이 아니라 날씨가 도와줘야 한다는 것도 실감했다.

아이들의 봄방학도 다 끝나가서 더는 미룰 수 없어서 별 보기 날짜를 잡았다. 그런데 이날도 눈과 비가 온다는 일기예보가 있어 또 별을 볼 수 없겠구나 걱정이 앞섰다. 별을 직접 보지 못하더라도 별 보기 좋은 날 번개모임을 할 생각을 하며 도서관으로 갔다.

도서관 회의실에 엄마들의 손을 잡고 온 아이들까지 30명이 모였다.

아파트에서 별을 본다고 했을 때 어떤 생각이 들었는지를 물었더니, 앞에 앉은 아이들이 또랑또랑한 눈으로 이야기했다.

"신기해요."

"재미있을 것 같아요."

가장 앞에 앉은 초등학교 4학년 여자아이인 정현이는 아빠가 사준 천체망원경을 가지고 왔는데 별에 관심이 많아서 그런지 앞에 딱 붙어 쉴 새 없이 물었다. 정작 망원경은 아이들이 서로 본다고 하다 고장이 나서 옥상에 가져가지도 못했다.

별 하면 뭐가 생각나느냐고 했더니,

"양자리요. 제 생일이 4월이에요."

"나는 물병자리인데."

정현이가 생일에 따른 별자리를 이야기하자, 여기저기서 자기 별자리를 이야기한다.

"나는 북극성."

"와."

개구쟁이 3학년 민찬이가 북극성이라고 하자 주변에서 함성이 나왔다. 엄마들에게 물으니 무척 쑥스러워하면서 웃기만 한다. 내가 별 하면 국자 모양의 북두칠성이 떠오르고, 별이 쏟아질듯 반짝였던 고향 마을 이야기를 했더니 엄마들이 공감이 되는지 고개를 끄덕이며 박수를 쳤다.

그동안 별을 어디서 봤느냐고 했더니 가까운 '좌구산 천문대'를 이야기한다.

"아파트에서 별을 볼 수 있어요? 대박!"

아파트에서 별을 볼 수 있다고 했더니 무척 신기한 표정을 지었다.

큰딸과 함께 스텔라리움을 띄워서 지금 옥상에 가면 만날 수 있는 별인 겨울철 육각형 별인 시리우스, 프로키온, 폴룩스, 카펠라, 알데바란, 리겔을 찾아보았다. 그런데 아이들은 빨리 옥상에 가서 보자고 난리였다.

"야, 진짜 별이 보이네."

옥상 문이 열리자 아이들이 처음 한 말이었다.

비 예보가 있었는데 다행히도 구름이 걷혀 육각형 별자리를 볼 수

아파트 옥상 별 보기

있었다. 사자자리의 1등성 레굴루스도 보였다. 별지시기(그린레이저 포인트)가 추워서 제대로 작동을 하지 않아 애를 먹었지만, 하나하나 가리킬 때마다 신기하다며 서로 별지시기로 별을 가리키고 싶다고 아우성이었다.

"정말 달라요. 대박!"

별마다 색깔이 다르다고 하니까 여러 색깔을 찾아서 마구 던진다. 시리우스와 베델기우스의 흰색과 붉은색을 발견하고는 정말 다르다고 손뼉을 쳤다. 색깔이 다른 것은 별의 온도가 다르기 때문이라고 했더니, 하늘의 별을 이리 보고 저리 보면서 흥분한 표정들이었다. 옥상에서 동, 서, 남, 북을 확인하고 북두칠성을 보기 위해 북쪽 방향으로 이동을 했는데 구름이 잔뜩 끼어 거의 볼 수가 없어서 무척 아쉬웠다.

"아저씨, 똥자리 있어요? 저게 똥개자리예요?"

똥자리가 있다고 했더니 도윤이가 시리우스를 가리키며 한 말에 모두 한바탕 웃었다.

"전갈자리 어디 있어요?"

"물고기자리는 어디 있어요?"

계속되는 질문에 나의 내공이 바닥이 나서 아저씨도 잘 모르니 같이 찾아보자고 했다. 엄마들은 직접 묻기보다는 아이들을 통해서 질문을 하는 것 같았고, 아내가 알려준 휴대폰 별자리 앱을 켜 밤하늘에 비춰 보며 신기해했다.

잠시 후 구름이 몰려와 더는 별을 볼 수 없었다. 우리에게 별을 볼 수 있는 기회를 주려고 잠시 하늘이 열어준 것 같아 고마운 마음이 절로 들었다. 아쉽지만 다음을 기약하고 옥상에서 별 보기를 마쳐야 했다.

"재미있었어요."

"신기했어요."

도서관에 돌아와 소감을 묻는 말에 아이들은 큰 소리로 말했다. 한 엄마는 좌구산 천문대 갔다가 별 못 보고 왔는데 여기서 봐서 너무 좋았다고 했다. 별 보기 좋은 날 번개로 연락하면 모여서 또 보자고 약속하고 별 보기를 마무리했다.

아파트 옥상은 주민들의 공동 공간이기는 하지만 소방과 안전 문제로 인해 늘 잠겨 있다. 별을 보는 날은 주민들이 같이 불도 끄고 돗자리에 누워 별을 함께 보는 안전지대가 되었으면 하는 바람을 가져본다.

아파트 공동체를 향한 우리들의 비전
-세대별 마을 공간

　2017년 여름 수곡동에서 살고 있는 신동명 연구원과 수곡동 주민들이 LH공사의 주거복지동 반대 싸움 속에서 마을공동체센터를 건립할 수 있는 땅을 제공받기로 했다는 기쁜 소식을 들었다. '새로 만들어지는 마을공동체센터에는 어떤 공간을 만들면 좋을까?' 하며 마을배움길연구소에서 이야기를 나눈 적이 있었다. 수곡동에서는 예전의 사랑방처럼 각 세대들이 모일 수 있는 공간을 만드는 것으로 논의가 진행되고 있다고 했다.

　"아파트가 공동체라고 한다면 각 세대별 마을 공간이 있어야 하는데 금천동에는 세대별 공간이 있나요?"

　문재현 소장님이 이야기를 나누는 중에 내게 질문을 했다. 그 뒤로 다른 마을에서 세대별 마을 공간이 있는지 살펴보게 되었다.

　그동안 다른 아파트에는 없는 작은 도서관이라는 공간이 있고, 여러 가지 프로그램을 운영하다 보니 우리 아파트는 괜찮은 것 아니냐는 나름의 합리화 속에서 공동체에서 정말 필요한 지점을 놓치고 있었다는 반성을 하게 되었다.

　처음 도서관을 만들 때 세대별 공간이라고 생각했던 엄마와 아기를 위한 '엄마랑 아가랑'도 이용하는 엄마들이 별로 없었고, '꾸러기방'도 먼저 차지하는 사람이 우선이라 아이들의 전용 공간이라고 하기는 어렵다. 도서관이라 큰 목소리 한번 낼 수도 없어서 아이들이 맘 놓고 사용할 수 없는 공간이었다. '사랑방'이라는 공간이 있기는 하지만 이곳도 주부들과 장년층들이 자연스럽게 만나고 자신들의 이야기를 나누는 공간이기보다는 아이들이 시험기간에 와서 공부하는 데 많이 이용되고 있다.

도서관 프로그램도 아이들에게 초점이 맞추어져 있어 공동체의 도움이 절실히 필요한 아기 엄마들과 청소년들의 요구를 담아내지 못하고 있었다. 정작 나와 같은 세대인 장년층과 아주머니들을 위한 프로그램은 처음부터 고려하지도 않았다.

세대별 마을 공간에 대한 마을 사람들의 목소리

아파트 사람들이 세대별 공간에 대해서 어떻게 생각하는지를 직접 들어보기로 했다. 도서관에서 아이를 키우는 엄마, 초등학생, 중학생, 아주머니, 안전지킴이 대원들과의 대화를 통해 세대별 공간을 얼마나 갈망하는지 알 수 있었다.

"도서관에서 애가 울면 안 되잖아요."

우리 아파트 도서관에는 엄마와 아기들을 위한 '놀이방'이 있다. 놀이방이 있다는 것을 주민들에게 알리고 도배나 가구 등도 새롭게 꾸몄다. 그리고 아이들과 놀 줄 모르는 요즘 엄마들을 위해 문재현 소장님을 모시고 '자장가'와 '아기 어르는 소리'도 같이 배웠다.

"도서관에 놀이방이 있어서 좋아요. 하지만 편안하지는 않아요."

"방이 좁아요. 누울 수도 없어요."

"도서관에서 애가 울면 안 되잖아요. 애가 방을 나갈 경우 늘 신경이 쓰여요."

최근 도서관에서 만난 아기 엄마들의 놀이방에 대한 반응이다. 놀이방 이용하는 엄마들의 입장에서 공감한 것이 아니라 놀이방을 만들면 와서 이용하겠지 하는 일방적인 생각으로 설계한 것이 문제라는 것을 알았다. 엄마들이 마음 놓고 이용하려면 접근성이 좋아야 하는데 도서관은 지하라 이용하기 불편했다. 무엇보다도 엄마들을 위한 온전한 공간, 아이에게 젖도 먹이고 누워서 잠도 잘 수 있는 공간이 아니었다. 그리고 아기 엄마들을 돕기 위한 육아의 달인 할머니들과 연계, 인근 중고등학교 학생들이 어린 동생들과 노는 보살핌 활동을 자원봉사로 인정하는 등 아파트와 학교의 지원체계도 필요함을 느껴졌다.

정부에서는 「건강가정지원법」에 따라 세운 '건강가정기본계획'에 돌봄 부담을 해소하기 위해 '공동육아나눔터' 설치를 규정하고 있다. 공동육아나눔터는 엄마들과 아이들을 위한 놀이 공간과 육아 정보를 제공하고 있고, 2~5명의 부모들이 함께 팀을 이루어 서로 돌보는 '가족품앗이'는 부모들에게 아주 인기가 있다고 했다. 놀이방을 고민하면서 좋은 사례가 될 것 같아 청주의 공동육아나눔터 한 곳을 찾아갔다. 이곳은 35평 이상의 고층 아파트로 자체 보안으로 공동육아나눔

공동육아나눔터

터까지 접근하기가 쉽지 않았다. 미로를 찾아가는 느낌이었다. 공동육
아나눔터를 살펴보니 탁 트인 방과 회의실이 있었다. 엄마들이 쉴 수
있는 공간이 있나 살펴보았지만 찾을 수 없었다.

"엄마들은 아이들을 봐야 해서 별도의 공간이 있어야 한다는 생각
을 하지 않았어요. 그리고 젖먹이 아이를 둔 엄마들은 이곳 이용을
안 해요."

그곳에서 일하는 활동가가 한 말이다. 이곳에도 혼자 아이를 키우
는 엄마들이 잠시라도 쉴 수 있는 공간은 없었다.

요즘 애 키우는 엄마들 소원이 머리 감고 차 한잔 마실 수 있는 단
30분이라도 자유시간을 가지는 것이라고 했더니, 애 키우던 생각이
나는지 활동가의 눈가가 촉촉해졌다. 그 자리에 함께 있던 청주시 건
강가정지원센터 담당자들도 부모들을 위한 쉴 공간의 필요성에 공감
하면서 이후 공동육아나눔터 설계 과정에서 고민해보겠다는 이야기

를 했다.

　현재 공동육아나눔터는 부모들의 요구가 있는 곳에 지원하는 것이 아니라 공간을 제공할 수 있는 곳만 신청을 할 수 있다. 그리고 정부와 지자체의 지원도 건물 리모델링비 1천만 원과 자원봉사자의 교통비와 일부 운영비만 지원하고 있어 활성화하기에는 한계가 있다. 공간이 있어 신청을 한다고 해도 예산문제로 모두 지원을 받을 수 없다고 한다. 여성가족부에 확인했더니 공공기관의 유휴 공간을 활용하는 것과 아파트 건설시 주민공동시설로 공동육아나눔터를 설치하는 것을 위해 건설회사와 협약을 맺고 추진 중이라고 했다. 그런데 여성가족부의 요구에 국토교통부는 규제 완화가 추세라 건설사에 필수시설로 새로운 공간을 요구하는 것에는 소극적이라는 말을 들었다. 애 키우는 부모들을 위한 최소한의 공간이 규제 대상이라니 정말 어이가 없었다. 말로만 저출산 대책, 돌봄 대책을 떠들 것이 아니라 부모들의 생활공간인 아파트 단지와 골목마다 공동육아나눔터를 설치하고 품앗이 육아를 할 수 있도록 정부와 지자체가 나서서 법과 제도를 하루빨리 정비했으면 좋겠다.

　　　　"비가 와도 꼭 놀았으면 좋겠어요."

　목요놀이가 자리를 잡아가던 2014년 12월 즈음, 2015년 1월 26일을 기점으로 전국의 2,000여 개의 놀이터가 폐쇄된다는 충격적인 이야기를 들었다.

　2007년 부산 지역 어린이놀이터에서 그네가 무너지면서 놀던 아이가 사망한 사건이 발생한 이후 어린이놀이터에 설치된 시설물에 대한 안전관리가 강화되었다.

우리 아파트에서도 이 문제로 대표자회의가 열렸다. 그때가 2014년 12월 초라 공사를 하기도 어렵고 놀이시설을 바꾸는 예산도 없었기에 임시방편으로 안전기준에 미달되는 놀이기구는 다 뽑아버리고, 나중에 예산을 세워서 설치하는 것으로 결정하였다. 놀이기구가 없으면 안전기준에 저촉을 받지 않기 때문에 편법으로 진행한 것이다. 안전검사를 받는 동안은 아이들에게 미리 놀이터 이용을 중지한다는 것을 알리고 이후 놀이터에 설치하는 놀이시설은 아이들의 의견을 들어서 결정하기로 했다.

그런데 놀이터에서 정글짐, 회전놀이, 철봉, 시소 등의 놀이기구를 다 뽑아버리고 나니 신기한 일이 벌어졌다. 놀이시설을 뽑아내고 놀이터에 넓은 공간이 생기니 아이들의 놀이가 바뀌기 시작했다. 예전에는 조합놀이대와 그네 등 놀이시설을 주로 이용하고 놀았다면, 요즘은 진놀이, 자치기, 비석치기, 고무줄 등 특별한 놀이시설 없이 서로를 바라보고 몸을 부딪치면서 논다. 아이들도 넓어서 좋고, 마음껏 뛰어놀 수 있다고 좋아했다. 축구를 해도 되겠다며 축구공을 가지고 오는 아이들도 있었다.

"놀이시설이 없으니까 더 좋네요."

"왜 이런 생각을 못 했지요?"

놀이터를 찾았던 관리소장과 동대표들도 한마디씩 했다.

돌이켜 보면 우리가 어릴 적에는 놀이터가 따로 없었다. 내가 살던 마을은 골목이나 공터, 추수가 끝난 논, 뒷동산 모든 곳이 놀이터였다. 하지만 지금은 놀이터를 만들어놓고 여기서만 놀라고 한다. 이러니 놀

놀이시설을 뽑아낸 놀이터

이터가 아니라 '놀이유배지'라는 말도 틀린 말이 아니다.

놀이시설을 뽑아버리고 나서 생긴 변화는 어른들도 마찬가지였다. 입주자대표회의에서도 더 이상의 놀이시설은 설치하지 말고 꼭 필요한 편의시설만을 갖추기로 했다. 얼마 전에는 더위와 비를 피해 놀 수 있는 정자를 만들었다. 그리고 지금은 놀이터에서 노는 아이들과 부모들의 요구로 손을 씻을 수 있는 수도와 흙먼지털이기(에어건)를 준비 중이다.

"아저씨, 비가 와도 꼭 놀았으면 좋겠어요."

목요놀이를 진행하다 보면 비가 오거나 겨울에 추워서 밖에서 놀기 어려울 때가 있다. 아이들은 놀고 싶은데 날씨 때문에 놀지 못하는 것을 무척 아쉬워했다. 그래서 사서 선생님과 상의해서 도서관에서 아이들이 놀 수 있도록 했다.

도서관에서 아이들이 놀 수 있게 되면서 비나 눈이 오거나, 날씨가

놀이터 정자

추운 겨울에도 도서관에서 아이들을 만날 수 있었다. 특히 미세먼지가 심한 날에도 도서관에서 놀았다. 세계인권선언의 4대 원칙 가운데 하나인 '아동 이익 최우선'의 원칙이 먼 곳에 있는 것이 아니라 우리 생활에서 아이들이 마음 놓고 놀 수 있는 실내외 놀이 공간이라는 생각을 하게 되었다.

아이들이 도서관에서 놀면서 놀이도 다양해졌다. 공기, 윷놀이, 실뜨기, 고누놀이, 윷놀이 등도 할 수 있었다. 아이들은 구석구석 좁은 공간까지 이용해서 비석치기와 제기, 고무줄까지 하고 놀았다. 비가 오는 날이면 도서관은 아이들로 들썩였다. 도서관을 방문한 어른들 중에는 언짢아하시는 분도 있었지만 대다수 어른들은 아이들이 노는 모습을 흐뭇하게 바라보았다.

그런데 도서관은 많은 책꽂이, 각종 기자재로 인해 항상 사고 위험에 노출되어 있었다. 같이 노는 어른들은 늘 노심초사할 수밖에 없고 어느 순간부터 아이들의 놀이를 하나하나 통제하는 모습을 발견할 수 있었다.

아이들이 날씨에 아랑곳하지 않고 놀 수 있는 공간인 도서관이 있다는 것은 무척 다행스러운 일이지만 아이들이 마음 놓고 놀 수 있는 안정적인 실내 놀이 공간이 없다는 것이 아쉽다.

"우리들만의 공간, 빨리 만들어졌으면 좋겠어요."

"수달 아저씨, 오늘은 여기 계시네요."

일요일 도서관에서 근무를 하고 있는데 출입문을 들어오던 민준이가 반갑게 인사를 했다. 뒤따라 도연이와 용준, 재혁이가 밝게 웃는다.

민준이와 친구들은 도서관 프로그램에도 적극적으로 참여하는 중학교 아이들인데 도서관에서 큰 소리로 떠들거나 장난이 심해서 사서 선생님을 힘들게 하곤 했다. 얼마 전에는 회의실에서 탁구를 치다가 동대표 한 분에게 걸려서 야단을 맞았고, 그분이 민원을 제기해서 운영위원회 회의 때 도서관 이용수칙을 다시 홍보해야만 했다. 아이들은 사랑방으로 회의실로 왔다 갔다 하다 결국 꾸러기방에 누워 두런두런 이야기를 나누고 있었다.

"민준아, 도서관이 있어 뭐가 제일 좋으니?"

"그건 왜 물어요?"

"아파트에서 도서관을 만든 지 4년이나 됐잖아. 니들이 제일 많이 이용하잖아. 그냥 궁금해서."

"그냥 좋아요. 오고 싶을 때 올 수 있어서요."

"저는 물을 먹을 수 있어서 좋은데……."

옆에 있던 용준이가 끼어들면서 말하자 도혁이가 옆구리를 쿡 찌르며 한심하다는 듯이 쳐다본다.

"불편한 건 없니?"

"특별히 불편한 건 없는데……."

민준이가 말을 하다가 머뭇거린다.

"문 닫는 시간이 너무 빨라요. 학원 갔다 오면 놀 수가 없잖아요."

용준이의 말에 아이들이 모두 고개를 끄덕인다.

"사실 놀고 싶은데 눈치를 많이 봐야 해요. 조금만 시끄러우면 어른들이 뭐라고 그러고요."

처음 도서관을 만들 때 아이들이 마음 놓고 놀 수 있는 공간을 만드는 것이 가장 큰 목표였는데 도서관이 아이들에게는 눈치 봐야 하는 공간이라는 것이 찜찜했다.

"그래 도서관이 일찍 문을 닫는 것도 맞고, 니들이 마음 놓고 이야기할 수 있는 곳도 아니라는 것도 알아. 그래서 요즘 도서관이 아닌 청소년들 공간을 어떻게 만들까 고민 중이거든."

"정말이요? 그러면 좋지요. 언제 만들어요?"

"아직 결정된 건 없고 이제 논의를 해야 하는 거야. 그런데 청소년 공간이 생기면 뭐 하고 싶으니?"

"컴퓨터 게임이요."

"야, 그건 아니지. PC방도 아니고. 쟤는 눈치가 없어."

용준이의 말에 민준이와 도연이가 눈을 흘긴다. 용준이가 입을 삐죽거린다.

"니들 모여서 이야기도 하고, 악기를 배워서 연주도 하고 그걸 공연

하면 어떨까?"

"좋아요. 우리 엄마도 악기 배우라고 하는데, 여기서 배우면 좋겠어요."

도연이가 기타 치는 흉내를 냈다.

"그런데 아저씨 그런 거 어디에 만들어요?"

민준이가 진지하게 물었다.

"청소년 공간뿐만 아니라 아빠, 엄마들이 모일 수 있는 공간이 없잖아. 그래서 지금 어른들이 고민 중이야."

"큰 소리로 놀 수 있는 우리들만의 공간 빨리 만들어졌으면 좋겠어요."

"저도요."

아이들이 얼마나 자신들만의 공간을 간절히 바라는지 알 수 있었다. PC방 아니면 노래방을 전전해야 하고 도서관에서는 큰 소리로 이야기도 못 하고 천덕꾸러기 신세가 된 아이들이 불쌍하게 느껴졌다. 어렸을 적 내가 살던 마을에는 같은 또래끼리 모일 수 있는 집이 있었다. 나와 내 친구들은 형기네 집에서 모였고, 형 친구들은 명준이형 집에 모였다. 거기서 이야기도 나누고 함께 군것질도 하고 서리해 온 닭도 같이 나눠 먹었다. 우리가 모여서 노는 것에 어른들도 허용적이었다. 우리는 이렇게 놀고 아이들에게는 모일 공간조차 만들어주지 못하는 것은 너무 이기적이라는 생각이 드니 하루빨리 아이들의 공간을 만들기 위해 나서야겠다는 결심을 하게 되었다.

아파트에 새로 만들어지는 청소년 공간에서 악기도 배우고, 춤도 추고, 공연도 하고, 마을 축제도 함께 만들며 어린 동생들을 보살피는 놀이형, 놀이언니로 성장하는 아이들을 보고 싶다.

"아파트에 사랑방이 있으면 술집에서 안 만나지."

아파트 안전을 위해 매주 순찰을 돌고 있고 아파트 일에 적극적으로 참여하는 안전지킴이 대원들에게 아파트 안의 세대별 마을 공간의 필요에 대해 물어보았다.

"이웃이 누군지도 잘 모르는데, 공간이 있다고 올까요?"

"우리도 방범초소가 없다면 모임이 될까요?"

순간 나도 안전지킴이 순찰을 돌던 때가 떠올랐다. 모일 장소가 없어서 경로당에 옷과 순찰봉 등을 보관하고 더부살이를 했다. 어르신들이 순찰에 참여할 때는 문제가 없었는데 어르신들이 참여를 하지 않으니 경로당을 이용할 수 없어 당장 있을 곳이 없었다. 그래서 청소하시는 아주머니들이 쓰는 경로당 옆 작은 공간을 빌려서 사용했다. 이것을 보다 못한 입주자대표회장이 아파트를 위해 좋은 일을 하는 분들이 메뚜기처럼 옮겨 다녀서야 되겠느냐고 방범초소를 만들어주었다.

"그건 그렇지. 공간이 없어서 우리도 많이 힘들었지."

이리저리 옮겨 다니던 그때의 모습이 생각났는지 방범대장도 한숨을 쉬었다.

"세대별 공간으로 경로당만 있어요. 그리고 매달 지원금이 나오잖아요. 아파트가 공동체라면 경로당처럼 세대별 공간이 있어야 되는 것 아니에요?"

"그러게 경로당은 있는데 우리 같은 아빠들이 모일 수 있는 사랑방은 왜 없지!"

"아파트에 우리들 공간이라, 생각도 못했네요. 아파트에 사랑방 있으면 술집에서 안 만나지."

안전지킴이처럼 아파트 일에 적극적으로 참여하는 사람들도 아이들을 도와준다는 입장에서 접근했지 같은 세대가 함께 어울리면서 살아가는 공동체 공간이라는 인식을 하지 못했었다. 아파트를 공동주택이라고 하고 공유 시설을 함께 사용하는데 왜 공동체라는 인식을 하지 못할까? 이 문제는 문재현 소장의 이야기대로 아파트에 사는 사람들의 문제가 아니라 아파트라는 공동주택을 설계하면서 공동체를 위한 세대별 마을 공간을 설계하지 못한 국가와 지방자치단체 그리고 건설자본의 문제라는 생각이 들었다.

아파트에 사랑방이 생기면 아빠들의 대화와 관심도 달라질 것이다. 술집에서 만나면 그 대화의 주제는 군대, 정치, 스포츠, 주식, 직장 스트레스 등이다. 하지만 마을에서 만나면 마을 이야기를 나눌 것이고 특히 자녀들 교육 이야기가 중심일 수밖에 없다. 예전 마을과 골목에

안전지킴이 초소

서 놀이 달인이었던 아빠들의 경험을 살려서 요즘 놀 줄 모르는 아이들과 함께 노는 것도 시작할 수 있을 것이다. 또한 아이들의 진로 교육에 아빠들이 멘토로 참여할 수 있을 것이다. 요즘 중학교에서 시행되고 있는 자유학기제, 진로교육은 마을 사람들과 관계 맺으며 마을에서 배우라는 것이다. 하지만 현실은 직업체험도 똑같은 곳으로, 단체로 가고 그 속에서 아이들은 천덕꾸러기 신세가 된다. 우리 아파트만 1,000세대가 넘는다. 아빠들의 직업으로 따지면 그 직종이 엄청나다. 아빠들과 이웃 아저씨들에게 배우는 진로교육과 직업체험은 그 어떤 것보다 의미가 있고, 새로운 공동체의 지평이 열릴 수 있을 것이다.

"차 한잔하면서 이야기할 카페가 있으면 좋겠어요."

"제가 세종에서 아파트 관리소장으로 있다가 왔잖아요. 그런데 거기는 아파트마다 카페가 있어 사람들이 모일 수 있어서 참 좋았어요. 주부들이 참 좋아해요."

2018년 백가반 행사를 마치고 수고했던 엄마들이랑 점심을 먹고 있는데 새로 온 관리소장이 인사를 와서 한 말이었다.

"그러면 참 좋겠다. 우리 아파트는 그런 거 없나."

엄마들이 부러운 표정으로 관리소장의 이야기를 경청했다.

"아파트에서 커피 기계 렌탈하고 관리는 엄마들이 하고요. 가격도 1,000원으로 아주 저렴해요. 굳이 밖에 있는 카페 안 가도 될 정도예요."

"차 한잔 마시며 이야기할 수 있는 카페가 있었으면 좋겠으요."

엄마들도 아파트에 그런 공간이 있으면 그곳을 이용하겠다고 맞장구를 쳤다.

"문제는 그런 공간을 어디에 만들어요?"

한 엄마의 이야기에 모두가 답이 없다고 한숨을 쉬었다. 도서관에서 차 마시면 되지 않느냐고 하는 엄마도 있었지만, 대다수 엄마는 도서관에서는 눈치가 보여 수다를 떨 수 없다는 이야기에 공감을 했다.

이야기 나온 김에 관리소장에게 부탁해 세종시 아파트에 있는 카페를 찾아가 보았다. 40여 평의 널찍한 공간에 인테리어도 일반 커피숍처럼 세련됐다. 커피 기계는 렌탈을 하고 관리는 4명의 자원봉사자가 하고, 카페 운영 수익으로 자원봉사자 수고비도 주고 있었다.

"카페가 있어서 굳이 밖의 커피숍에 갈 필요가 없어요."

카페에서 만난 한 엄마의 이야기다.

나는 주부들을 위한 공간에 수다방이라고 이름을 붙이고 싶다. 예전에 빨래터나 안방에 모여 수다를 떨던 것처럼 이웃의 슬픔과 기쁨을 같이 나누고 마을의 크고 작은 일을 함께 해나가며 이웃의 정을 흠뻑 느낄 수 있는 공동체의 품이었으면 한다.

세대별 마을 공간은 선택이 아니라 필수

아파트에서 세대별 마을 공간을 만들 수 있는 방법을 찾아보았다. 관리사무소를 방문했더니 「주택건설기준 등에 관한 규정」에 내가 말하는 세대별 마을 공간과 비슷한 개념으로 주민공동시설이라고 명시해놓았다고 자료를 주었다. 규정을 살펴보니 주민공동시설에는 경로당, 어린이놀이터, 어린이집, 주민운동시설, 도서실, 주민교육시설, 청소년수련시설, 주민휴게시설, 독서실, 입주자집회소, 공용취사장, 공용세탁실 등 그 종류가 다양했다. 우선 주민휴게시설이나 입주자집회소는 세대별 마을 공간이 될 수 있겠다는 생각이 들었다. 그런데 제55조의 2(2014. 10. 28)를 보면 주민공동시설 가운데 꼭 설치해야 하는 필수시설은 다음의 몇 가지밖에 없었다.

> 150세대 이상: 경로당, 어린이놀이터
> 300세대 이상: 경로당, 어린이놀이터, 어린이집
> 500세대 이상: 경로당, 어린이놀이터, 어린이집,
> 　　　　　　　주민운동시설, 작은 도서관

규정 이외의 필수적으로 설치해야 하는 세대수별 주민공동시설의 종류에 대해서는 특별시·광역시·특별자치시·특별자치도·시 또는 군의 여건들을 고려하여 조례로 따로 정할 수 있다고 한다. 그래서 관련 조례가 있나 청주시의 자치법규를 찾아보았지만 조례는 없었다.

왜 필수시설로 500세대 이상의 경우 다섯 가지만 규정해놓았을까 궁금해졌다.

주무부처인 국토교통부 주택건설공급과에 전화를 걸어서 법에서 정한 주민공동시설은 많은데 왜 다섯 가지만 필수 주민공동시설로 했는지, 그것은 어떤 과정을 거쳐서 정했는지를 물었다. 담당자는 개별 법령에 설치 규정이 있을 경우 각 부처에서 국토교통부에 협의를 거쳐 집어넣었다는 간단한 답변만 했다. 그래서 요즘 아파트 단지에는 애를 키우는 엄마들, 아이들, 청소년, 주부, 장년층 등 다양한 세대가 있고 그 사람들에게 맞는 공동체 공간이 필요하다고 요구했다. 그랬더니 담당자는 딱 잘라 말했다.

"저는 생각이 달라요. 공간이 있다고 꼭 사람들이 모인다고 생각하지 않아요. 그리고 그런 것을 다 법으로 강제할 수는 없어요. 결국 사는 사람들의 부담이 될 테니까요. 단지마다 자신들이 필요한 시설을 정하면 되지 이것을 일괄적으로 강제하는 것은 곤란하다고 생각해요."

순간 '공간이나 만들어주고 그런 소리를 하지.' 하는 말이 튀어나올 뻔했다. 필요하면 아파트 단지에서 신택해서 하라는 것으로 결국 모든 책임을 입주민과 단위 아파트로 넘기고 있다는 생각이 들었다.

주민공동시설 내의 세대별 마을 공간은 선택이 아니라 주권자가 공동체적인 삶을 누리고 살 수 있는 전제가 되는 기초시설이다. 국민이 요구하기 전에 국가와 지방자치단체가 설치해야 할 책무이고, 주택계획의 기획 단계에서부터 반영해야 하는 것이라고 계속 이야기를 했더니 무슨 말을 하는지는 이해가 된다고 마지못해 수긍을 했다.

"사회적으로 공감대가 만들어지고 합의만 되면 필수시설로 반영할 수 있어요."

국토교통부 담당자가 마지막에 한 말이다. 결국 사회적으로 세대별 마을 공간이 필요하다는 의제가 만들어지면 필수시설로 가능하다는 말이었는데, 문재현 소장이 공동체 공간은 사회운동이 되어야 실현될 것이라고 한 말이 실감 나는 순간이었다.

관리소장은 우리 아파트는 1991년도에 생겨서 주민공동시설은 경로당과 놀이터만 있으며, 어린이집은 직접 운영하지 않고 민간인이 운영하는 4개의 어린이집으로 대신하고 있다고 했다. 우리 아파트 작은 도서관은 법 기준과 관계없이 주민들의 요구로 만든 공간이다. 세대별 공간으로는 경로당이 유일했다.

"경로당은 법으로 반드시 설치하고, 지원도 하게 되어 있어요. 다른 세대를 위한 공간도 법으로 정해지면 만들어야 하는 거예요."

아파트 안의 세대별 마을 공간에 대해 대화를 나누던 관리소장이 한 말이다. 경로당은 법으로 규정되어 있어 의무적으로 설치한다는 것이다. 어르신들에 대한 지원은 선거 때마다 국회의원, 자치단체장, 의회의원들의 단골 메뉴이다. 어르신들은 자기 세대의 목소리를 분명히 내고 있는 것으로 보인다. 그것이 경로당이라는 공유 공간과 지원체계를 법으로 만들 수 있는 힘이라는 것을 알 수 있었다.

아파트에 부는 새바람, 세대별 마을 공간 만들기

2018년 3월 1일 아파트 대보름 놀이마당을 놀이터에서 하려고 하다가 날씨가 춥고 바람이 너무 많이 불어서 도서관으로 자리를 옮겼다. 작년에도 도서관에서 놀이마당을 했는데 수십 명이 좁은 공간에 모이다 보니 화분이 깨지고, 제대로 놀지도 못했던 일이 떠올랐다. 그때 한 엄마가 도서관 옆에 있는 에어로빅실에서 놀면 어떻겠냐고 전화를 걸어왔다. 그분은 에어로빅 회원이라며 에어로빅 회장에게 직접 전화를 해서 이용할 수 있도록 적극적인 허락을 받았다. 에어로빅실이 열리니 넓은 실내 놀이터가 생겼다. 70평이나 되는 곳에서 아이들은 물 만난 고기처럼 이리 뛰고 저리 뛰고. 뛰어다니는 것만으로도 말이 필요 없는 놀이가 되었다. 실내에서 할 수 없는 진놀이까지 하면서 놀

에어로빅실 모습

왔다.

"이런 공간이 있는지 몰랐어요. 이런 공간이 늘 개방되면 정말 좋겠어요."

"지금은 에어로빅 하는 사람들만 사용하고 있는 거잖아요?"

신나게 노는 아이들을 보면서 엄마들은 에어로빅실이 늘 개방되어 아이들의 놀이 공간이 되었으면 좋겠다고 이구동성으로 말했다.

"아저씨, 다음에도 여기서 놀아도 돼요?"

아이들도 넓은 공간에서 놀고 싶다고 아우성이었다. 나는 이곳을 공동체 공간으로 사용할 수 있다면 얼마나 좋을까 늘 생각하고 있다. 행사에 참여해 엄마들과 아이들의 요구를 알게 된 입주자대표회장도 주민들의 공간으로 만들기 위해 준비해보자고 호응을 했다. 아파트에서 도서관을 만들 때처럼 세대별 공간으로 운영되는 곳의 사례를 찾아보고 아파트 토론회를 통해 각 세대가 요구하는 공간에 대한 의견을 모으는 과정을 만들어갈 계획이다. 그리고 다가오는 지방선거에는 시장, 시의원 후보들에게 세대별 공간 만들기에 대한 질의도 하고, 공약으로 추진할 것을 요구할 예정이다.

나는 최근 몇 년간 아파트에서 진행한 공동체운동을 통해 아파트에서 공동체가 가능하다는 것뿐만 아니라 다른 곳보다 더 쉽다는 것을 확인할 수 있었다. 왜냐하면 우선 아파트는 많은 사람들이 모여 살고, 공유 시설을 함께 사용하는 공동주택이기 때문이다. 무엇보다 중요한 것은 아파트의 모든 살림살이는 입주자대표회의라는 자치회를 통해서 이루어지기 때문이다. 아파트는 입주자대표회의와 입주민들이 마음만 먹으면 공동체를 만들 수 있는 좋은 여건을 갖추고 있다는 장점이 있다.

2016년 주택총조사에 의하면 공동주택이 전체 주택에서 차지하는 비율이 75%이다. 이 가운데 인천시가 88.4%, 서울시 86.8%, 경기도 85.9% 순으로 도시에서는 대다수 사람들이 공동주택에 모여 산다. 이 비율은 해마다 증가하는 추세다. 아파트는 공동주택 중에서도 80%를 차지할 정도로 절대적이다. 따라서 공동주택 아파트에서 공동체를 만들 수 있느냐는 우리 사회가 지속가능한지에 대한 시금석이라 해도 과언이 아니다. 지금처럼 아파트에서 옆집에 누가 사는지도 모르고 같은 세대끼리 전혀 유대를 만들어갈 수 없다면, 우리 사회의 미래가 없다는 것인데 이는 생각만 해도 끔찍하다.

내가 살고 있는 아파트는 공동체운동을 하겠다는 사람들이 모인 곳도 아니고, 평수가 큰 고급 아파트도 아닌 오래된 평범한 아파트 단지이다. 그 아파트에서 주민들과 함께한 공동체 살리기 운동이 75%의 공동주택 더 나아가 우리 사회 전체에서 공동체를 살리기 위한 사회적 상상을 펼칠 수 있는 계기가 되었으면 한다.

수곡동에서 꾸는 공동체의 꿈
-세대별 마을 공간

신동명

주민의 단결로 만든
마을공동체센터 부지

2017년 7월 어느 날 아침, LH공사 충북지역본부 주택사업 단장에게 전화가 왔다.

"위원장님, 본사에서 마을 주민들의 자치와 복지 공간을 위한 부지 제공을 요구한 주민 요구안을 원안대로 받아들이기로 했습니다. 어제 드디어 사장님 결제가 났습니다."

마음을 졸이며 기다리던 소식이었다. 이 기쁜 소식을 처음부터 함께 고생한 주민대책위원회 김 위원에게 가장 먼저 알렸다.

"정말요? 우리 요구가 받아들여진 거죠? 정말 우리가 이긴 거 맞죠?"

김 위원은 믿기지 않는 듯 떨리는 목소리로 몇 번을 되물었다.

"이야! 우리 수곡동 최곱니다."

"주민들이 단결하니까 정말 다 되네요."

곧이어 소집된 주민대책위원회 회의에서 다른 대책위원들도 처음엔 믿기지 않는다는 듯 쳐다보다 이내 환호성을 질렀다. 기쁨도 함께 나누고 이후 대책도 논의해야 했기에 바로 대책위원회를 열었다. 회의를 위해 만난 사람들은 서로 수고했다며 악수를 하고 부둥켜안기도 했다. 그야말로 흥분의 도가니였다.

"그럼 이제 우리 마을에도 도서관 생기는 거예요? 청소년센터하고?"

초등학생과 중학생 남매를 키우는 박 통장이 반기며 말했다.

"LH공사가 우리 수곡동 주민들이 공동체 발전과 공공복지 증진을 위한 시설 건립을 추진하면 산남 2-2단지 안 상가를 건축부지로 제공하겠다고 약속했습니다. 주거복지동도 당초 계획에서 절반을 줄여 청년세대를 위한 행복주택으로 바꾸기로 했습니다."

내가 보고를 마치자 다시 한 번 "와" 하는 탄성과 박수가 쏟아졌다. 사람들의 표정에는 거대 공기업인 LH공사를 상대로 우리가 이겼다는 자부심이 가득했다.

LH공사가 한 약속을 정말 믿을 수 있겠느냐는 우려의 목소리도 일부 있었지만 곧 만장일치로 합의안을 승인했다.

"부지는 해결됐고 건물 지을 돈은 어디서 나요?"

공동체 공간이 들어설 상가 전경

대책위원인 한 아파트 대표가 물었다.

"예산은 우리 지역 국회의원인 오제세 의원이 나서주기로 했습니다. 청주시가 사업 계획을 세우면 국비는 책임지고 노력하겠다고 약속했습니다."

내가 대답하자 너도나도 의견을 쏟아냈다.

"그러면 바로 청주시에 민원을 넣어요."

"시장 면담도 요구해요."

당장이라도 시청으로 몰려갈 기세였다. 그때 임대 단지에 살며 주거 복지동 싸움에 적극적으로 나섰던 김 통장이 고개를 갸우뚱하면서 조심스럽게 의견을 냈다.

"우리가 요구한다고 시에서 건물을 지어줄까요? 오제세 의원이 노력한다고 했지, 아직 예산이 세워진 것도 아니잖아요?"

순간 회의실이 조용해졌다. 잠시 후 통장협의회장이 말을 받았다.

"그것도 그러네요. 우리가 해달란다고 다 해주나요. 건물을 지어준다고 해도 우리가 요구하는 대로 공간을 줄지도 의문이에요."

통장협의회장의 말에 주민자치위원장이 맞장구를 치며 말했다.

"맞아요. 우리 주민들의 요구를 반드시 관철시킬 방법을 차분히 찾았으면 해요."

옆에 있던 박 통장이 의견을 냈다.

"주민 서명을 받았으면 좋겠어요."

다시 활발하게 토론이 이어졌다. 주민들의 요구를 모을 방법도 논의되었다.

"주민들이 힘을 모아 내년 지방선거에 출마하는 청주시장 후보, 도의원, 시의원 후보들에게 정책 공약으로 받아줄 것을 요구하는 것이 어때요?"

내 제안에 모두들 그게 좋겠다고 동의하였다. 그리고 다가오는 지방 선거에서 각 정당의 후보가 확정되면 후보들에게 정책질의서를 보내기로 했다. 이를 위해 기존의 '주거복지동 신축저지 주민대책위원회'를 '마을공동체를 위한 세대별 마을 공간 건립을 위한 추진위원회'로 전환하기로 하고 회의를 마쳤다.

집으로 돌아오는 발걸음이 가벼웠다. 우리가 거대 기업인 LH공사를 상대로 주거복지동 싸움에서 이길 수 있었던 것은 지난 몇 년간 주민들이 서로 협력하여 지역사회의 문제들을 풀어가며 만들어온 공동체 문화가 바탕이 되었기 때문이다.

보살핌을 위한 마을공동체
-건강한 마을 만들기 주민 네트워크

수곡동과 인연

"여보, 수곡동에 민용이를 맡아줄 어린이집이 있어. 수곡동은 내가 대학 다닐 때 살았던 곳이라 낯설지 않아서 괜찮을 거 같아."

아내는 아들을 맡길 곳을 찾았다며 좋아했다. 지금은 영유아를 맡아주는 어린이집이 많지만 2003년만 해도 15개월 된 아기를 맡아줄 어린이집 찾기가 어려웠다. 음성에 살다가 청주로 이사를 하게 되면서 몇 날 며칠 아이를 맡길 곳을 찾아보며 부모님의 도움을 받을 수 없는 경우 아이 키우기가 얼마나 어려운 것인지 뼈저리게 느낄 수 있었다. 그동안 아이를 키워주신 장모님께 고맙고 죄송한 마음이 들었다. 어렵사리 어린이집을 찾은 뒤 어린이집 가까이에 있는 아파트를 구했다. 이렇게 수곡동과 인연을 맺게 되었다.

수곡동에 이사온 뒤 육아는 오롯이 우리들 몫이었다. 아침이면 아이를 어린이집에 맡기고 일터로 가고, 저녁이면 데려오기 바쁜 일상이 시작되었다. 씻기고, 재우고, 어린이집 보내고, 일터에 가기 바빴던 1년을 보내면서 나에게 수곡동은 집과 아이가 다니는 어린이집이 전부였다. 맞벌이인 우리 부부의 힘만으로 아이를 키우는 육아는 전쟁 그 자체였다. 이때만 해도 마을에 대한 관심이 없었고 마을에서 아이를 함께 키워야 한다는 생각은 하지도 못했다.

그러던 내가 수곡동과 마을 사람들에게 관심을 갖게 된 것은 아내가 한솔초등학교로 온 2005년부터였다. 이 무렵 내가 지금 활동하고 있는 마을배움길연구소는 장애인권 운동과 작은 산 살리기 운동을 하고 있을 때였다. 지금은 청주 시내 곳곳을 저상버스가 다니고, 관공서와 학교에 휠체어가 다닐 수 있는 경사로가 많이 있지만 그 당시는 꿈과 같았다. 연구소는 '차별에 저항하라!'라고 외치며 장애인과 비장애인이 함께 살아갈 수 있는 환경을 만들기 위한 정책과 제도를 시청과 교육청에 요구하며 싸웠다. 이 과정에 우리 부부도 참여하였고 여기서 수곡동에 사는 장애인과 장애인권 활동가들을 만나게 되었다. 그때 마을에서도 장애인권 운동이 필요하다는 요구가 있어 주민모임이 제안되고 있을 때라 우리 부부도 이 모임에 흔쾌히 참여했다. 이렇게 시작한 것이 '수곡동 장애인 비장애인 주민 모임'이었다. 이 모임은 같은 마을에 사는 장애인·비장애인이 서로를 이해하고 마을 사람으로 함께 살아가려는 모임이다.

장애인 비장애인 모임은 언제나 복지관 1층 경로당을 빌려서 했다. 마을에 장애인을 위한 공간이 없기 때문에 복지관에서 경로당 어르신들에게 양해를 구하고 사용한 것이다. 경로당은 문턱이 있어 휠체어가 다니기 불편했고, 빌려 쓰는 것이라 눈치가 보였다. 당연히 모임이 있을 때마다 모임 사람들의 불만이 쏟아져 나왔다. 그래서 모임 사람들은 우리 마을에도 장애인들이 마음 편하게 모일 수 있는 공간과 안전하게 다닐 수 있는 장애인 편의시설을 만들어줄 것을 청주시에 요구하고 함께 싸웠다. 수년이 지난 지금 우리 마을에는 장애인 자립센터가 3곳, 장애인 학교 1곳이 마련되어 마을 장애인들의 자립을 돕고 소통 공간으로 활용되고 있다.

　또 하나 수곡동 사람들과 만나게 된 계기는 '햇살 가득한 숙골 주민모임'에 참여하면서부터이다. 이 모임은 학교와 마을이 함께 연계하여 아이들 문제를 고민하면 좋겠다는 마음들이 모여 만들어졌다. 이 모임에는 교사인 아내와 한솔초 교육복지사와 '사랑의 울타리' 공부방 수녀님, 복지관 복지사, 통장, 주민들이 함께했다. 그 당시 한솔초등학교는 교육부에서 지정한 교육복지사업이 시작되어 마을의 공부방, 복지관과 연계해 위기 가정의 아이들을 돌보기 위한 프로그램들을 진행하고 있었다. 그래서 자연스럽게 학교가 마을과 함께하게 된 것이다. 짧은 시간이었지만 이 모임에 참여하면서 그동안 겉으로만 보던 마을의 속살을 조금이나마 알게 되었고 이때 만난 사람들이 이후수곡동에서 공동체를 함께 만들어가는 소중한 인연이 되었다. 이 모임은 2년여 동안 진행되다가 중심적인 사람들이 다른 마을로 이사를 가고 나도 개인적인 문제로 3년 정도 마을을 떠나게 되어 더 이상 할 수 없게 되었다.

　내가 다시 수곡동으로 돌아온 것은 2012년이었고 공동체 안에서 아이를 키우고, 부모가, 어르신들이 신명나게 살 수 있는 곳이 되길 꿈꾸기 시작했다.

오갈 곳 없는 규민이와 철이를 만나다

2012년 3월 초, 아내의 부탁으로 가출 청소년 둘을 만나게 되었다. 당시 이 아이들은 중학생이었는데, 1학년 규민이는 할머니, 삼촌과 살고, 3학년인 철이는 엄마, 새아버지와 산다고 했다. 아직 쌀쌀한 날씨였는데 얇은 남방 차림에 슬리퍼를 신고 오들오들 떨고 있었다. 그 모습이 짠해 찜질방으로 데리고 가서 밥을 먹이고 하룻밤을 같이 자며 아이들의 사연을 들었다. 규민이와 철이는 보살핌을 받지 못하고 늘 삼촌과 새아버지의 학대와 폭력에 놓여 있다가 집을 뛰쳐나왔다고 했다. 다음 날 규민이 할머니와 철이 엄마에게 연락을 해서 내일은 아이들이 들어갈 테니 절대 때리지 말라고 신신당부를 했다. 그 일이 있고 난 며칠 뒤 철이와 규민이가 또 집을 나갔다고 철이 엄마에게서 연락이 왔다. 철이 엄마와 전화를 끊고 아이들을 찾아다녔다. 있을 만한 곳을 수소문해서 아이들을 찾아 집으로 들여보냈다. 그 뒤에도 몇 차례 같은 일이 반복되었다.

이 일을 겪으면서 마을 위기 청소년에 대해 관심을 갖게 되었다. 어떻게 하면 이 아이들을 도울 수 있을까 고민하며 문재현 소장님과 의논을 했다.

"아이들이 방황하고 가출하는 원인에는 성장기 아이들의 특징과 개인적인 이유도 있겠지만 보다 근본적인 것은 우리 사회의 보살핌 체계가 무너졌기 때문입니다. 학교폭력과 위기 청소년 문제는 가정과 학교, 경찰에만 맡길 게 아니라 지역공동체 차원에서 대응하고 풀어야 근본적인 해결이 가능할 수 있어요. 마을에서 주민들과 함께 공동으로 대응할 수 있는 방안을 찾아보는 건 어떨까요?"

이야기를 듣는 순간 귀가 번쩍 뜨였다.

"마을에서 보살핌망을 만든다는 생각은 전혀 하지 못했어요. 마을 사람들이 서로 힘을 모은다면 좋을 거 같아요. 그런데 무엇부터 해야 할지 좀 막막하긴 해요."

"그러자면 먼저 마을 사람들의 목소리를 들어보는 것이 필요하지 요."

소장님과 이야기를 나눈 뒤, 먼저 우리 마을에서 위기 청소년들이 많이 살고 있는 영구임대아파트 단지에서 시작하려고 알아보았다. 그러나 아파트대표자회도 없고 부녀회 같은 것도 없어서 누구와 이야기해야 할지 막막했다. 더구나 영구임대아파트 단지 주변에 위기 청소년이 많다고는 하지만 마을에 사는 아이들과 어울리며 일탈을 하는 것이 일반적인 상황이라 한 아파트 차원에서보다는 마을 전체가 함께하는 것이 좋겠다는 생각이 들었다. 그래서 이런 제안을 할 수 있는 마을의 기관들을 알아보았다. 동에는 지역아동센터와 복지관을 비롯해 학교, 주민센터, 통장협의회, 지구대, 방범대, 주민자치위원회, 부녀회, 노인회 등 여러 기관과 직능단체들이 있었다. 여기에 아파트입주자대표회의, 상가번영회 등 자치조직과 모임들도 있었다. 이런 단체와 모임들은 나와 관련이 없다고 생각하며 살았는데 이들과 함께한다면 아이들을 도울 수 있는 길이 열릴 것 같아 가슴이 뛰었다.

생각이 여기에 미치자 누구부터 만나볼까 고민이 되었다. 가장 먼저 어려운 환경에서도 위기 가정의 아이들을 10여 년 이상 한결같이 보살펴온 사랑의 울타리 공부방 안느마리 수녀님이 떠올랐다.

'3의 법칙'[1], 위기 아이들을 보살피기 위한 새로운 시작

다음 날 오후 수첩을 챙겨 들고 사랑의 울타리로 향했다. 3월 꽃샘 추위에 바람이 제법 쌀쌀했지만 마음이 설레어 추운지도 몰랐다. 공부방 문을 열고 들어가자 안느마리 수녀님이 반갑게 맞아주셨다. 수녀님은 지난번에 일진 문제를 다룬 『학교폭력 어떻게 만들어지는가』라는 책을 선물해줘서 고맙다며 말문을 열었다.

"책에 나온 사례는 약과예요. 우리 마을 아이들 가운데 더 심한 아이도 있어요. 절도와 갈취는 기본이고요. 일일이 거론하기도 힘들어요. 작년 여름에는 진수와 형준이가 집에서 200만 원을 훔쳐가지고 나온 일이 있었어요. 아는 형들이 시킨 거죠. 우리가 알았을 때는 이미 절반 정도는 쓰고 난 뒤였어요. 지난겨울에는 이 아이들이 시내 옷가게를 턴 적도 있었어요. 경찰 조사받고……. 그래도 이건 눈에 보이는 거죠."

"눈에 보이지 않는 것도 있어요?"

"성 문제요. 이게 제일 심각해요. 이건 잘 안 드러나요. 가출, 혼숙. 애들에게는 일상이죠. 당연히 성추행, 성폭력이 흔하게 일어나요. 애들끼리 모여서 음란물 보고 따라 해보는 게 놀이가 된 거죠."

"부모나 주변 어른들이 모르나요? 뭐라고 안 해요?"

"대부분 몰라요. 오후나 밤에 일 나가고 비어 있는 집들이 많잖아

---

1. 3의 법칙: 세 사람이 모이면 집단이 형성되어 그 집단의 주장에 힘이 실림을 나타내는 사회적 현상을 말한다. (관련 성어로는 삼인성호三人成虎가 있다. 누군가 거짓말을 할 때, 처음 한 명이 할 때는 별 효력이 없다. 둘이서 하더라도 역시 효과는 크게 차이가 나지 않는다. 그러나 셋이서 할 때부터는 그 거짓말에 힘이 실리면서 사람들은 그게 정말일지도 모른다고 생각한다.) 필자가 수곡동에서 보살핌을 위한 네트워크 협력을 시작할 수 있었던 힘도 지역아동센터와 복지관과 함께했기 때문이다.

요. 지난주에는 주민센터에서 수곡초 근처에 사는 아이가 늘 혼자 있다고 연락이 와서 가봤더니 10살짜리 여자아이가 혼자 야동을 보고 있더군요. 얼마나 황당하고 기가 막히던지……."

아이들 상황은 내가 생각한 것보다 훨씬 심각했다. 수녀님은 한숨을 쉬며 잠시 멈췄다가 다시 말을 이었다.

"어려서부터 상습적인 가정폭력과 학대를 당해온 아이들이 많아요. 방치하고 방임하는 집도 많고, 아이를 보살필 능력이 없는 집도 있고요. 선생님도 잘 아시잖아요. 우리 마을 사정……."[2]

10여 년 넘게 아이들을 돌보며 쳇바퀴처럼 반복되는 일상에 지쳐 있는 수녀님의 모습에 마음이 아팠다.

"아이들을 돌보느라 고생하시는데 함께하지 못해 늘 죄송했어요. 저도 이번엔 이 아이들을 위해 무슨 일이든 하고 싶어요. 마을에서 서로 협력해서 같이 보살피는 울타리를 만들어가면 어떨까 해서 수녀님을 뵙자고 한 거예요."

"그렇게만 되면 좋죠."

"그러면 저하고 수녀님이 같이 지역사회에 제안해보는 것은 어때요?"

내 제안에 수녀님은 자리에서 일어나며 흥분된 목소리로 말했다.

"좋아요. 그렇게 한번 해봐요. 관련된 기관이나 관심 있는 사람들이

---

2. 수곡동은 청주의 대표적인 서민 주거지역으로 마을 한가운데 국민영구임대아파트 1,985세대가 있다. 아파트 주민의 73%가 정부의 지원을 받아 생활하는 중증장애인, 독거노인, 한부모가정, 조손가정, 소년소녀 가장이며 다른 거주자들도 무직자, 또는 경제활동능력이 떨어지는 저소득층이 대부분이다. 어른들도 사회적 보살핌이 필요한 사람들이다 보니 아이들에 대한 보살핌 기능에 심각한 문제가 있었다. 이곳에 사는 아동청소년 상당수가 가정과 학교에서 적응을 하지 못하고 미래에 대한 희망을 갖지 못한 채 위기 청소년이 되곤 했다. 이러한 문제를 공동체적으로 해결하기 위해 나선 것이 2012년부터 시작한 보살핌을 위한 건강한 마을 만들기 주민 네트워크 운동이다.

한자리에 모여서 같이 이야기해봤으면 좋겠어요."

수녀님이 흔쾌히 받아들이자 자신감이 생겼다. 다음 날 찾아간 복지관장님 역시 그런 일은 복지관에서 먼저 나섰어야 했는데 못했다며 적극적으로 반응했다. 그리고 연락과 실무를 맡겠다고 하면서 주민복지 담당자인 이 팀장을 실무자로 배치해주었다. 이렇게 해서 나와 안느마리 수녀, 복지관 이 팀장으로 지역주민 네트워크를 추진하는 준비모임이 만들어졌다.

준비모임에서는 관련 기관과 관심 있는 마을 사람들이 모여 서로의 생각을 나누고 함께 할 일을 찾아보기 위해 '지역 간담회'부터 추진하기로 했다. 이제 어디에 제안을 하면 좋을까를 이야기하기 시작했다.

"작년부터 복지관에서는 '지역 주민 삶의 질 안정화를 위한 네트워크 협의회'를 하고 있거든요. 이 협의회에는 복지관과 동주민센터, 통장협의회, 지구대, 방범대, 영구임대아파트 관리사무소가 참여하고 있는데 여기에 제안하면 어떨까요?"

복지관 이 팀장의 말에 안느마리 수녀님이 덧붙였다.

"그것만으로는 안 돼요. 학교가 빠졌어요. 지역아동센터들도 있어야 하고요. 아이들을 돌보고 있는 중요한 곳이거든요."

"맞아요. 지역 주민이면 누구나 참여할 수 있도록 제한을 두지 않았으면 해요. 특히 학교의 참여와 협력은 절대적으로 필요하다고 봅니다. 주민센터와 통장협의회도 마찬가지고요."

세 사람의 생각과 마음이 모아지니 일은 순조로웠다. 혼자 생각할 때는 어디서부터 실타래를 풀어야 할지 막막했는데 이렇게 모이니 마을에서 무엇이라도 할 수 있을 것 같았다. 4월 하순쯤 간담회를 갖기로 하고 그때까지 해야 할 일들에 대해서 역할을 나누고 추진 과정은 수시로 연락하며 공유하기로 했다.

마을 일이고 애들을 위한 일인데, 우리가 해야지

내가 맡은 역할은 간담회에 참여할 기관과 단체들을 설득하는 일이었다. 가장 먼저 찾아간 곳은 수곡2동의 주민센터였다. 전화를 걸고 찾아가니 복지계장과 아동청소년 담당 직원이 나를 맞아주었다.

"마을에서 아이들을 돕기 위한 일을 하려고 하는데 주민센터도 같이했으면 좋겠어요."

내 말에 아동청소년 담당 직원이 곤란한 듯 이야기하였다.

"어느 정도 협력과 지원은 가능하지만 우리가 직접 나서기는 좀 그래요."

담당 직원은 일이 보태진다는 부담감을 갖는 것 같았다. 순간 주민센터와 협력이 힘들어지는 건가 걱정이 들었다. 그때 옆에 있던 복지계장이 정색을 하고 나섰다.

"아니야. 우리도 같이해야지. 지역 일에 주민센터가 빠지면 되나. 우리가 뭐부터 해야 할까요?"

복지계장의 말이 어찌나 고맙던지. 얼른 말을 받았다.

"우선 마을 사람들이 한자리에 모이는 게 중요해요. 할 일은 거기서 함께 의논해야겠지요."

"그럼, 통장님들하고 직능 단체에 이야기하면 되나요? 명단과 연락처도 드릴 테니 직접 만나보실래요?"

무엇을 할까 적극적으로 이야기하는 복지계장의 모습은 열정과 에너지가 넘쳤다. 간담회가 잘될 것 같아 나도 기분이 좋아졌다.

며칠 후 복지관 이 팀장이 주민센터에서 통장협의회가 열린다고 하여 함께 가자고 했다. 통장은 주로 마을 사정에 밝고 이웃 사람들을 잘 아는 주민이 맡고 있으며 주민과 직접 만나서 행정업무를 처리하는 역할을 하고 있다. 보통 마을 일을 할 때 하나에서 열까지 손발을 움직이는 사람들이 이분들이다. 특히 영구임대아파트는 임차인대표회의가 없어 통장들의 역할이 더욱 중요하다. 통장협의회를 찾아간 것도 이 때문이었다. 회의 장소인 주민센터 2층 강당 문을 열고 들어가자 낯익은 통장 아주머니들이 손을 흔들며 반겨주었다. 동장의 소개로 이 팀장과 내가 차례로 사업의 취지를 설명하였다. 설명이 끝나자마자 오랫동안 통장 일을 하신 한 아주머니가 큰 목소리로 말했다.

"마을 일이고 애들을 위한 일인데, 우리가 해야지. 더 말이 필요하나."

이 말에 여기저기서 '맞아, 맞아' 하며 맞장구를 쳤다. 통장협의회장이 전체를 향하여 동의 여부를 묻자 모두들 박수를 치며 환호하였다.

사람들을 만나면서 마을 사람들과 함께하려면 그들의 입장을 존중하고 충분하게 소통하는 과정이 있어야 함을 다시 한 번 깨달았다. 그 후 주민들과 직접 소통하는 것은 지역사업에서 가장 중요한 원칙이 되었다.

높기만 했던 학교 벽

마을 사람들이 지역사회와 협력하려고 할 때 가장 힘들어하는 곳이 학교이다. 그 속사정을 들어보니 마을에서는 학교와 관계 맺으며 상처받은 경험들이 많았다.

"아이들이 학교에서 어떻게 생활하는지 궁금하죠. 친구들이랑 싸우지는 않는지, 왕따당하고 있지는 않은지, 수업에 적응은 하는지. 그렇지만 학교에 선뜻 연락하기가 쉽지 않아요."

지역아동센터 김 선생은 학교에 연락할 엄두를 못 내고 아이들을 통해 듣는 것으로 짐작할 뿐이라고 했다.

"아이들에게 문제가 생기면 찾아가기는 하는데 정작 학교에서 잘 모르는 경우도 많아요. 그럴 때는 적당히 이야기하고 나올 수밖에 없죠. 무슨 일 생기면 연락 바란다고 부탁하고……. 그런데 연락이 오는 경우가 거의 없어요."

다른 지역아동센터 박 선생도 학교와 소통이 어렵다는 것에 공감을 했다. 마을 사람들도 비슷한 반응을 보였다. 그러면서도 학교와 협력은 꼭 필요하다고 입을 모았다. 아이들과 관련된 일이라 학교가 중요한 역할을 해야 한다는 것이다. 그런데 정작 학교를 찾아가거나 함께 하자고 제안하는 것은 부담스러워했다. 나는 아내가 교사이고 평소 연구소에서 교사들과 자주 만나 이야기를 하고 있어 교사와 학교에 대한 특별한 벽이나 불편함이 없었다. 그래서 처음에는 마을 사람들이 학교에 대해 불편해하고 부담스러워하는 것이 잘 이해되지 않았다. 다만 이런 상황에서는 일이 진행되지 않을 것 같아 내가 직접 인근 초등학교에 전화를 걸고 찾아갔다. 교무실에 들어서자 교감 선생이 나를 보고 잔뜩 긴장한 얼굴로 인사를 하며 물었다.

"우리 아이들이 무슨 문제라도 일으켰나요?"

마주 인사를 하다가 순간 멈칫했다. 단단하게 벽을 치고 경계하는 것 같아 이야기하기가 쉽지 않겠구나 하는 생각에 속으로 한숨을 쉬었다. 잠시 숨을 고르고 찾아온 이유를 말했다.

"그런 일로 온 것이 아니고요. 전화로도 말씀을 드렸지만 이번에 아이들 문제에 대해 지역 차원에서 공동 대응하고 어려운 아이들을 돕는 지역 네트워크 사업을 하려고 하는데 학교도 같이하자고 상의하러 온 겁니다."

내 말에 교감은 굳었던 표정을 풀고, 자세를 고쳐 앉으며 말했다.

"아, 그래요? 참 좋은 일 하시네요."

마치 남의 이야기하는 듯해서 기분이 언짢았지만 이야기를 이어갔다. 지역 네트워크를 추진하는 이유와 현재 마을 분위기를 설명하면서 학교가 적극적으로 참여해줄 것을 요청했다. 그러자 교감은 알았다고 하면서 공문을 보내면 검토해서 연락을 주겠다고 했다.

마을 사람들이 나서서 아이들을 돕겠다는 것에 고맙다는 말까지 바라지는 않았지만 딱딱하고 고압적인 태도에 맥이 탁 풀렸다. 그동안 마을 사람들이 학교에 대해 느낀 높고 두터운 벽이 이런 것이었겠구나 싶었다. 이런 반응은 학교마다 약간의 차이는 있었지만 비슷했다.

마을에서 아이들을 보살피는 데 학교는 가장 중요한 역할을 하기 때문에 학교가 더욱 적극적으로 지역사회와 협력하여 문제를 풀어가야 할 것이다. 그런데 내가 방문했던 대부분의 학교들이 지역사회와 협력하는 것에 소극적이고 방어적이었다.

처음에는 학교 탓을 했다. 그러나 연구소에서 교사 연구원들과 이 문제를 토론하면서 학교가 이런 태도를 보이는 데는 이유가 있음을 알게 되었다. 지역사회에 뿌리내리지 못하고 옮겨 다녀야 하는 교사들의 처지나 아이들 문제가 생기면 생활지도 하나 제대로 못하는 무능한 교사라는 인식과 모든 책임이 학교로 떠넘겨지는 것에 대한 부담감 때문일 수 있음을 알게 되었다. 그래서 학교의 소극적인 태도를 탓하기보다는 지역 네트워크 사업을 통해 학교와 교사가 지역사회와 소통하고 협력하는 계기로 만들어야겠다고 생각했다. 복지관에서 공문을 보내고 여러 차례 학교들을 방문해서 설득하는 과정을 거쳐 관내 초등학교와 중학교 생활부장들이 참여하게 되었다.

나는 계속 진심을 다해 학교 문을 두드렸고 철옹성 같았던 학교 문이 조금씩 열렸다. 이렇게 40여 일의 준비과정을 거쳐 첫 지역 간담회가 이루어졌다.

부모가 보살피지 못하면 우리라도 해요!

"오늘 모임에 마음이 쏠려서 그런지 다른 일을 못하겠네요."

간담회를 시작하려면 30분도 더 넘게 남았는데 지구대장이 큰 소리로 인사를 하며 들어왔다. 활짝 웃는 지구대장을 바라보며 나도 복지관 실무자들도 기분 좋게 웃었다. 이어서 다른 사람들도 하나, 둘 들어오며 밝은 표정으로 인사를 나누는데 지역 간담회에 대한 기대감으로 가득 차 있음을 느낄 수 있었다. 살기 어려운 마을, 떠나고 싶은 마을이라는 패배감으로 찌들었던 모습은 찾아볼 수 없었다. 서로에 대한 기대로 웃으며 이야기 나누는 모습에 나도 모르게 울컥해지며 가슴이 벅차올랐다. 간담회 장소인 복지관 강당은 어느새 사람들로 가득 찼다. 사랑의 울타리 지역아동센터의 안느마리 수녀, 복지관장을 비롯한 복지사, 주민센터의 직원, 통장들, 지구대장, 자율방범대장과 대원, 영구임대아파트 관리소장, 정신보건센터 팀장, 관내 초등학교와 중학교 생활부장 교사 등이 참여하였다.

먼저 안느마리 수녀가 물꼬를 텄다. 지난번 나에게 들려주었던 마을 아이들의 실상을 생생하게 전달하였다. 수녀님은 언제 준비했는지 울타리 공부방 아이들과 함께 '우리 마을 이야기'를 주제로 영상도 준비했다. 아이들의 눈으로 본 우리 마을의 아픈 이야기에 눈물을 흘리는 사람들도 있었다. 이어서 김 통장이 자기 경험을 말했다.

"우리 아파트 204동 뒤 놀이터에는 학교가 끝나는 저녁 무렵이면 늘 애들이 모여요. 담배 피우고 욕하고 떠들다 가는데, 가끔 폭행 사건도 일어나요. 여럿이 패거리로 모여 있어서 뭐라 할 수가 없고 무서워요."

김 통장의 말에 관리사무소장이 목소리를 높이며 말했다.

"그곳만이 아닙니다. 저녁 무렵부터는 '아름다운 길'을 따라 평상과 벤치는 다 우범지대가 되죠. 항상 담배꽁초가 쌓여 있고 가래침을 뱉어놔 지저분한데 매일 치우는 게 저희들 일이죠. 자주 순찰을 돌고는 있지만 저희들만으로는 감당이 안 되는 실정입니다. 우리가 가면 모여 있던 애들이 힐끗거리며 자리를 피했다가 다시 모이는데, 놀이터와 정자를 없앨 수도 없고……. 방법이 없습니다."

이야기를 듣는 동안 마을 실정을 잘 몰랐던 참석자들은 "정말요? 그 정도로 심각해요?" 하며 놀라워했다. 나도 아이들 문제가 심각하다고 느꼈다. 그렇지만 너무 아이들 탓만 하는 것 같아 가슴 한편에 불편한 마음이 생겼다. 간담회 분위기가 모든 마을 문제의 원인이 일부 청소년의 일탈 때문인 것처럼 흘러갈 때였다. 나이 드신 주민 한 분이 벌떡 일어나 큰 소리로 외치듯 말했다.

"그게 애들 탓은 아니잖아. 우리 어른들 문제고 동네 문제이지."

그 소리에 모두들 잠시 말을 멈추고 그 주민을 쳐다보았다. 그러고는 바로 "맞아", "그렇지" 하며 고개를 끄덕이고 어르신의 문제제기로 이야기 흐름이 아이들이 처한 조건과 돌봄 환경 문제로 바뀌고 분위기도 달라졌다.

"우리 동네에는 장애인, 한부모, 조손, 소년소녀 가정이 다른 곳에 비해 매우 많아요. 절대적으로 보살핌이 부족한 실정이죠. 부모가 모두 있다고 해도 먹고사는 문제로 아이들을 보살피기 힘든 게 이 동네 사람들의 현실입니다."

"부모의 보살핌을 기대할 수 없는 아이들을 우리라도 보살펴야 해요. 지역사회에서 같이 고민하고 해결하려고 하면 가능하다고 봐요."

그렇게 2시간이 넘게 아이들을 어떻게 도울 수 있는지 이야기하며 지역 주민 네트워크를 만들기로 뜻을 모았다. 이후에도 몇 차례 간담회가 열렸고 경로당 노인회원, 자원봉사대, 부녀회원, 그 밖의 다양한 마을 사람들의 참여로 확장되었다.

모임 때마다 새로운 사람이 참여했고 그것이 큰 힘이 되었다. 새로 참여하는 사람마다 자신이 보고 겪은 경험담과 공동체에 대한 소망을 열정적으로 이야기하고 먼저 참여한 사람은 맞장구치며 들어주었기 때문이다. "이렇게 이야기를 다 하니까 10년 묵은 체증이 내려가는 것 같다"는 한 참석자의 소감이 이를 잘 표현해준다. 그동안 소외받았던 사람들이 자신의 이야기에 충분히 반응해주고 공감하는 공명 반응 속에서 자기 해방을 경험했고 그것은 모두가 함께하는 집단 치유 과정이 되었다. 나는 그 과정을 보면 '이것이 공동체구나' 하는 생각을 했다.

이렇게 마을 사람들의 마음은 서로 연결되었고 그것은 '건강한 마을 만들기 수곡동 주민 네트워크'를 발족하는 힘이 되었다. 바로 TF팀을 만들고 지역 실태조사와 주민 네트워크 발족 등 마을 보살핌망을 만들기 위한 구체적인 준비에 들어갔다. TF팀에는 마을 간담회를 준비했던 나와 복지관, 사랑의 울타리 지역아동센터를 비롯해 주민센터, 통장협의회, 영구임대아파트 관리사무소, 지구대, 학교 관계자가 더 참여하게 되었다. 필요하면 다른 기관을 더 추천하여 보강하기로 했다. 연락과 실무는 복지관에서 맡고 마을 사람들이 수호천사가 되어 아이들을 직접 도와주는 역할을 하기로 했다.

이런 준비과정을 거쳐 드디어 2012년 7월 2일 주민네트워크가 첫발을 내디뎠다. 주민 네트워크는 수곡동에 있는 복지기관, 행정 및 교육기관, 외부 전문기관 등 33개 단체와 기관이 참여하며 아동·청소년, 장애인, 알코올 중독과 정신건강, 노인 4개 분과로 나누어 운영하기로 했다. 나는 아동·청소년 분과에 참여하여 우리 마을 아이들을 도울 수 있었다.

마을공동체의 힘으로 가출 청소년의 문제를 풀다

그동안 나는 마을에서 허름한 차림으로 밤늦게까지 돌아다니는 아이들을 종종 보았다. 한눈에 봐도 보살핌이 필요한 모습이었지만 막상

이 아이들에 대해 아는 것이 없었다. 가정환경을 알아야 하는데 개인 정보 문제도 있고 집집마다 확인할 수도 없었다. 어떻게 하면 좋을까? 고민 끝에 마을 사정을 잘 알고 있는 통장들을 찾아갔다.

"통장님네 통에 학교에 안 가고 낮에 노는 아이들이 있나요? 그 아이들 집안 형편은 어떤지 아시나요?"

그러자 서 통장님이 바로 말을 받았다.

"꽤 있죠. 104동 몇 호에 사는 아이도 그렇고. 요새 학교도 안 가고 집에도 잘 안 들어가는 것 같던데…… 낮에 슬리퍼 질질 끌고 다니고, 아파트 복도에 침이나 찍찍 뱉고."

"옆 동의 민수, 동재도 학교 안 다니고 같이 몰려다니는 것 같던데."

서 통장님의 말에 다른 통장들도 맞장구를 쳤다. 그 아이들 집안 사정이 어떤지 묻자 김 통장이 대답했다.

"엄마가 없어. 아마 집을 나갔다고 하지. 애 아버지도 매일 늦게 들어오고, 술 취하면 욕하고 때리는 일도 많아. 그러니 애들이 제대로 클 수가 없지. 애들 탓도 아니야."

김 통장이 애들 집 사정을 말하자 다른 통장들도 혀를 끌끌 차며 애들이 그럴 만도 하다며 이야기를 이어갔다.

"부모가 장애인인 집도 많아. 이런 집은 부모가 아이들을 제대로 키울 수가 없지. 부모도 도와줘야 하고."

이렇게 마을 곳곳에서 보살핌이 필요한 아이들을 찾았다. 집에 늘 혼자 있는 아이, 학교에 있을 시간(오전)에 마을을 배회하는 아이, 계절에 맞지 않는 차림(겨울에 맨발, 슬리퍼 등)을 하고 다니는 아이, 오랫동안 씻지 않아 곁을 지나갈 때 냄새가 나는 아이, 가정폭력과 학대가 의심되는 아이 등을 보면 복지관과 주민센터로 연락하도록 마을 사람들에게 알렸다.

지역아동센터, 복지관, 마을 주민센터에서도 평소 관계 맺고 있는 아이들 가운데 마을 차원의 도움이 필요한 아이가 있는지 다시 한 번 세밀하게 살펴보았다. 이렇게 찾은 아이들만 해도 열 명이 넘었다. 이 아이들을 지역아동센터로 연결하거나 이웃에서 도움을 주기로 했다.

통장님들과 함께 아이들을 찾으러 다니면서 공동체에서 일상 관계가 얼마나 중요한지 깨달았다. 통장님들은 이웃 아이들의 가정 사정을 자세히 알고 있었다. 그런 사정을 알면서도 어떻게 해줘야 할지 안타까워만 하다가 도움을 줄 기회가 생기자 적극적으로 나서는 모습을 보여주셨다. 나는 이러한 과정에서 마을에서 어떻게 살아야 하는지 배울 수 있었고 함께 공동체를 만드는 꿈을 꿀 수 있었다. 이렇게 주민 네트워크가 만들어지고 두 달여가 지난 추석 일주일 전에 주민 네트워크의 힘을 확인할 수 있는 사건 하나가 생겼다.

중학생 3명이 초등학교 5학년 아이를 협박해서 할머니 몰래 복지카드를 가져오게 해서 이 카드로 74만 원을 꺼내서 가출을 한 것이다. 예전에는 이러한 사건이 생기면 경찰에 신고부터 했다. 그런데 주민 네트워크가 만들어진 다음에는 아이의 할머니와 함께 통장님이 경찰에 신고하고 주민 네트워크 쪽으로도 연락을 했다. 주민 네트워크 아동청소년분과는 바로 회의를 통해 이 문제를 마을공동체 차원에서 푸는 것이 좋겠다고 마음을 모았다. 경찰도 반복되는 아이들 문제를 마을에서 나서서 해결해보겠다고 하자 반기는 눈치였다.

가장 먼저 집 나간 아이들을 찾아야 했는데 쉬운 문제가 아니었다. 어디서 찾아야 할지, 찾는다 해도 잘 모르는 어른들의 말을 들을지 걱정이 이만저만 아니었다. 그렇다고 손을 놓고 있을 수도 없어 가능한 사람들이 아이들을 찾아다니기도 했지만 소용이 없었다. 궁리 끝에 이 아이들 생활을 가장 잘 알 만한 고등학생들에게 도와달라고 부탁했다. 이 학생들은 하루 만에 아이들을 찾았고, 후배들을 설득해서 데리고 왔다. 그런데 문제는 아이들이 집에는 절대 들어가지 않는다고 버티는 것이었다. 부모들도 만남 자체를 거부했다.

"나도 어떻게 못해요. 죽이든 살리든 알아서 하세요."

"성일이 때문에 우리 애가 문제아가 됐어요."

부모들의 반응에 난감했지만 아동청소년분과에서 지속적으로 설득을 했다. 학교로 복귀할 수 있도록 돕고, 마을 차원에서 대안교육 프로그램을 만들겠다는 비전을 제시하자 어렵사리 만남에 동의하였다. 처음에는 서로 원망하는 마음이 컸던지 부모 모임의 분위기가 썰렁했지만 누구의 책임을 묻기 위한 것이 아니라 서로를 돕기 위한 자리임을 분명히 하고, 부모들의 어려움을 이야기해보자고 제안하자 자신들의 이야기를 조금씩 털어놓기 시작했다. 부모들도 자신들의 문제에 빠져 아이들 문제는 아예 손을 놓고 있었던 것이다.

"함께해주신다면 고맙지요. 먹고사는 게 바빠서 애들한테 신경도 못 썼어요."

긴 시간 우리의 진심이 통했는지 부모들이 조금씩 마음의 문을 열어갔다. 부모들은 그동안 어려웠던 자신들의 이야기를 털어놓았다. 아이들에게 미안한 마음이 들었는지 바로 약속을 했다. 아이들에게 절대 폭력을 행사하지 않겠다는 것과 이후 문제가 생기면 서로 연락하면서 아이들 문제에 공동 대처하기로 한 것이다. 이렇게 부모들의 생각과 태도가 변하자 아이들도 안심하고 집으로 돌아갔다. 고맙다는 인사를 건네고 함께 돌아가는 아이들과 부모들을 보면서 나와 안느마리 수녀, 그리고 아동분과 사람들은 안도의 한숨을 쉬었다. 며칠 동안 머리를 싸매고 고민하고, 고생을 했던 것도 잊어버리고 크게 웃을 수 있었다. 이런 과정을 겪으며 마을 사람들이 마음을 모아 진심을 다해 협력하면 무슨 일이라도 할 수 있다는 자신감도 생겼다.

그 뒤 마을에서 아이들에게 문제가 생기면 가장 먼저 주민 네트워크로 연락을 해 왔다. 학교에서도 "요즘에 학교 안 나오는 아이가 있는데 도움을 주실 수 있나요?"라며 연락을 해 온다. 이 사건을 해결한 후 아동분과 회의에서 "이게 바로 공동체구나!"라는 말이 나오고 모두가 공감했다. 또한 이 사건은 나에게 새로운 과제를 안겨주었다. 그때 고등학생의 도움으로 아이들을 만난 곳은 옆 마을인 산남동의 공원이었다. 밤 10시 무렵이었는데 공원 긴 의자에 앉아 있는 아이들은 가지고 나간 돈을 다 썼는지 후줄근한 차림에 몹시 지쳐 보였다. 아이들을 보니 마음이 아팠다.

"우리가 잘 곳이 어디 있어요? 낮에는 PC방에서 보내다 밤에는 그냥 돌아다니다가 문 열린 건물 안에서 보냈어요."

그동안 어디서 지냈느냐고 묻자 뭘 새삼스럽게 묻느냐는 듯 체념어린 답에 말문이 막혔다. 마을에 청소년들이 갈 곳이 없다는 것은 알고는 있었지만 막상 현실을 마주하자 한숨이 나오고 마음이 답답해졌다. 아이들이 안쓰럽기도 하고 어른으로서 미안한 마음이 들었다. 어떻게든 마을에 청소년들을 위한 쉼터를 빨리 마련해야겠다는 생각이 들었다. 부모들과 약속한 마을 차원의 대안교육 프로그램을 하기 위해서라도 청소년 공간은 꼭 필요했다. 청소년 쉼터에 대한 생각은 아이들을 집으로 돌려보내고 난 뒤에도 머릿속을 떠나지 않았다. 그 뒤 마을에 청소년 쉼터를 마련하는 일은 나의 주된 관심사가 되었다.

가봐야 특별히 할 것도 없고–실패한 청소년 쉼터

어느 날 사랑의 울타리 지역아동센터 안느마리 수녀님에게 전화가
왔다.

"선생님, 울타리 옆에 사무실이 나간데요. 거기다가 청소년 쉼터 하
면 어때요?"

반가운 마음에 얼른 달려가 확인을 했다. 12평짜리 작은 공간이지
만 마음에 들었다. 작은 칸막이 방이 두 곳이나 있어 전기온돌을 깔
면 가출한 청소년들의 하룻밤 잠자리로도 가능해 보였다. 무엇보다
사랑의 울타리 지역아동센터가 옆에 있어 내가 없을 때 안느마리 수
녀님이 도와줄 수 있을 것 같아 안심이 되었다. 마음이 기울자 빨리
만들고 싶었다. 쉼터 임대료와 월 운영비용을 만들기 위해 마을 사람
들과 지인들을 찾아다니며 후원을 요청했다. 에어컨을 기증한 후배도
있고, 책상을 비롯한 사무집기와 컴퓨터도 후원을 받았다. 마을 사람
들과 옆 마을에서 사업하는 친구는 매달 운영비를 후원하겠다고 약속
했다. 그렇게 바쁘게 움직이던 중 문득 아이들이 올까 하는 의문이 들
었다. 괜히 나 혼자 마음이 급해 서두르는 것은 아닌가 불안감이 생겼
다. 가출해서 힘들어했던 진석이와 친구들을 만나 직접 물어보았다.

"동네에 청소년 공간으로 쉼터를 만들고 있는데 너희들 생각은 어
떠니?"

"저희야 있으면 좋죠. 갈 데도 없는데."

"쉼터 생기면 올 거야?"

"당근 가야죠. 언제 열 건데요?"

학교 밖 청소년들의 말을 듣고 확신이 생겼다. 어렵게 보증금을 마

련하여 마을 청소년 쉼터를 열었다. 이제부터 이곳에서 마을 청소년들과 함께한다고 생각하니 기대와 흥분으로 잠이 오지 않았다. 그러나 이러한 나의 기대는 곧 산산이 부서졌다. 청소년들이 오지 않았다. 나에게 오겠다고 했던 아이들마저도 한두 번 와보고는 더 이상 오지 않았다. 나를 만나러 와서도 쉼터까지 올라오려 하지 않고 상가 1층에서 전화로 불러냈다. 내가 쉼터에 올라가 이야기하자고 하면 주저하다가 마지못해 따라오곤 했다. 그렇게 몇 달이 흘렀다. 아이들과의 관계도 소원해졌다. 이건 아니다 싶어 마을에서 첫 인연을 맺은 규민이와 철이를 만나 왜 쉼터에 오기 싫어하는지 물어보았다. 규민이와 철이는 내 질문에 망설이며 서로 눈치를 보았다. 아이들과 나 사이에 한동안 침묵이 흐르다 철이가 조심스럽게 말했다.

"울타리 옆이잖아요. 수녀님도 계시고요. 눈치 보이고 신경 쓰여 가기가 좀 그래요."

철이 말에 용기를 얻었는지 규민이도 말했다.

"바로 옆에 초딩 때부터 알던 애들도 있고, 동생들도 있는데 거기 다니는 거 보면 쪽팔려 보이잖아요. 가봐야 특별히 할 것도 없고요."

아이들의 이야기를 듣는 순간 망치로 머리를 맞은 것 같았다. 사랑의 울타리 공부방 옆이라 오기 꺼려질 거라고는 전혀 생각하지 못했다. 아이들의 이야기를 들어보니 초등학교 때 사랑의 울타리 공부방을 다닌 경험 때문이었다. 자신을 보살펴주고 도와준 것에 대하여 고마워하는 감정도 있지만 도와줬던 사람의 기대에 부응하지 못하는 자신의 처지 때문에 가능한 한 피하고 싶어 했다. 규민이와 철이뿐만 아니라 마을 학교 밖 청소년 대다수는 초등학교 때 사랑의 울타리 공부방을 다닌 경험이 있다. 이런 아이들의 처지와 조건, 심리상태가 어떤

지 생각조차 하지 못했다. 아이들과 충분하게 이야기하고 아이들이 바라는 공간으로 함께 만들기보다 혼자 서둘렀던 나의 조급함이 가져온 결과였다. 이는 '가봐야 할 것도 없다'고 한 규민이의 말에서 잘 드러난다. 평소 학교 밖 청소년을 만나면 검정고시 준비를 하고 싶다는 말을 많이 들었다. 그래서 쉼터에 와서 검정고시 준비를 하면 될 것이라고 생각했다. 참으로 단순하고 일방적인 생각이었다. 이렇게 준비 없이 시작한 청소년 쉼터의 실패는 어쩌면 당연했다. 그렇게 몇 달을 넘기지 못하고 쉼터 문을 닫았다. 이 과정에서 아이들과 속 깊은 이야기를 나누면서 제대로 청소년 공간이 마련되려면 아이들의 눈높이에서 시작하고 어른들은 지원하는 역할을 해야 한다는 것을 깨달았다.

비록 첫 번째 시도는 이렇게 실패로 끝났지만 청소년 공간에 대한 꿈은 버릴 수 없었다.

보살핌을 위한 마을 협력-사례회의

"광현이를 돕고 싶은데, 담임인 제가 도와줄 방법이 없어요. 그래서 주민 네트워크에 사례회의를 요청했어요."

광현이는 알코올 중독인 아빠랑 단둘이 산다. 4살 무렵에 엄마와 헤어졌고 아빠는 알코올에 의존해 살아간다. 아빠는 있지만 사실상 방치 상태인 것이다. 학교에 지각하는 것은 일상이고 아침밥은 먹는 날보다 굶는 날이 더 많다. 친구들과도 어울리지 못하고 늘 혼자 있는 왕따 상태이다. 상처를 입은 상태로 학교에 오는 경우도 가끔씩 있어 담임인 신 선생에게 늘 신경이 쓰이는 아이였다. 신 선생은 그런 광현이를 보면서 안타까움과 함께 도와줄 방법을 찾지 못해 스트레스를 받고 있었다. 신 선생은 고민하다 학년 교사모임에서 광현이 문제로 힘들다는 이야기를 했다. 그 이야기를 듣고 주민 네트워크에 참여하고 있던 서 선생이 지역사회의 도움을 받아보자고 하여 주민 네트워크에 사례회의를 의뢰한 것이다.

우리 마을에서는 보살핌이 필요한 아이가 있으면 그 아이와 관계를 맺고 있거나 도와줄 수 있는 기관과 사람들이 모여 함께 아이의 상황을 공유하고 도와줄 방법을 찾는다. 이것이 사례회의이다. 우리 마을 사례회의는 복지기관과 전문가뿐만 아니라 학교 교사와 통장과 같은 이웃 주민이 함께 참여하는 것이 특징이다. 이러한 사례회의는 주민 네트워크를 준비하면서부터 지금까지 지역사회 보살핌을 위한 일상 활동으로 진행하고 있다. 사회적 지원이 절실한 노인, 장애인, 아동청소년 문제를 주로 다루는데 아동청소년의 경우는 가정의 돌봄 환경에 따라 통합사례회의로 이루어지는 것이 대부분이다.

광현이 사례회의에는 주민 네트워크 아동청소년 분과에 참여하는 학교, 복지관, 마을주민센터, 지역아동센터, 아동보호기관, 청주시아동복지관 드림스타트, 정신건강증진센터, 아이가 사는 마을 통장이 기본 성원으로 참여했고 아빠의 알코올 중독 때문에 알코올 상담센터와 알코올 전문병원도 참여했다. 학교에서는 복지사, 담임교사, 생활부장교사가 참여하였다. 사례회의가 시작되어 신 선생이 광현이의 학교생활과 사정을 이야기하자 광현이 이웃인 박 통장이 말을 이어받았다.

"어느 날인가 소란스러워서 가봤더니 애 아빠는 술에 취해서 소리지르고 있지, 거실 바닥에는 깨진 유리병 조각이 널려 있더라고. 그런데 아이는 식탁 밑에서 웅크리고 있는 것이 얼마나 안쓰러운지…….

그런 게 한두 번이 아니야.”

참석자 모두 할 말을 잃었다. 박 통장의 말에 평소 아이가 가정에서 어떻게 지내는지 짐작할 수 있었다. 곧 마을에서 할 수 있는 일을 논의했다. 가장 먼저 아이에 대한 보호 조치에 들어가기로 하고 복지관과 주민센터, 아동보호전문기관이 함께 맡기로 했다. 또 아이에 대한 심리 상담과 정신건강에 대한 검사가 필요하다고 의견이 모아져 이는 정신건강증진센터가 나서기로 했다. 아빠의 알코올 중독 문제는 알코올상담센터가 맡고, 경찰의 도움을 받기로 했다. 또한 아이의 방과 후 저녁시간 돌봄을 위해 지역아동센터에 다니도록 권유하기로 했다. 식사 문제는 복지관에서 매일 반찬 배달을 해주기로 하고 박 통장과 이웃에 사는 수호천사들이 번갈아가며 들여다보기로 했다. 이러한 모든 진행 상황은 아동청소년분과에서 총괄하기로 했다.

“저 혼자 끙끙거리고 걱정만 하고 늘 부담이었는데, 이렇게 같이 모

사례회의 장면

여 도울 방법을 찾으니까 너무 좋고 감사해요."

사례회의를 마치자 신 선생은 사람들에게 거듭 고맙다고 인사를 했다. 회의 전까지만 해도 어둡고 찌푸려져 있던 신 선생의 얼굴이 환해졌다.

우리 마을의 사례회의는 전문기관 관계자들끼리만 참여하는 것과는 다르다. 언제든지 마을 주민들과 아이들과 생활하는 교사들이 제안하고 참여할 수 있다. 물론 주민 네트워크가 만들어진 첫해에는 사례회의 제안을 주로 복지관이이나 지역아동센터와 같은 돌봄 기관들이 했었다. 교사와 주민들에게 사례회의라는 방식이 익숙하지도 않았고 왜 하는지, 어떻게 하는지도 잘 몰랐기 때문이다. 하지만 한 번 두번 사례회의가 진행되고 공동체가 협력하는 보살핌의 힘을 느끼면서 지금은 교사들과 주민들이 사례회의를 요청하는 경우가 많아졌다.

이처럼 지역사회가 협력하는 보살핌이 마을의 문화가 되어가고 있다. 이러한 문화는 마을 사람들이 서로 공감하고 지지하는 공동체의 속살과 바탕이 되고 있다. 이것을 잘 드러내 주는 사례가 한솔초에 온지 1년 된 민 선생의 이야기이다.

민 선생 반에 영선이란 아이가 있다. 영선이는 특수반으로 아버지는 알코올 의존성, 엄마는 지적장애로 지역사회의 보살핌이 꼭 필요한 아이이다. 주민 네트워크에서는 영선이와 이 가정에 대해 꾸준히 사례회의를 해왔다. 하루는 영선이가 학교에 왔는데 열이 펄펄 끓어 민 선생이 마을에 있는 병원에 데리고 갔다고 한다. 병원 진료를 마치고 돈을 내려고 하니 간호사가 "영선이 잘 알아요. 그냥 가세요." 하더란다. '어? 뭐지?' 하고 의아해하며 병원에서 나와 처방전을 들고 약국에 갔더니, 약사도 "영선이구나." 하면서 그냥 가라고 했다고 한다. 민 선생은 자신이 겪은 경험을 이야기하며 담담하면서도 진지한 목소리로 당시의 느낌과 감동을 전했다.

"그때 제 느낌은 나뿐만 아니라 온 동네가 영선이를 보살피는구나, 한솔초가 지역사회와 함께한다고 하는데 바로 이런 거구나! 하는 생각이 들었어요. 영선이뿐만 아니라 제가 지지받는 느낌이에요."

이처럼 보살핌을 위한 사례회의는 일상적 활동으로 정착했다. 또한 긴급한 사안이나 심각한 사례뿐만 아니라 예방 차원의 사례회의도 진행 중이다. 학교와 복지관, 지역아동센터가 정기 모임을 갖고 아이들 문제를 소통하고 공유하고 있는 것이다. 초등학교의 경우 교사, 학교 복지사, 아동센터 돌봄 교사, 복지관 복지사 등이 참여하는 한 아이를 위한 예방 차원의 사례회의도 정례화하여 진행 중이다. 사례 발굴과 제안도 학교에서 제안하는 경우가 늘고 있다.

마을 보살핌을 위한 디딤돌—자기보호아동조사

보살핌을 위한 마을공동체 활동이 활성화되자 지역사회의 도움을 청하는 사례가 점점 늘어났다. 그렇지만 겉으로 드러나는 위기 가정 아이들 문제에 대해 보살핌 대책을 세우고 개입하는 것만으로는 한계가 있었다. 이 아이들 이외에도 위기 가정과 당장 보살핌이 필요한 아이들이 있을 것임에도 이들이 누구인지 파악하기도 힘들고 도와줄 대책과 방법도 없었다. 위기 가정의 아이들뿐 아니라 마을 전체가 공동체가 되어 위기 가정의 아이들도 함께 도울 수 있는 대책이 필요했다. 이에 대해 연구소에서 같이 논의를 하였다. 그 자리에는 문재현 소장과 마을 주민이자 교사로서 주민 네트워크 활동에 참여하는 서 선생이 함께하였다.

"나 홀로 집에 있는 아이를 자기보호아동[3]이라고 하죠. 그런 아이들이 전국적으로도 많은데 아마 수곡동은 그 비율이 더 높을 거예요. 일주일 생활시간을 조사해보면 자기보호아동이 얼마나 되는지 알 수 있고 돌봄 상황도 어느 정도 파악할 수 있을 것 같아요."

문 소장님으로부터 나 홀로 아동, 자기보호아동이란 말을 처음 들었다. 옆에 있던 서 선생이 반 아이 가운데 그런 경우가 있다며 이야기를 했다.

"2학년 아이인데요, 부모가 맞벌이를 하는데 새벽까지 일을 해요. 아이는 늘 혼자 밥 챙겨 먹고 혼자 잠드는 거죠. 하루는 새벽에 배가 아팠는데 부모한테 연락할 방법이 없었어요. 아침에 부모님이 퇴근을 해서야 겨우 병원에 갈 수 있었어요. 맹장이었는데 정말 큰일 날 뻔한 거죠."

서 선생의 이야기는 너무 충격이었다. 아이만 두고 새벽까지 일을 해야 하는 부모의 사정도 딱했고, 그런 가정을 보살필 수 없는 우리나라의 허술한 복지체계에 화가 많이 났다. 그렇다고 정부나 지자체의 정책이 달라지기만을 기다리기엔 당장 보살핌이 필요한 아이들이 많았다. 당장 이 문제를 해결하기 위해 마을에서 할 수 있는 여러 방법

---

3. 자기보호아동이란 하루 1시간 이상 어른의 보호 없이 스스로 자신을 돌봐야 하는 아동을 말한다. 맞벌이와 한부모가정이 늘어나는 현대사회에서 자기보호아동이 늘어나는 것은 현실의 문제이다. 자기보호아동의 경우 하루 종일 방치되어 있는 아이들도 있지만 하루에 1~3시간 정도 혼자 있는 아이들이 더 많다. 전국적으로 이러한 자기보호아동은 약 100만 명에 달한다고 한다. 우리 사회에서는 하루 종일 방치되어 있는 아이들은 지역아동센터나 복지관을 통해 도움을 주는 을 마련하고 있는데 1~3시간 정도 방치된 아이들은 현재 정책의 사각지대에 놓여 있다고 볼 수 있다. 요즘 들어 학교와 마을에서 방과 후 돌봄이 늘어나고 있지만 이것만으로는 부족한 것이 현실이다. 이런 아이들은 갈 데가 없기 때문에 거리에서 방황하거나 일탈로 빠질 가능성이 높다.

들을 찾아보기로 했다. 그러기 위해서 아이들의 생활에 대한 전체적인 파악이 필요했다. 전수조사를 해야 하는데 막상 집집마다 방문하여 조사하기에는 시간과 인력, 예산 등 나서는 문제가 한두 가지가 아니었다. 어떻게 하면 좋을까 고민하는데 서 선생이 말했다.

"교실에서 아이들에게 물어보면 알 것 같은데요. 그 취지에 공감한다면 담임교사가 조사하는 건 그리 어려운 일이 아니에요."

서 선생의 말에 막혀 있던 고민이 한순간에 풀렸다. 서 선생과 상의하여 자기보호아동 조사를 위한 생활시간 조사표를 만들었다. 주민 네트워크에서는 자기보호아동 파악을 위한 생활시간 조사를 학교에 요청했다. 그런데 학교에서는 자기보호아동 조사에 대한 이해도 낮고 개인정보 공개 문제를 이유로 들며 곤란해했다. 학교 밖에서는 전수조사가 불가능하고 신고와 모니터링만으로는 한계가 많아 난감했다. 이때 막힌 물꼬를 튼 사람이 서 선생이었다. 자기 반 아이들을 대상으로 생활시간 조사를 한 것이다. 그 결과 자기보호아동인 승환이의 사정을 알게 되었다.

"승환이는 아빠와 동생하고 살아요. 아빠는 오후에 일을 나가 새벽에 들어오기 때문에 오후부터 새벽까지 아이들끼리만 있어요. 아빠는 오후와 저녁시간만이라도 아이들을 보호해줄 곳을 찾아 학교 돌봄교실도 알아보고 지역아동센터에도 문의해보았지만 초등 2학년과 유치원 아이를 함께 받아주는 곳이 없었대요. 어쩔 수 없이 아이들은 저녁도 알아서 챙겨 먹어야 하고 아빠 없이 형제끼리 잠드는 거죠."

서 선생은 바로 형제를 사랑의 울타리 지역아동센터에 연결하여 오후와 저녁시간의 보살핌 대책을 마련했다. 지역아동센터장인 안느마리 수녀는 동생은 미취학이라 원래는 받을 수 없지만 서 선생님의 부탁도 있고 아이들 사정도 안타까워서 그냥 받았다고 했다.

생활시간 조사를 통해 자기보호아동을 찾아내고 지역사회와 협력하여 아이에 대한 보살핌 대책을 마련할 수 있었다. 이러한 서 선생의 실천 사례는 곧 학교의 동료 교사들에게 알려졌다. 이듬해에는 학교 전수조사로 이어졌고, 2017년에는 학교와 지역사회의 공동기획, 공동조사로 확장했다. 1차 조사는 한솔초, 수곡초, 수곡중에서 모든 학생을 대상으로 생활시간 조사를 진행했다. 이 결과를 바탕으로 심층 조사가 필요한 아동청소년을 선정하여 지역사회 차원에서 2차 조사를 진행했다. 2차 조사는 장시간 자기보호 상태이거나 심야시간대에 홀로 있는 아동청소년을 대상으로 했다. 아동과 보호자, 이웃 주민에 대한 인터뷰 형식의 면접조사로 진행했다.

아동청소년은 학교에서 교사들이 면접할 수 있었지만 보호자에 대한 조사는 면접 자체를 거부하는 부모들이 많아 충분하게 이루어지지 못했다. 조사 대상 가정 대부분이 평소에 이웃과 교류가 없어 고립된 생활을 하고 있었다. 그래서 자세한 가정 상황은 알 수 없었지만 아이들이 혼자 방치되어 있다는 사실은 이웃의 증언을 통해 분명하게 확인할 수 있었다. 교사들은 자기 반 아이들에게 이런 사정이 있는 줄 몰랐다며 아이들의 처지를 안타까워하고 지역사회와 함께 도울 방법을 찾았으면 좋겠다고 적극적으로 의견을 냈다. 조사로 참여한 통·반장들도 노인과 장애인은 자주 보고 챙겼지만 아이들은 생각도 못했다고 고백하며 대책이 필요하다고 입을 모았다.

조사 결과를 보면 응답자 1,246명 중 510명(40.9%)이 1시간 이상 혼자 있는 자기보호아동이었다. 설문지가 걷히지 않은 학생의 경우 이를 해주지 못할 정도로 관심이 없는 경우도 있을 것으로 미루어 보아 실

	혼자 있는 시간 / 학년	없다	1시간 미만	1~2 시간	2~3 시간	3~4 시간	4시간 이상	자기 보호 아동 수	비율
초등학생	1학년	102	13	9	1	0	2	12	2.4
	2학년	78	18	15	9	0	3	27	5.3
	3학년	63	29	24	14	2	3	43	8.4
	4학년	67	24	19	11	1	1	32	6.3
	5학년	54	25	29	14	4	4	51	10.0
	6학년	52	27	39	22	9	10	80	15.7
중학생	1학년	58	16	18	22	11	21	72	14.1
	2학년	45	14	33	22	10	18	83	16.3
	3학년	41	10	32	33	21	24	110	21.6
합계		560	176	218	148	58	86	510	100.1
비율		44.9	14.1	17.5	11.9	4.7	6.9	40.9	

2017년 수곡동 자기보호아동 조사 결과(N=명, %)

제 자기보호아동 비율은 더 높을 것으로 예상되었다. 자기보호아동으로 분류되는 510명을 학년별로 살펴보면 초등학교 1학년이 12명(9.4%)으로 가장 낮은 비율을 나타냈고, 중학교 3학년이 110명(68.3%)으로 가장 높은 비율을 보였다. 학년이 올라갈수록 자기보호아동 비율이 높아지는데 이는 아이가 커갈수록 부모의 경제활동이 많아지기 때문일 것이다. 위 조사 결과 하루 3시간 이상 혼자 있는 심각한 자기보호아동이 144(11.6%)명에 달했다. 이 중 중학생이 105명이었다. 초등학교 5, 6학년 27명을 더하면 132명이다. 일탈의 유혹에 빠지기 쉬운 아이들이다.

그런데 심각한 문제는 이 아이들에 대한 보살핌 자원이 매우 부족하고 당장 아이들을 도울 방법이 없다는 것이다. 현재 우리 마을의 아동과 청소년을 위한 보살핌 시설과 자원을 찾아보면 각 학교에서 시행하고 있는 방과후교실(돌봄교실 포함)과 지역아동센터 5곳, 복지관 방과 후 프로그램(오케스트라)이 전부였다. 초등학교 방과후교실의 경우 수업이 끝나고 2시간 정도 운영하고 지역아동센터는 저녁시간까지 운영하고 있다. 일부 중학생까지 보살피는 센터는 밤 8시까지 운영하고 있다. 이처럼 초등학생의 경우는 방과 후에 지역아동센터로 연계하여 저녁 8시까지는 보살필 수 있지만 그 이후 시간에는 대책이 없다. 미취학 아동과 청소년은 갈 곳이 없다. 민감한 시기의 청소년들은 갈 곳이 없어 거리로 내몰릴 수밖에 없다.

주민 네트워크에서는 조사 결과를 바탕으로 지역사회 토론회를 열어 자기보호아동의 심각성에 대한 사회적 인식을 높이고 지자체와 교육청이 나서서 사회적 차원의 보살핌 대책을 마련할 것을 촉구하였다. 또 우리가 마을에서 함께할 수 있는 일을 찾았고 그것은 마을에서 놀이 문화를 함께 만들어가는 것이었다.

공동체 문화의 바탕, 놀이

마을에 피는 놀이꽃, 목요놀이

"딱!"

"앗~싸! 20자!"

놀이터 마당에서 5~6학년 남자아이들이 자치기 놀이에 푹 빠져 있다.

"딱~따 구리 구리 마요네즈~"

놀이기구 앞에선 1~2학년 여자아이들이 신나게 노래를 부르며 고무줄놀이를 하느라 정신이 없다.

"우리 비석치기 하자! 비석치기 할 사람 여기여기 붙어라!"

늦게 나온 5학년 아람이가 주변에 서서 구경하는 아이들에게 놀이를 제안했다.

"나 할래."

"나도."

아이들이 아람이 주변으로 모여들더니 편을 가르고 비석치기 놀이를 했다.

목요놀이

"우리 어릴 때도 많이 했지."

정자와 벤치에서 쉬시던 할머니들이 아이들 노는 모습을 흐뭇하게 바라보셨다. 지나가던 주민들도 잠시 걸음을 멈추고 쳐다보았다.

"자치기는 이렇게 하는 거야."

가끔 나이 지긋한 남자 어른들이 자치기 판에 끼어들어 옛날 실력을 보여주기도 했다. 아이들을 보며 기억 저편에 있던 어린 시절 추억을 떠올리는 듯했다. 지금은 학교 운동장에서 놀지만 얼마 전까지 복지관 옆 공터에서 이렇게 매주 목요일마다 노는 놀이를 우리 마을 아이들은 '목요놀이'라고 불렀다.

목요놀이는 2014년 7월부터 시작했으니 어느덧 만 4년이 되어간다. 처음엔 나와 아내, 그리고 그때 한솔초에서 근무했던 서 선생이 전부였다. 지금은 아빠, 엄마 10여 분들이 목요놀이의 주축이 되어 마을에서 아이들을 함께 키우고 있다.

마을에서 가장 먼저 놀이를 시작한 곳은 학교였다. 2013년, 마을배움길연구소의 평화샘인 서 선생이 한솔초에 발령받아 와서 학급 아이들과 놀면서부터였다. 그러다 평화샘들이 한 명, 두 명 늘어나고 학교에서 선생님들이 함께 놀기 시작하면서 학교 안에 놀이꽃이 피어나기 시작했다. 그리고 서 선생이 지역아동센터에 놀이를 제안하여 지역아동센터 공부방까지 놀이문화가 퍼졌다. 이렇게 학교와 지역아동센터에서 놀이꽃이 피어났지만 나는 이를 마을까지 확장할 생각을 못하고 있었다. 그 무렵 나는 주로 위기 아이들에 대한 긴급한 보호 조치와 정서 안정을 위한 상담과 치료 프로그램의 연계 등 지역사회 지원활동을 중심으로 움직였다. 위기 상황에 처한 아이들을 일시적으로 도울 수는 있었지만 근본적인 해결이 되지 못했다. 아이들과 지속적인 관계를 맺는 것에도 한계가 있었다. 그렇기 때문에 '어떻게 하면 아이들과 깊은 공감과 소통을 할 수 있을까'는 늘 고민거리였다. 주민 네트워크에 참여하는 사람들과 이야기를 해봐도 시원한 해답을 찾지 못했다. 그래서 연구소에서 문재현 소장님과 이 문제를 상의했다.

"그런 문제를 해결하는 것은 놀이가 최고입니다. 수곡동에서는 이미 학교와 지역아동센터에서 놀이를 하고 있지 않나요? 놀이를 통해 아이들 다툼도 줄어들고 관계가 조절되는 성과가 있는 것으로 알고 있습니다. 이런 경험을 마을로 확장시키는 것은 어떠한가요? 또 마을 사람들이 놀이의 중요성에 대해 같이 인식하고 공동 경험을 하는 것이 중요하지요. 지금 내 아이와 마을에서 놀려고 했는지 한번 돌아봐요."

소장님의 말에 나는 정신이 번쩍 들었다. 그사이 연구소에서 놀이 연수도 하고 내가 만나는 사람들이나 강의 때마다 교사와 부모들에게 놀이가 중요하다고 이야기하면서 정작 내 아이와 우리 마을에서 놀려고 하지 않았구나, 내가 진정으로 놀이를 했던 것이 아니었구나 하는 반성이 되었다. 문 소장님이 놀이는 아이들의 밥일 뿐만 아니라 공동체의 밥이라는 이야기를 늘 했었는데 이제야 그 속살을 조금 이해할 수 있었다.

마을에서 놀이판을 벌여보기로 마음먹었다. 그렇지만 이디서 이떻게 시작할지 고민이 되었다. 마을 곳곳을 살펴보며 아내와 서 선생과 상의하여 복지관 옆 빈터가 좋겠다는 결론을 내렸다. 그곳은 사랑의 울타리 지역아동센터 옆이라 아이들이 놀러 나오기 좋겠다 싶었고, 학교에서도 가까우니 아이들이 오가며 쉽게 올 수 있을 것 같았다. '그런데 누구와 놀지? 아이들이 갑자기 놀이를 시작한다고 올까?' 불안했다. 그래서 지역아동센터 울타리에 제안을 했다.

"일주일에 한 번이라도 놀이터에서 아이들과 놀이하면 어떨까요?"

"그동안 실내 놀이만 했는데 밖에서 놀면 아이들이 무척 좋아할 것 같아요."

센터장은 내 제안에 흔쾌히 공감하고 동의해주었다. 그러나 울타리 아이들이 바깥으로 나오는 것이 어렵다며 몇 번 나온 뒤 나오지 않았다. 놀 아이들이 없었다. 그래서 목요놀이를 알리는 대형 현수막을 걸고, 한솔초 교사인 아내와 서 선생은 학원이나 지역아동센터에 가지 않는 아이들에게 목요일 4시 30분에 나와 놀라고 권했다. 이렇게 목요놀이가 시작되었다. 이 놀이터에 목요일 오후가 되면 학원을 가지 않거나 방과후활동을 하지 않는 아이들이 하나, 둘 모여들었다. 특히 부모의 이혼 위기로 마음을 잡지 못하고 아이들을 괴롭히던 상규, 집단 괴롭힘으로 힘들어했던 민국이 등 상처를 안고 있는 아이들이 함께 놀기 시작했다. 목요놀이터는 갈 곳 없는 아이들이 놀이로 자신의 어려움을 풀어내고 함께 크는 곳이 되어갔다.

비 오는 여름날 공기놀이, 목요놀이를 이어오게 한 힘

놀이를 시작한 지 세 번째 목요일이었다. 이번 주부터는 울타리 아이들이 나올 수 없다. 갑자기 복지관 옆 빈 터가 덩그러니 쓸쓸했다. 더구나 이른 아침부터 비가 내렸다. 오전 내내 하늘만 쳐다보았다.

'비 온다고 아이들이 안 나오면 어쩌나?' 걱정이 되었다. 다행히 오후 들어 빗줄기가 가늘어졌다. 오후 4시경, 비가 그치고 아이들이 나오길 빌며 놀이터로 왔다. 부슬거리며 내리는 비를 피해 정자에 앉아 기다리니 잠시 후에 6학년인 아들과 아내가 왔다.

"비가 와서 아이들이 못 오나 봐. 어떡하지?"

속이 상한지 시무룩한 얼굴로 묻는 아내의 목소리는 힘이 없었다.

"그러게. 곧 그칠 것 같으니 기다려보자."

정자 밖으로 고개를 내밀어 하늘을 쳐다보며 괜찮은 것처럼 말했지만 나도 기운이 빠지는 것은 어쩔 수 없었다. 잠시 후 서 선생이 왔다. 어서 비가 그치고 아이들이 오기를 바라며 두런두런 이야기를 나누었다. 오기 싫은데 억지로 나온 아들아이는 지루하다며 집에 가자고 재촉하며 찌증을 내기 시작했다. 그냥 접고 집에 가야 하나 하고 있는데 갑자기 아내가 우리끼리 공기놀이를 한판 하자고 했다. 그래. 왜 꼭 애들이 와야 논다고 생각을 했을까? 넷이 편을 나누었다.

"몇 년 할까? 50년?"

"그래."

"앞뒤꺾기는?"

"에, 그거 못하는 사람도 있는데…….”

"그래도 그거 해야 재밌어. 그래야 연습도 하지."

이렇게 한참을 공기놀이를 하고 있다 보니 어느새 비가 그쳤다. 그때였다.

"선생님!"

길 건너 학교 앞에서 민국이가 아내를 반갑게 부르며 달려왔다. 활짝 웃으며 달려오는 아이 얼굴이 마치 비 개인 뒤 무지개처럼 환했다. 잠시 후 아이들이 거짓말처럼 하나둘씩 모여들기 시작했다. 너무 반갑고 고마웠다. 아이들은 나와 자기 반 선생님들을 보고 신나 했다. 아이들과 비석치기도 하고 자치기도 했다. 비석치기는 학교에서 해보았지만 처음 해보는 자치기가 마냥 신기했나 보다. 놀이를 끝내고 민국이가 물었다.

"다음 주에도 목요놀이는 하는 거죠?"

"그럼."

아이들과 한바탕 신나게 놀고 나니 기분이 확 풀려 집으로 돌아가는 발걸음이 가벼웠다. 이날 이후 목요놀이는 4년이 넘는 시간 동안 꾸준히 진행되었다. 눈이 오든 날씨가 덥든 춥든 목요일이면 누가 뭐래도 놀이를 한다는 것이 약속이 되었다. 아이들은 나를 놀이 아저씨라고 불렀다. 마을에서 아이들이 나를 만나면 목요놀이 하느냐고 묻는 것이 인사였다. 그럴 때면 마을 아저씨가 된 것이 기분이 좋았다. 목요놀이의 가장 큰 선물은 무엇보다 우리 부부와 아들에게 소통하는 가족문화를 만들 수 있게 해준 것이었다.

"엄마, 아빠 우리 공기 해요."

그날 저녁 집에 돌아와서 아들은 공기놀이를 하자고 했다. 우리 가족이 그렇게 흠뻑 논 것이 처음이었고, 아들아이는 그 분위기가 너무 좋았던 것 같다. 돌아보면 다른 사람들에게는 놀이를 하라고 하면서 정작 우리 가족이 서로 놀지는 않았다. 저녁마다 공기를 하며 아이는 놀이의 즐거움에 빠졌다. 처음에는 이기려는 생각이 앞서 자신에게 불리한 규칙에 대해서는 툴툴거리고 떼를 쓰며 고집을 부렸는데 그런 태도들이 점차 바뀌었다. 자신에게 불리한 앞뒤꺾기 같은 규칙도 순순하게 받아들이고 안 되는 것은 연습도 했다. 자신의 패배도 인정하고 안 될 때 기다릴 줄 아는 태도도 생겼다.

우리 가족은 날마다 공기놀이를 하면서 목요놀이에 대한 느낌도 나누고 이런저런 이야기도 했다. 우리 가족이 목요놀이터에서 더 신나게 놀자고 약속도 하였다. 그 후 아들은 마을에서 놀이형이 되었다. 외동인 아들은 마을에서 동생들과 관계를 맺으며 자기 조절을 할 줄 알게 되었다. 놀이가 아이를 어떻게 성장시키는지 목요놀이터를 통해 그 힘을 확인할 수 있었다.

부모 놀이꽃이 피다

"형! 이렇게 작은 자를 잡고 큰 자로 치는 거야. 잡으면 아웃이고, 던져서 원 안에 들어가도 아웃."

"어깨 힘 빼고 가볍게 쳐야 해! 이렇게."

놀이터에 처음 온 6학년 현준이에게 5학년 동생들이 자치기 놀이

방법과 규칙을 알려주고 시범을 보여주었다. 센 척을 하는 현준이가 기분 나빠할 법도 한데 동생들한테 자치기 방법을 배워서 곧이어 편을 가르고 놀이에 빠져들었다.

"아싸."

"에이."

"와~"

환호와 탄성이 터졌다.

"아빠, 이거 완전 재밌어."

현준이가 멋지게 치고는 들뜬 목소리로 아빠를 보며 자랑했다.

"그래. 잘했어. 3단계도 차분하게 해봐. 파이팅!"

아들을 응원하는 현준 아빠의 목소리도 한껏 높아진다. 현준 아빠를 보니 처음 목요놀이를 시작하며 신났던 내 모습을 보는 것 같았다. 목요놀이터 옆 농구장에서 아이들과 농구를 하던 현준이 아빠가 우연히 목요놀이에 오게 되면서 놀이터에 어른이 한 명 더 생겼다. 남자 어른은 나 혼자였는데 현준 아빠가 오니 그렇게 든든할 수가 없었다.

"현준이가 어릴 때 괴산에서 살았어요. 그때는 아이와 자주 놀았는데 작년에 청주로 나오면서 일 때문에 바쁘다고 같이 못 놀았어요."

"저는 아이와 제대로 논 적이 없어요. 목요놀이 하면서 놀게 되고 아이와 대화도 하게 되었죠. 현준이 아버님이 오시니 참 든든합니다. 자주 나오세요."

"예. 이번에 퇴근이 빠른 직장으로 옮기게 돼서 아이와 함께할 시간이 생겼어요. 아이들 노는 거 보니 옛날 생각도 나고 좋은데요."

쑥스럽게 웃는 현준 아빠의 표정은 밝았다. 그러면서 그동안 현준이 때문에 힘들었던 이야기를 하기 시작했다. 청주에 오면서 현준이

목요놀이-자치기 놀이

가 말과 행동이 거칠어지고 친구들과 몰려다니면서 말썽을 피웠는데 그렇게 된 원인이 아이를 방치한 자신의 잘못이라며 가능한 현준이와 많은 시간을 보내겠다고 했다. 현준 아빠의 말에서 아들을 사랑하는 마음이 느껴졌다. 다음 주 다시 만나기로 하고 집으로 걸어가는 현준 아빠의 뒷모습을 보며 앞으로 좋은 이웃이 될 것 같은 기대감에 가슴이 설렜다.

현준 아빠는 약속대로 시간이 날 때면 놀이터에 나왔다. 젊은 아빠답게 아이들과 몸을 부대끼며 뛰어놀며 아이들을 챙겼다. 그리고 현준이 엄마도 놀이터로 불러내고 다른 아이의 부모들도 적극적으로 초대했다. 놀이터에 부모들이 하나둘 오기 시작했다. 부모들은 자주 나오지는 못했지만 시간을 내서 나와 아이들에게 간식도 사주고 함께 놀곤 했다.

목요놀이를 시작하고 한 3년 동안은 부모 모임이 되지 않았다. 맞벌이로 바쁜 부모들이 많은 우리 마을 특성 때문인지 모임으로 만들어지는 것이 쉽지 않았다. 그런데 3, 4년 동안 꾸준히 해 오면서 2017년부터 엄마 동아리가 만들어져 아이들과 놀이를 하기 시작하면서 아빠들까지 함께하고 있다. 지금은 10여 가족들이 부모 모임도 만들어서 아이들과 함께 논다. 요즘 목요놀이터는 어른들과 아이들로 북적북적하다. 부모님들은 가을밤 한마당 잔치, 정월대보름 등 세시에 음식을 해서 나누고, 학교 한마당 잔치에 떡치기를 할 떡메도 함께 만들며 마을 공부도 함께한다. 각박한 도시에서 옛날 마을에서 서로 함께 어울려 살았던 것처럼 그렇게 마을 문화를 만들어가고 있다.

아빠들과 오징어 진놀이

모여라! 모두 마을에서 놀자!-마을 놀이 워크숍

2014년 6월 주민 네트워크는 상반기 활동을 결산하는 워크숍을 열었다. 이 워크숍에서는 공동체 활성화를 위해서 무엇을 할까 고민하며 문재현 소장님을 초청하여 '마을공동체와 놀이'라는 주제로 강연을 들었다.

"여러분들은 놀이가 가진 힘을 실천적으로 경험하고 있습니다. 학교와 지역아동센터에서 놀이를 하고 나서 아이들 사이에 다툼이 줄고 갈등이 생겨도 바로 조절하는 것을 경험하고 있지 않나요? 아이들이 놀이를 좋아하고 함께 놀 줄 알게 되면서 여유가 생기고 서로 배려합니다. 보살핌의 감성을 배우고 새로운 아이가 오면 환대합니다. 아이들이 새로운 관계를 형성하고 성장하는 것이죠."

소장님은 놀이를 상실한 우리 사회의 현재 모습과 그로부터 발생하는 여러 문제들과 공동체를 복원하는 운동에서 놀이가 가지는 속살, 특히 우리 마을 학교와 지역아동센터에서 진행하고 있는 놀이의 속살을 이야기해주었다. 그러면서 놀이를 살리고 마을로 확산하기 위해서는 마을 어른들이 먼저 놀아야 한다는 제안을 하였고 그 자리에서 '마을 놀이 워크숍'을 하기로 결정했다.

주민 네트워크 실무자 워크숍을 마치고 두 달여 동안 준비과정을 거쳐 '모여라! 마을에서 놀자!'란 주제로 마을 놀이 워크숍이 열렸다. 마을 수호천사인 통장, 학교 교사, 동장과 주민센터 직원, 복지과장과 복지사, 지역아동센터 돌봄 교사 등 20여 명이 참여하여 시작했다. 이어서 교감 선생님을 비롯한 학교 직원들과 운동장에서 놀던 아이들까지 합류하여 놀이판이 커졌다.

"놀자고 해서 오긴 왔는데……."

"그런데 뭐 하고 놀지? 할 줄 아는 게 있으려나? 다 까먹은 것 같은데."

서로 인사를 할 때만 해도 조금은 서먹서먹한 분위기였다. 참여자 연령대가 20대부터 60대까지 차이가 나다 보니 나이 드신 통장분들은 어색해하고 젊은 사람들은 어른들 눈치를 보며 소극적인 모습을 보였다.

이러한 어색한 분위기는 구슬치기로 놀이를 시작하면서 곧 바뀌어 갔다. 구슬치기는 삼각형에 구슬을 열 개씩 놓고 적당한 거리에서 구슬을 던져서 맞혀 삼각형 밖으로 나간 구슬을 따먹는 놀이이다. 그런데 오랜만에 하는 것이라 그런지 처음엔 구슬을 던지는 폼도 어색하고 구슬을 따먹은 사람이 없었다. 잠시 후 통장 한 분이 큰 소리로 외치며 구슬을 던지던 줄을 앞으로 당겼다.

"에이, 너무 멀어. 조금만 가깝게 하자고."

"맞아, 줄여."

사람들이 서로 호응을 하면서 서서히 놀이에 불이 붙었다.

"에이, 하나도 못 따먹었어. 좀 더 가깝게 줄여."

순서가 한 바퀴 돌 때마다 금을 당겨서 긋다 보니 삼각형이 아주 가까워지고 가까워진 만큼 다들 곧잘 맞혔다. 순서가 몇 바퀴 돌자 몸이 기억하고 있던 옛 감각과 실력이 나오는 것이었다.

"민 통장은 학교 다닐 때 공부 안 하고 놀기만 했나 봐."

"그럼 나야 맨날 놀았지."

"요즘은 잘 노는 아이가 공부도 잘해요."

나이 지긋한 통장들의 만담이 이어지고 교사들도 추임새를 넣었다.

구슬치기를 끝내고 무리를 나누어 한 팀은 자치기, 다른 한 팀은 비석치기를 했는데 바로 놀이에 흠뻑 빠져들었다. 처음엔 자세도 안 나오고 잘 못 맞췄지만 어릴 적 모두 해봤던 놀이라 그런지 곧 익숙해졌다. 어른들의 엉성하고 우스꽝스러운 몸짓에 서로 웃기 바쁘고 웃는 만큼 가까워졌다. 자치기 팀이 승부를 내고 이어서 고무줄놀이로 들어갔다.

"금강산 찾아가자~ 일만 이천~ 봉."

노래에 맞춰 어깨높이까지 이어지는 통장님의 고무줄 실력에 모두 탄성을 지르며 신기하게 바라보았다. 이렇게 마을에 놀이꽃과 함께 웃음꽃, 이야기꽃이 활짝 피었다.

어느새 날이 저물어 모두 아쉬움 가득한 얼굴로 빙 둘러서서 소감을 한마디씩 나누었다. 교감 선생님은 자신은 여자 놀이보다 남자 놀이가 더 어울린다며 정체성을 찾았다며 웃었다. 복지관장님은 자신은

마을 사람들이 같이하는 비석치기

여자 놀이든 남자 놀이든 다 잘하니 언제든지 도전하라고 해 모두에게 한바탕 웃음을 주었다.

"놀다 보니 어릴 적 추억이 새록새록 나요."

"맘 편하게 놀고 나니 너무 재밌네요."

"오늘 집에 가서 아이와 같이 놀아야겠어요."

"놀이를 배우고 싶었는데 너무 좋았어요. 이런 기회가 계속 있었으면 해요."

"이렇게 어른들이 먼저 놀고, 아이들과 놀고, 학교서 놀고, 동네서 놀고 해서 온 동네가 함께 놀았으면 합니다."

뿌듯함과 아쉬움이 가득한 얼굴에 시작할 때의 어색함은 찾을 수 없었다.

마을 놀이 워크숍을 통해 마을 사람들은 더욱 친해지고 서로 돕는 문화가 깊어졌다. 또한 마을 사람들이 자발적으로 참여하는 정월대보름 쥐불놀이를 가능하게 하는 밑바탕이 되었다.

마을 사람들이 함께 만든 축제, 정월대보름 쥐불놀이 한마당

2015년 12월, 한 해 동안 놀이로 인연을 맺은 부모들이 송년 모임을 가졌다. 서로 놀이 경험을 나누다 쥐불놀이 이야기가 나왔다. 모두 쥐불놀이에 대한 진한 추억이 있어서 그런지 이야기꽃이 활짝 피었다. 도시 한복판에서 쥐불놀이가 펼쳐진다면 얼마나 신명날까? 가슴이 뛰었다.

"이번에 다가오는 정월대보름에 동네에서 쥐불놀이를 하는 것이 어때요?"

누구랄 것도 없이 쥐불놀이를 해보자고 했고 송년모임은 정월대보름날 쥐불놀이 준비를 위한 회의장으로 바뀌었다. 마을에 쥐불놀이를 할 만한 곳은 학교 운동장밖에 없기 때문에 학교의 도움을 받기로 했다. 또 지역사회에 알려 마을잔치로 준비하기로 했다.

"와! 도시에서 쥐불놀이라니 너무 좋은데요. 참여할게요. 우리가 무엇을 하면 될까요?"

"우리가 어묵탕을 준비할게요."

마을에서 쥐불놀이를 하자는 제안에 지역사회의 반응은 뜨거웠다. 극단 새벽 단원들은 안전 요원을 자처하고 나섰고 택견전수관 관장은 현장에 미리 나와 아이들을 위해 불 깡통 만드는 것을 돕고 솔방울을 준비하겠다고 했다. 주민자치위원장과 통장들도 어묵탕과 그날 진행을 돕겠다고 나섰다. 방앗간 사장님은 가래떡을 후원하겠다고 했다. 동장은 안전을 위해 소방서에 협조를 구하자고 했다. 복지관과 지역아동센터도 아이들과 함께 참여하겠다고 적극적으로 나왔다. 온 마을이 마음을 내서 그렇게 어렵게 생각되었던 일들이 뚝딱뚝딱 진행되었다. 중요한 것은 장소였다. 학교 운동장에서 불놀이를 허락한다는 것이 쉬운 일이 아니었다. 안 된다고 하면 어떻게 하나 걱정하며 한솔초 교장 선생님을 찾아가 마을 분위기를 전하며 학교 운동장을 빌릴 수 있는지 물었다. 교장 선생님은 쥐불놀이에 대한 자신의 경험을 이야기하며 좋아했지만 곤란한 표정을 지으며 선뜻 대답을 못했다. 그러면서 조심스럽게 내게 물었다.

"안전 문제는 대책이 있나요?"

쥐불놀이 깡통 만들기

소방서에 협조를 구해 소방차 1대와 소방관, 자율방범대, 주민으로 구성된 안전 요원들을 배치하는 것으로 지역사회에서 준비가 되어 있다고 하자, 한참을 고민을 하더니 운동장 사용을 동의해주었다.

"음~ 지역사회의 일인데 학교에서도 협조해야죠. 다만 안전에 각별히 신경을 써주세요."

아무래도 저녁에 불이 붙은 깡통을 돌리고 던지는 놀이라 학교 관리 책임자로서 안전 문제가 걱정되었던 것 같았다. 그럼에도 선선히 동의해준 교장 선생님이 고마웠고 그동안 지역사회가 서로 마음을 모아 협력해온 결과인 것 같아 기분이 좋았다.

2016년 2월 18일, 정월대보름, 낮부터 학교 운동장이 쥐불놀이용 깡통을 만드느라 북적거렸다. 대못을 박아 만든 나무망치로 깡통을 두드리는 소리가 요란했고 흥분으로 들뜬 아이들의 떠드는 소리로 학교 운동장이 시끌벅적했다. 부모와 같이 온 아이, 친구들끼리 온 아이들, 단체로 온 지역아동센터와 택견전수관 아이들······.

"아저씨! 못이 구부려졌어요."

"깡통 없으면 쥐불놀이 못 해요?"

"아저씨 나 하나만 만들어주면 안 돼요?"

웃고 떠들며 깡통을 만드는 아이들의 얼굴은 벌써 기대와 흥분으로 달아올랐다. 깡통을 다 만든 아이들도 집으로 가지 않고 깡통을 돌리며 운동장을 뛰어다니면서 다가올 축제를 기다렸다.

오후 4시가 되자 어묵탕을 끓이기 시작하고 불쏘시개 나무를 잘라 모아놓고 불 피울 준비를 했다.

"와, 소방차다!"

소방차가 오자 아이들이 신기해하며 쫓아갔다.

오후 5시, 장작불을 피우자 운동장의 분위기가 후끈 달아오르고 주민들이 하나둘 모여들었다. 30분 정도 지났을까 아직 날은 환하기만 한데 벌써 주민들이 100명이 훌쩍 넘게 모였다. 모여드는 주민들을 보고 가래떡을 협찬해주신 떡 방앗간 사장님이 말했다.

"두 말 반으로는 어림도 없겠네. 모자라면 어쩌죠."

사장님의 얼굴엔 걱정보다는 흐뭇한 웃음이 가득했다.

이윽고 오후 6시, 아직 어둠이 내리려면 좀 더 기다려야 하지만 안전 규칙을 설명하고 쥐불놀이 방법을 알리기 위해 사람들을 한곳으로 모았다. 시범을 보이고 나서 쥐불놀이를 시작했다. 곧 운동장 여기저기에 작은 불꽃들이 피어올랐다. 처음에는 어수선했지만 점차 질서가 잡혀 진행자의 안내에 따라 자리를 잡고 깡통을 돌리고 던졌다. 운동장 가운데 줄을 긋고 한쪽을 비운 뒤, 빈 운동장으로 깡통을 '하나, 둘, 셋' 하고 던졌다. 그 뒤로는 사람들이 차례를 기다리며 열심히 깡통을 돌리고 있다. 깡통 던지기의 진행과 안내는 자원봉사를 나온 극단 새벽의 단원들과 주민센터 이 팀장이 수고해주었다. 이렇게 정월 대보름 마을 하늘엔 불꽃송이들이 춤을 추었다. 어두워지자 사람들이 더욱 모여들었다. 어림잡아도 300여 명은 넘어 보였다. 운동장 곳곳에 빨간 불꽃들이 수를 놓고 즐거운 웃음이 가득했다. 엄마 아빠랑 온 아이도, 할아버지 할머니랑 온 아이도, 친구끼리 온 아이도 모두 다 얼굴에 웃음꽃이 피었다.

"아빠 어릴 땐 이렇게 놀았어. 자! 아빠 하는 것 보고 따라 해봐."

곳곳에서 힘이 잔뜩 들어간 아빠들의 목소리가 들렸다. 아이보다 아빠가 더 좋아 하는 것 같았다.

"자기네 학교는 좋겠다. 학교에서 이런 것도 하고."

옆 마을에서 아이와 함께 왔다는 학부모가 자신을 초대한 한솔초 학부모에게 부럽다고 말하는 것이 들렸다. 서로 쳐다보며 웃는 한솔초 학부모의 얼굴에서 자부심이 느껴졌다. 불빛에 비친 주민들 얼굴은 불그스레하게 달아올랐다. 걱정 끝에 운동장 사용을 허락하고는 불안하게 운동장 여기저기를 둘러보던 교장 선생님의 얼굴에도 흐뭇한 미소가 떠나질 않았다. 정말 온 마을이 행복한 대보름 밤이었다.

시간은 흘러 7시 30분쯤 되자 준비한 재료(잔가지, 어묵탕, 떡)가 떨어지고 마무리로 들어갔다. 진행자가 마무리한다는 안내를 하자 여기저기서 아쉬움 섞인 탄성이 터져 나왔다.

그러나 어찌하랴, 더 이상 재료가 없는데. 남은 깡통 던지기를 몇 번 더 하고 모두가 장작불을 가운데 두고 빙 둘러서서 소감을 이야기했다.

"너무 좋았어요. 학교 운동장에서 쥐불놀이라니……. 내년에도 꼭 했으면 해요."

"내년 대보름엔 달집도 태우고 지신밟기도 했으면 좋겠어요."

"이런 좋은 행사를 열어줘서 너무 고마워요. 수고하신 분들 참여한 분들 모두 고맙습니다."

"동네가 하나 되는 일에 작은 힘이나마 보탠 내가 자랑스럽습니다. 수곡동에 사는 게 너무 행복해요."

"단오 때도 오늘처럼 마을 잔치로 같이 놀아요."

"다음부터는 같이 준비해요. 뭐라도 맡겨만 주면 할게요."

서로 덕담을 주고받으며 행사를 도와준 분들에게 박수도 쳐주고 소원을 적은 소지를 태우며 우리 마을 정월대보름 쥐불놀이 행사를 마무리했다.

대보름 쥐불놀이 한마당은 그동안 지역사회가 협력하여 공동체를 만들어가는 노력의 성과물이었다. 부모들이 십시일반 비용을 만들고

학교 운동장에서 하는 쥐불놀이

학교는 운동장을 내주었다. 주민자치위원장과 통장들은 어묵탕을 끓였다. 마을과 아이들을 위한 일이라는 공동 목표를 가지고 함께했다. 대보름 쥐불놀이는 우리에게 마음을 모으면 무엇이든 할 수 있다는 자신감을 심어주었다.

마을에 놀이꽃은 피었지만
함께할 공간은 여전히 부족하다

"비 오면 목요놀이 안 해요?"

비가 내리는 날이면 목요놀이가 중단되었다. 아이들은 아쉬워했지만 비를 피해 놀 곳이 없어서 어쩔 수 없었다. 목요놀이터를 학교 운동장으로 옮기면서 그나마 학교 강당을 쓸 수 있게 된 것도 얼마 되지 않았다. 우리 마을에서는 학교에서 선생님들이 목요놀이에 나오기에 학교 강당을 쉽게 쓸 수 있지만, 그렇지 않은 곳은 쉽지 않을 것이다.

"손 씻고, 물 마실 만한 곳도 마땅하지 않아요."

복지관 옆 놀이터 가까이에 수도가 있어 손을 씻기도 했지만 아파트 수도시설이라 그분들의 눈치가 보이는 것이 사실이었다. 놀이 공간을 학교 안으로 옮긴 지금도 가까이에 수도시설이 없어 건물 뒤편까지 가야 한다. 마을에 놀이꽃이 피었지만 아이들이 안전하게 놀 만한 공간이 여전히 부족한 것이 현실이다. 바깥 놀이야 학교 운동장과 놀이터에서 하면 되지만 비가 오거나 춥고 더운 날은 갈 곳이 없다. 더구나 요즘같이 미세먼지가 심각한 날에는 더 말할 것도 없다.

그동안은 마을에서 놀 수 있다는 것만으로도 서로 위안이 되었다. 이제는 아이들이 좀 더 안전하게 놀 수 있는 공간, 그리고 함께 놀이 하던 부모들도 잠시 쉴 수 있는 공간에 대한 목마름이 점점 커지고 있다.

세대별 마을 공간을 향한 꿈

아이도 어른도 갈 곳이 없는 수곡동

수곡동은 25년 전에 도시개발을 끝낸 곳이다. 아파트와 연립주택, 원룸 등 공동주택과 일반주택가로 이루어져 있다. 그때 도시개발은 공동체 공간에 대한 계획이 반영되어 있지 않아 주민자치와 소통을 위한 공간이 절대 부족한 실정이다.

아파트 단지는 규모에 따라 차이가 나지만 관리사무소와 경로당, 놀이터, 어린이집이 전부이다. 어린이집의 경우는 1,000세대가 넘는 단지 두 곳에만 있고 이것도 위탁 운영 중이다.

실제 주민이 사용 가능한 공간은 관리사무소의 회의실과 같은 일부 공간과 경로당이다. 그나마 작은 아파트 단지는 관리사무소 회의실 같은 공간도 없다. 경로당도 좁아서 할머니, 할아버지 공간을 나누지 못하고 함께 쓰는 단지가 많아 어르신들이 불편해하고 있다. 골목 주택가도 놀이터와 경로당을 제외하고는 주민이 사용 가능한 공간이 거의 없다. 그나마 있는 경로당도 단지를 만들 때 땅이 있었던 것이 아니라 주택이 다 들어서고 개발이 끝난 뒤에 어르신들과 마을의 요

산남종합사회복지관

구로 마련된 것이 대부분이다. 그러다 보니 따로 마련된 땅 없이 어린이 공원 한쪽에 지은 것도 이 때문이다.

지금 수곡동에서 주민들이 사용 가능한 공간을 찾아보면 주민센터와 산남종합사회복지관이 있다. 주민센터는 3층 건물로 1층은 행정과 민원사무실로 사용하고 있고, 2층에 80명 규모의 강당과 소회의실, 3층에 100명 규모의 강당으로 이루어져 있다. 복지관에는 사무공간을 제외하면 최대 80명 규모의 소강당과 경로식당, 회의실과 모임방이 있다. 주민들이 요청하면 사용할 수 있도록 열려 있지만 실제 현실은 그렇지 못하다. 우선 해당 기관에서 진행하는 프로그램을 운영하기에도 공산이 부족한 실정이기 때문이다.

또한 주민들은 주로 퇴근시간 이후인 저녁시간대에 사용해야 하는데, 이럴 때는 공무원과 복지관 직원이 퇴근하지 못하고 남아 있어야 하기 때문에 서로 불편할 수밖에 없다. 특별한 경우가 아니라면 사실상 이용하기 어렵다. 이처럼 주민들이 자유롭게 이용할 수 있는 공간이 없는 것이 우리 마을의 현실이다.

공동체 공간의 의제화-주거복지동 신축 반대 싸움

해마다 연초가 되면 청주시장이 우리 마을에 찾아와 주민들과 간담회를 갖는다. 나도 최근 몇 년 동안 이 자리에 참여했는데 해마다 수곡동 주민들이 요구하는 의제가 있다. 바로 마을 사람들이 모일 수 있는 공동체 공간이 필요하다는 것이다. 어떤 해에는 주민센터 증축을, 다음 해에는 마을 도서관 설치를, 또 다른 해에는 문화센터를 건립해줄 것을 요구했다. 이러한 주민들의 요구에 청주시 답변은 늘 같았다.

"수곡동에는 땅이 없어요. 빈 땅도 없고 시유지도 없어요. 시에서도 방법이 없어요."

청주시는 주민들의 요구를 땅이 없다는 이유를 들어 늘 외면해왔다. 그러나 이제 더 이상은 청주시가 수곡동 주민의 요구를 외면할 수 없게 되었다. 왜냐하면 주민들이 힘으로 공동체 공간이 들어설 부지를 확보했기 때문이다. 이는 공교롭게도 마을에 닥친 주거복지동 신축 문제에서 시작되었다.

"선생님, 상가를 허물고 거기다 임대아파트를 짓는다는데 어떻게 된 것인지 아세요?"

가을이 시작되는 2015년 9월 어느 날이었다. 2-1단지 내 상가에 있는 지역아동센터의 센터장이 전화를 걸어와 대뜸 물었다. 처음 듣는 이야기라 자세한 상황을 알 수 없었지만 임대아파트를 더 짓는다는 말에 깜짝 놀랐다. 왜냐하면 임대아파트 단지에서 여러 가지 문제와 갈등이 계속 나타나 지금 임대아파트 단지도 분산해야 한다는 요구가 높은데, 거꾸로 늘어난다는 것은 마을 사람들의 삶에 매우 큰 영향을 미치기 때문이었다. 사실 관계를 파악하여 대책을 세워야 했다. 가장 먼저 영구임대아파트 단지 관리소장을 찾아가 물었다.

"어제 LH공사 지역본부에서 공문을 보내서 주거복지동 사업에 대해 주민 설명회를 하려고 하니 장소와 주민들 좀 모아달라고 하더군요."

"주거복지동[4] 사업이 무엇이죠?"

"저도 잘은 몰라요. 주거시설과 복지시설이 같이 들어가는 복합건물을 짓는 것으로 본사에서 시범사업으로 하는데, 이번에 우리 단지가 거기에 들어간 것 같아요."

사실을 확인하는 순간 한숨과 함께 화가 났다. 임대 단지를 늘리려는 사업 내용도 문제지만 주민들 몰래 이를 추진하려 한 LH공사의 태도는 더욱 심각하게 느껴졌다. 빨리 마을 사람들에게 알리고 함께 대책을 세워야겠다는 생각에 전화를 돌렸다.

"그걸 왜 여기다 지어요? LH공사가 새로 조성하는 단지도 많은데."

"우리가 그렇게 만만한가요? 왜 몰래 주민 설명회를 하죠?"

이튿날 주민 설명회에서는 강당을 가득 메운 주민들이 LH공사가 기습적으로 설명회를 하려 한 것에 대해 거세게 항의했다. 이렇게 마

---

4. 주거복지동 사업이란 국민영구임대 주택단지의 여유부지에 임대주택과 복지시설을 결합한 건물을 지어 장애를 가진 홀몸노인을 우선 입주시키는 정부와 LH공사가 시행하는 주거 정책의 하나이다. 단지 여건에 따라 주거복지동을 신축하거나 사회복지관 구조 변경 등을 통해 1층에는 운동 공간과 노인정, 케어센터(의료) 등의 시설을 두고 그 위층으로 원룸형 주거 시설(약 7~8평)을 배치하도록 설계했다.

을과 주민의 삶에 큰 영향을 미치는 사업을 하면서 제대로 알리지도 않고 추진하는 것은 주민들을 무시하는 것이라고 생각했기 때문이다. 그리고 주민들이 제대로 알고 판단할 수 있도록 주거복지동 사업과 관련한 모든 계획과 추진과정, 관련 자료(사업시행과 관련한 법령과 규정, 사업부지 선정기준, 타당성 조사 결과, 설계도면 등)를 공개하고 사업 철회를 강력하게 요구했다. 자료 공개는 9월 이내에 하고 복지관을 연락 창구로 하기로 했다. 이렇게 LH공사의 기습적인 주민 설명회는 주민들의 항의로 무산되었다. 주민들의 반응에 놀란 LH공사에서는 곧 공사 개요와 설계도 등 자료를 보내왔다. 내가 부위원장으로 있는 수곡2동 지역사회보장협의회는 마을의 모든 기관 단체와 통장, 아파트 대표들에게 비상대책회의를 하자고 제안했다.

비상대책회의에는 제안자인 수곡2동 지역사회보장협의회를 비롯해 주민자치위원회, 통장협의회, 새마을지도회, 새마을부녀회, 자원봉사대, 방범협회, 바르게살기협의회, 환경보전협회, 주민자치프로그램연합회, 아파트대표자회의(두진백로, 세원청실, 세원홍실, 한마음1차, 한마음2차, 주공4차 매봉마을) 등 수곡2동의 모든 단체와 아파트 단지 대표자회의가 참여했다.

주민 대표들은 이번 사안을 마을공동체의 기반이 무너질 위기로 받아들였다. 왜냐하면 마을 주민의 1/3이 임대 단지에 살고 있고 그중 73%가 돌봄과 지원이 없으면 스스로 살아가기 힘든 홀몸노인과 장애인 등인데 지금 상황에서 더 늘어나면 더 이상 마을공동체가 감당할 수 없다는 데 인식을 같이하고 있기 때문이다. 내가 LH공사로부터 받은 자료를 돌리고 그 내용을 설명하자 지역사회보장협의회 위원장이 말했다.

"지금도 너무 많아서 문제인데 더 늘린다고요? 더 이상 임대아파트가 늘어나는 것은 절대로 안 되죠."

그러자 임대 단지 김 통장이 벌떡 일어나며 큰 소리로 외쳤다.

"실력 행사를 해서라도 막아야 해요, 이거 못 막으면 우리 동네는 다 망가져요."

김 통장의 말에 모두 박수를 치며 동의를 했다. 곧이어 전체 결의로 '주거복지동 신축 반대 주민대책위원회'를 발족하기로 하고 본격적인 반대 운동에 돌입했다. 지역사회보장협의 위원장이 대책위원장을, 나와 전 시의원이 부위원장을 맡기로 했다. 논의를 통해 '주거복지동 사업 철회 또는 임대 단지 분산을 전제로 한 부분적 수용'으로 수곡동 주민들의 입장으로 결정했다. 주민 홍보지를 만들어 마을 사람들에게 알려 주민 서명을 받고 마을 곳곳에 단체별로 현수막을 걸기로 했다.

마을 사람들은 뜨겁게 호응했다. 순식간에 5,000여 명이 서명에 동참하고 십시일반으로 정성을 보탰다. 이렇게 마을 사람들이 하나가 되어 LH공사의 사업 시도를 무산시키기 위해 싸웠다. 그사이 주민대책위원장이 개인 사정으로 사임하고 내가 위원장을 맡았다. 그렇게 1년이 지나도록 주민들이 흩어지지 않고 싸우자 LH공사는 주민의 요구를 최대한 반영하도록 노력하겠다며 협상을 하자고 요청했다. 이에 주민대책위는 회의를 열어 싸움과 협상을 함께하기로 했다. 이렇게 주거복지동 싸움이 새로운 국면으로 바뀌게 되었고 그 핵심 의제는 LH공사가 우리 주민들에게 제공하겠다는 복지시설 및 세대별 마을 공간 문제가 되었다.

세대별 마을 공간을 향한 목소리

마을 주민을 위한 공동체 공간이 의제로 떠오른 것은 주거복지동 반대 싸움을 한 지 1년이 지나서였다. 수곡동 주민들의 강력한 저항에 주거복지동 사업이 1년이 넘도록 진행을 못하자 LH공사는 협상안을 내놨다. 주거복지동의 규모를 절반으로 줄이고 복지공간도 더 늘리겠다며 주민들의 동의를 요청해 온 것이다. 복지공간의 면적을 당초 100평 규모에서 300평으로 확대하여 처음 계획에 있던 헬스 케어 시설 이외에 경로당 확장 이전, 대강당, 작은 도서관, 청년 사랑방 공간 등을 제공하겠다고 했다.

이에 주민대책위원회에서는 주민들의 의견을 모아 입장을 정하기로 했다. 특히 공동체 공유 공간에 대한 주민들의 요구가 높았기 때문에 다양한 목소리를 직접 듣기로 했다. 먼저 놀이터에 나온 아기 엄마들을 만났다.

"아기 데리고 맘 편하게 갈 곳이 없어요. 그나마 어린이집에서 아이 데리고 오면서 잠시 놀이터에서 놀 때 엄마들을 만나요. 아기 엄마들끼리 육아 정보도 나누고 돌아가면서 조금씩 쉬기도 하고."

아기 엄마는 미끄럼틀에서 내려오는 아이에게서 눈을 떼지 못한 채 말을 했다. 도시에서는 놀이터가 엄마들이 서로 만나는 곳이다. 아니면 모처럼 모일 때는 키즈 카페 등을 찾는다고 했다. 아이들이 방방이나 실내 놀이기구를 타는 동안 이웃 엄마들과 이야기를 나눌 수 있기 때문이다. 아이를 좀 키운 엄마들은 카페를 찾지만 그 비용도 만만치 않다고 했다.

"우리 마을엔 도서관이 필요해요. 학생들이 공부할 수 있는 공부방도 있으면 좋겠어요. 산남동엔 아파트마다 도서관이 있다던데 우리 동네에는 하나도 없잖아요."

초등학생 아이들 둔 엄마들도 아이들과 함께 갈 수 있는 공간을 원했다. 우리 마을에 '기적의 도서관'이 있기는 하지만 거기는 청주시 곳곳에서 사람들이 오게 되니 마을 도서관이란 생각이 안 든다고 했다. 게다가 살고 있는 곳에서 멀다 보니 자주 가기 어렵다. 그래서 언제든지 쉽게 이용할 수 있는 아파트 단지와 골목 안에 작은 도서관과 같은 소통 공간이 필요한 것이다.

"저녁시간 때 편하게 이용할 수 있는 곳이 있으면 좋겠어요. 주민센터와 복지관이 있기는 하지만 거기는 자체 프로그램이 돌아가고 있고 저녁에 사용하려면 우리 때문에 직원들이 야근을 하는 것 같아서 미안하고 마음이 편하지 않아요."

마을 아주머니들도 갈 곳이 없다고 하소연을 했다. 카페나 음식점이 있지만 비용 부담 때문에 자주 갈 수 없다. 그런 사정은 남자 어른들도 마찬가지다.

"차라리 우리 사무실 하나 구하는 게 어때요? 아빠들이 언제든지 모일 수 있게요."

술 약속이 잦은 수연이 아빠는 술이 좋아서 그런 것만은 아니라고 했다. 딱히 갈 곳이 없으니 술 한잔하자는 것이고, 한 잔 두 잔 먹다 보면 밤늦게까지 마시게 되는 경우가 많아 부부싸움의 원인이 된다고 했다. 나도 남자 어른들의 공간에 대해서는 생각을 해본 적이 없었다. 사람들을 만날 때는 당연히 저녁 늦게 술 약속을 하는 것으로 생각을 했다. 그러다 보니 나 또한 건강에 문제가 생기고, 아내와 다투게 되는 이유가 되기도 했다. 만약, 옛날 사랑방처럼 남자 어른들을 위한 공간이 있다면 남자들이 굳이 술 약속을 할까?

"우리가 갈 데가 어디 있어요? 그냥 어른들 피해서 여기저기 다니는 거죠."

"청소년을 위한 공간이 있으면 좋죠. 우리도 하고 싶은 게 많아요. 우리가 갈 수 있는 곳이 꼭 생겼으면 좋겠어요."

학교 앞에서 만난 중학생들도 마찬가지 요구를 가지고 있었다. 어른들은 요즘 청소년들이 하는 일 없이 몰려다닌다고 걱정을 하지만 내가 만난 청소년들은 자신들이 하고 싶은 것을 나누고 펼칠 공간에 대한 열망을 거침없이 드러냈다. 노인들도 요구가 분명했다.

"너무 좁아. 넓은 곳으로 옮겼으면 좋겠어. 할머니, 할아버지 방도 따로 만들고."

그나마 어르신들의 공간으로 경로당이 있지만 지은 지 오래되거나 규모가 작은 아파트 단지의 경우 면적이 좁고 할머니, 할아버지 방이 나뉘지 않아 좀 더 넓은 공간을 바라고 있었다. 세대별로 조금씩 차이는 있었지만 주민들은 공동체 공간에 대한 요구가 매우 높았다.

주민들의 목소리를 바탕으로 주민대책위원회는 마을 주민이 함께 사용할 공간과 세대별로 있어야 할 공간이 무엇인지 의견을 모았다. 세대별 마을 공간으로는 아기 엄마를 위한 공간, 청소년 쉼터, 청장년·주부를 위한 사랑방과 주민 전체가 이용하는 마을도서관, 소극장 또는 대강당, 노인 작업장, 장애인 작업장 등의 공간이 필요하다는 데 인식을 같이했다.

주민들이 요구하는 이러한 공간이 모두 들어가기에는 LH공사가 제시한 300평은 턱없이 부족했다. 최소한 1,500평 이상이 필요했다. 이에 주민대책위원회는 LH공사가 제시한 300평은 국민영구임대단지 주민을 위한 세대별 공간으로 하고, 수곡동 주민 전체를 위한 공간을 추가로 요구하기로 했다. 마땅한 곳을 찾다 보니 LH공사가 관리하는 다른 임대아파트 단지에 있는 낡은 상가와 그 주변 공간이 눈에 띄었다. 그래서 그 상가를 리모델링하여 주민들에게 제공할 것을 요구했다. 그후 수차례에 거친 협상 끝에 LH공사로부터 자신들이 직접 짓는 것은 힘들지만 주민들이 공동체 공간 건립을 추진한다면 언제든지 부지를 제공하겠다는 약속을 받아내었다.

주민 자치의 거점, 마을공동체센터

"주민들이 바라는 공간이 다 들어가려면 면적이 커야 하는데 LH가 준다는 부지가 얼마나 되죠?"

LH와 최종 합의를 마치고 이어진 회의에서 주민자치위원장이 내게 물었다.

"LH공사와 정확한 것은 측량을 해봐야 한대요. 기존 상가와 주차장, 상가 뒤 놀이터와 공터를 포함하면 대지 면적은 충분할 것이라고 하던데요. 상가를 헐고 주변을 정리해서 다시 지으면 층수는 8층 정도, 총면적은 1,600평 규모의 복합건물이 가능하다고 합니다. 건축 비용은 철거, 설계비, 부대토목 다 포함해서 70억 정도면 충분하다고 하고요."

내가 대답하자 임대 단지에 사는 홍 통장이 궁금한 표정으로 나를 보고 말했다.

"그러면 그 층수를 우리가 다 쓰는 건가요?"

"기존 상가 면적 400평을 제하고 1,200평 정도가 우리가 쓸 수 있는 면적입니다. 여기에 주거복지동에서 확보한 300평을 합하면 1,500평 정도가 가능한 거죠."

내 말이 끝나자 홍 통장이 고개를 끄덕이며 말했다.

"그 정도면 충분한 것 같은데요."

그렇게 세대별 마을 공간의 크기에 대한 이야기를 마치고 공간 구성과 운영에 대한 원칙을 논의했다. 먼저 우리가 확보한 부지에 건립을 추진하는 세대별 마을 공간을 '(가칭)마을공동체센터'라 부르기로 하였다. 마을공동체센터는 수곡동 주민 전체를 위한 공유 공간과 각 세대별 공간을 포함하는 복합 공간으로 마을공동체 활성화를 위한 지역거점 센터로 만들기로 하였다. 센터의 규모는 8층, 연면적 1,600평 정도로 하고, 1층에는 넓은 라운지를 두고 카페와 편의점, 휴게실과 같은 주민 편의시설을 둔 개방형 공간으로 하고, 2층은 상가, 3층부터는 주민복지시설과 마을 주민이 사용하는 세대별 마을 공간으로 구성하기로 했다. 반드시 있어야 하는 세대별 마을 공간으로는 영유아 및 아기 엄마를 위한 육아지원센터, 청소년센터, 마을도서관, 소극장 또는 대강당, 노인 작업장, 장애인 작업장, 청년·장년·주부를 위한 사랑방을 정했다.

각 세대별 공간마다 어떻게 운영할지도 이야기를 나누었다. 장애인 작업장이나 노인 작업장, 청소년센터의 경우는 지자체가 운영하거나 관련 기관에 위탁하여 운영하는 것이 좋겠다는 의견이 많았다. 아기 엄마들을 위한 육아지원센터와 주부와 청장년들을 위한 주민사랑방은 지자체로부터 지원금을 받겠지만, 경로당처럼 사용하는 사람들이 운영하는 것이 좋겠다고 했다. 이를 위해서 세대별 마을 공간마다 그 구성과 운영에 마을 사람들이 참여하는 것이 중요하다는 데 인식을 같이했다. 센터 건물을 유지하고 관리에 들어가는 비용은 지자체가 지원하도록 요청하기로 했다. 마을공동체센터 앞에는 주민들이 언제든지 찾아 휴식을 취하고 마을 축제와 같은 공동체 행사를 하는 광장을 만들기로 했다. 그리고 마을공동체센터 건립을 본격적으로 시작할 때 주민공청회를 열어 이러한 원칙들을 다시 한 번 의논하여 결정하기로 했다.

마을공동체센터로는 부족해요.
골목마다 세대별 마을 공간이 필요해요!

마을공동체센터에 들어오는 세대별 마을 공간으로 청년, 장년, 주부를 위한 사랑방 이야기를 할 때였다. 우편집중국 뒤에 사는 김 통장이 말했다.

"센터에 사랑방이 있으면 정말 좋은데, 집에서 너무 멀어서 매일 가기 힘들 것 같아요."

이어서 홍 통장이 말을 받았다.

"맞아요. 하루에도 몇 번씩 들락거릴 텐데, 집 가까이에도 있었으면 좋겠어요."

그러자 한 아파트 대표로 참석한 어르신 한 분이 헛기침을 하면서 말했다.

"원래 사랑방은 동네마다 있어야 하는 거 아녀? 경로당처럼 아파트마다 하나씩 있으면 좋을 텐데 말이여."

두 통장과 어르신의 말에 사람들이 웅성거리며 말을 덧붙였다.

"맞아. 수곡동 주민 모두가 이용하기에는 하나로는 부족하지."

"그래도 한 곳이라도 생기면 좋지. 더 바라는 것은 욕심이야."

주민사랑방이 수곡동 곳곳에 있으면 좋겠다는 의견에 많은 사람들이 맞장구를 치며 동의했지만 현실적으로 가능하지 않기 때문에 하나라도 제대로 만들어보자고 약속하고 회의를 마쳤다.

회의를 마치고 주민 사랑방에 대한 생각이 계속 머릿속에 맴돌았다. 너무 멀어 다니기 힘들겠다는 두 통장님처럼 나도 사랑방이 생겨도 집에서 거리가 멀어 매일 드나들기 힘들 것 같다는 생각이 들었다. 이는 사랑방 가까이에 사는 주민들 이외에는 수곡동 주민들 모두가 마찬가지일 것 같았다. 공동체 활성화를 위해서 사랑방이 필요하고 사랑방은 주민들이 편하게 드나들 수 있게 집 가까이 있어야 한다면, 하나로는 부족하고 수곡동 여기저기에 여러 개가 있어야 한다는 생각이 들었다. 어떻게 하는 것이 좋을까? 사랑방을 만들어도 유지하는 것이 문제인데, 방법이 없을까? 이리저리 궁리하다 경로당처럼 아파트마다 있었으면 좋겠다는 어르신의 말이 떠올랐다.

'그래 경로당이 있었지!' 하는 생각과 함께 주민센터에서 지도를 펴보니 아파트와 골목마다 경로당이 있었다. 내가 사는 새터말을 떠올려 보았다. 새터말은 마을 한가운데 500년 묵은 느티나무와 경로당이 있고 그 주변으로 단독주택들과 원룸이 들어서 있는 마을로 수곡동에서 유일하게 자연마을의 정취가 남아 있는 곳이다. 느티나무와 경로당 주변의 빈집과 공터에 아기 엄마를 위한 놀이방과 주민사랑방이 생기면 어떨까 상상해보았다.

500년 묵은 느티나무를 중심으로 공터는 아이들의 놀이터가 되고 그 주변에 경로당과 아기 엄마들을 위한 놀이방, 주민사랑방이 있어 언제나 마을 사람들로 북적거린다. 언제나 아이들 노는 소리 가득하고 경로당 앞 느티나무 정자에는 어르신들이 앉아 아이들 노는 모습을 흐뭇하게 바라보고 있다. 경로당 바로 옆 놀이방에서는 아기 엄마들이 품앗이로 아기들을 함께 돌본다. 이러한 공동육아에는 경험 많은 경로당 할머니들이 적극 참여하고 있어 아기 엄마들이 늘 고마워하고 있다. 주민사랑방에는 낮에는 아주머니들이, 저녁이면 일터에서 퇴근한 아빠들이 모여든다. 사랑방에서는 이웃끼리 아이들 기르는 문제도 이야기하고 서로 사는 이야기도 나눈다. 마을 사람들의 애경사도 챙기고 마을의 대소사를 항상 의논한다. 대보름이나 단오 같은 명절이 다가오면 작은 마을 축제로 세시행사도 준비한다.

새터말 느티나무 주변에 옛집들이 빈집으로 있고 공터도 있어 청주시에서 이곳을 사거나 임대해서 공간을 마련해주면 나의 이런 상상이 충분히 가능해 보였다. 먼저 경로당이 언제 어떻게 생겼고 어떻게 운영되는지 자세히 알아볼 필요가 있었다. 바로 마을 경로당으로 찾아가 총무님을 만나 물어보았다.

"여기 경로당은 언제부터 있었어요?"

"잘 몰라. 예전부터 있었어. 원래 여기가 새터말 마을회관이었지 아마."

"여기는 어떤 분들이 오세요?"

"근처 사는 사람들이 오지. 경로당은 아파트마다 있고 골목마다 있

수곡2동 무터골 경로당 전경

어서 가까운 곳에 가면 돼."

"경로당 관리는 어디서 누가 하나요?"

"우리가 해. 회원들이 회장 총무 뽑아서 관리해. 내가 열쇠 가지고 문 열고 닫고 해."

"그럼 운영비는요?"

"구청에서 지원금 나와. 기름 값도 나오고. 동에서 후원도 나오고. 회비도 조금 걷고 그래."

경로당은 지자체의 지원을 받아 어르신들이 자치로 운영하고 있었다. 어르신들과 이야기를 나누고 나서 경로당의 설치 기준과 지자체의 지원 등이 더욱 궁금해졌다. 그래서 청주시 노인복지과에 문의하여 경로당 설치 기준과 법적 근거, 운영에 따른 지원 내역을 알아보았다.

그 결과 경로당은 「노인복지법」(제47조)에서 정한 노인여가시설로 반드시 설치하도록 규정되어 있음을 알게 되었다. 그리고 지방자치단체에서 이 법령에 따라 조례와 등록 지침을 만들어 설치와 운영을 지원하도록 하고 있었다. 일정 세대 이상이 사는 아파트 단지는 공동주택 규정에 따라 의무적으로 경로당을 설치하게 되어 있었고 도시지역의 동 주택가와 농촌지역인 읍·면은 지자체의 설치 기준에 따르게 되어 있었다.

청주시 경로당 설치 기준

구분		읍면	동	비고
규모(연면적)		노인 인구수 적용	100m^2 이내	
노인 인구	인구수	20명 이상	30명 이상	
	이용 정원	10명 이상	20명 이상	
거리 제한		1리당 1개소	반경 500미터 이상	
건물 형태		노유자 시설[5]		휴게실과 방 분리, 방 면적은 휴게실 면적에서 제외
시설 기준		거실(휴게실), 화장실, 전기시설		
설비 기준		거실 또는 휴게실 20m^2 이상		

위 표에 나타난 청주시 경로당 설치 기준을 보면, 읍·면 지역은 1리에 1개소, 동 주택가는 반경 500미터 거리를 두고 경로당이 있다. 청주시에는 총 1,043개소의 경로당이 있다. 수곡2동에는 10개의 경로당이 있는데 이 가운데 아파트 단지에 8곳, 일반주택단지에 2곳이 있다.

경로당 운영은 경로당을 이용하는 노인들의 자치로 이루어진다. 회원들이 회장과 총무를 뽑아 경로당을 관리하고 운영한다. 운영비는 지자체 지원비와 후원금으로 충당하고 있다. 표에서 2018년 청주시의 경

---

5. 노인 복지 및 편의시설.

로당 지원 예산과 항목을 보면 경로당 일반 운영비와 냉난방비, 양곡비, 신문구독료, 회장 교육비가 등이 있다.

청주시가 1년에 경로당 지원과 관련하여 사용하는 금액은 38억 7,800만 원이 약간 넘는다. 이 가운데 노래교실, 요가 같은 농촌지역 어르신의 여가활동 향상을 위한 순회 프로그램 인력을 지원하는 비용 1억 1,800만 원을 뺀 37억 6,000만 원이 경로당 운영과 관련한 지원금 총액이다. 경로당의 회원 수와 면적, 도시와 농촌의 차이 등으로 개별 경로당마다 보조금 액수가 다를 것이다. 다만 청주시가 경로당 운영비로 지원하는 총액 37억 6,000만 원을 청주시 경로당 수인 1,043으로 나누면 경로당 1곳에 지원되는 규모가 약 360만 원 정도임을 알 수 있다. 경로당마다 한 달 평균 약 30만 원 정도가 지원되는 것이다.

노인세대를 위한 경로당처럼 아기 엄마를 위한 놀이방과 주민사랑

2018년 청주시 경로당 관련 지원비

단위	편성 항목	예산액	비고
경로당 운영비 지원	경로당 운영비	1,638,000,000	사회복지사업보조
	신문구독료 지원	61,800,000	사무관리비
	회장 교육비 지원	24,900,000	사회복지사업보조
경로당 냉난방비 (양곡비 포함 등 지원)	경로당 양곡비(동)	148,200,000	사회보장적수혜금
	경로당 양곡비(읍, 면)	187,600,000	사회보장적수혜금
	경로당 냉방비	154,500,000	사회복지사업보조
	경로당 난방비	1,545,000,000	사회복지사업보조
	소계	3,760,000,000	
경로당 전담 인력 지원	경로당 순회 프로그램 관리 인력 지원	118,108,000	사회복지사업보조
	총계	3,878,108,000	

방도 가능해 보였다. 「노인복지법」에 노인의 여가시설을 필수적으로 설치하도록 한 것처럼 관련 법령을 정비하고, 그에 따라 정부와 지자체가 설치 및 운영비를 지원하면 된다. 경로당의 지원금이 1개소당 월 30여만 원 정도인 것을 볼 때 공간을 마련하는 초기 비용을 제하고 나면 운영에 따른 예산은 그리 많이 들어가지 않을 것으로 여겨진다. 중요한 것은 예산을 지원해야 할 지자체장이 공동체 활성화를 위한 세대별 마을 공간에 대한 의지가 얼마나 있느냐 하는 문제일 것이다.

아파트 단지와 주택가 골목마다 세대별 마을 공간을 마련하기 위해서는 법과 제도도 바꿔야 하고 행정도 바꿔야 한다. 그렇기 때문에 정부와 지자체, 정치권이 비전을 가지고 도시계획과 주택계획을 세울 때부터 세대별 마을 공간을 기획하고 배치하기를 바란다. 뜻이 맞는 분들과 힘을 모아서 앞으로 마을공동체를 활성화시킬 기반인 세대별 공간에 대한 주민들의 다양한 생각과 요구를 지속적으로 모아 정부와 지자체에 요구할 계획이다.

또한 임신한 여성과 가족들, 현재 아기를 가진 부모들, 청장년, 청소년, 노인세대 등이 각자의 처지와 조건에 맞게 '우리 마을에 이런 공간이 있었으면 좋겠다'는 목소리를 모으고 공동 행동 과제를 만들어가는 주민운동을 지속해나갈 것이다.

농촌 마을 살리기를 위한
세대별 마을 공간

유양우

농촌에 만들어진 청소년 돌봄 공간
-청소년 공부방

마침내 학부모들이 나서다

2017년 12월초 학산 청소년 공부방 학부모들과 교사들은 면민회관에 청소년 공부방 공간을 만들기 위해 면장실에서 면장과 주민자치위원장을 만났다. 전날 밤에 학부모들이 몇 명이나 올지 전화를 해보니 확실하게 온다는 사람이 두 명밖에 없어서 걱정이 되었다. 농촌에서는 농한기지만 젊은 사람들이 겨울에도 직장을 많이 다니고 있어 서운해도 어쩔 수 없었다.

다음 날 면사무소로 나갔더니 열한 명이나 나와 있어 깜짝 놀랐다. '오늘은 뭔가 되겠구나!'라는 생각에 기분이 좋아 저절로 웃음이 나왔다. 반가운 마음에 큰 소리로 인사를 했는데 학부모들은 면장과의 만남이 긴장되는지 대답 없이 어색한 미소만 지었다. 학부모들은 대부분 귀농한 지 얼마 안 됐거나 다문화 가정이라 면장을 만날 일이 많지 않아서인지 아니면 추위 때문인지 살짝 떨기까지 했다.

어색한 침묵이 흐르고 있을 때 갑자기 2학년 아이를 혼자 키우는 현수 아빠가 큰 소리로 이야기했다.

"내가 오늘은 할 말은 해야겠어요."

현수 아빠의 느닷없는 말에 모두 웃음이 터졌다. 긴장이 풀려 우리가 웅성거리며 떠들자 면장이 문을 열고 나오면서 반갑게 인사했다. 모두 자리에 앉고 나서 내가 먼저 말을 꺼냈다.

"오늘 면장님과 면담을 하자고 한 것은 청소년 공부방 때문입니다. 우리가 공부방을 시작한 지 4년이 됐지만 제대로 된 공간이 없어 많이 힘듭니다. 그래서 학부모들과 함께 얘기하러 왔습니다."

면장은 긴장한 얼굴로 말했다.

"잘 오셨어요. 이런 자리가 한 번도 없었는데 허심탄회하게 말씀해주세요. 면에서도 할 수 있는 것은 최대한 도와드리겠습니다."

면장의 말이 끝나자마자 현수 아빠가 몸을 앞으로 당겨 앉으며 말했다.

"저는 아이를 혼자 키우는 돌싱 아빠입니다. 지금 면민회관 공부방

면사무소에서 면장과 만남

에서 일주일에 세 번 아이들을 돌보고 있어서 처음에는 많은 도움을 받았지만 그것만으로는 힘들어요. 공부방 안 가는 날은 애가 혼자 있어요. 그래서 공부방 선생님들한테는 죄송하지만 할 수 없이 다른 면에 있는 지역아동센터에 보내고 있습니다. 아침에도 어쩔 수 없이 내가 출근하는 7시 30분에 같이 학교를 가요. 너무 일찍 학교에 가서 현수가 추워서 떨고 있는 것을 학교에서 알고 나서부터 기사님이 일찍 출근해 따뜻하게 해주신다고……."

현수 아빠는 목이 메여 더 이상 말을 하지 못했다. 자꾸 말을 하려고 하다 눈물만 흘렸다. 학부모들은 현수 아빠를 보며 눈물을 글썽거렸다. 나도 유난히 빵보다 밥을 좋아하는 현수가 생각나서 코끝이 찡했다. 나는 면장을 보며 이야기했다.

"우리 면에는 지역아동센터도 없고 아이들을 돌볼 공간이 없어요. 주민들이 우리 면 사정을 알고 자발적으로 아이들을 보살핀 게 벌써 4년째입니다. 그러나 주민들이 하는 데는 한계가 있어요. 국가에서 적극적으로 농촌 아이들을 위해 나섰으면 합니다."

현수 아빠와 내 이야기를 들은 면장은 고개를 끄덕이며 차분히 말했다.

"사정이 어려운 것은 안타깝지만 지역아동센터는 개인이나 법인이 해야 되는 일이라 면에서는 어떻게 도와줄 방법이 없습니다."

옆에 있던 주민자치위원장도 한마디 거들었다.

"아이들을 위한 공간이 필요하다는 것은 나도 알아요. 그런데 누군가는 올인을 해야 하는데 누가 하겠어요."

면장과 대책을 상의하고 싶어서 찾아갔는데 자신도 어쩔 수 없다며 자꾸 회피하는 면장의 태도에 실망스럽고 화가 났다. 하지만 이런 이야기만 듣고 그냥 갈 수는 없었다. 그동안 떠돌이처럼 여기저기 사무실을 옮겨 다니며 불안하고 서러웠던 날들을 더 이상 되풀이할 수 없었다.

다시 현수 아빠가 당찬 목소리로 말했다.

"면민회관에서 거의 사용하지 않고 있는 2층 도서관을 아이들 공부방으로 주세요. 아이들만의 공간이 있어야 맘 편히 공부를 할 거 아니에요?"

이어서 영어를 맡고 있던 지내리 재림교회 김 목사가 공부방에 필요한 것을 요구했다.

"아이들이 활동하는 데 재료도 많이 모자라요. 백보드판도 큰 것이 필요하고, 또 층간소음 난다고 어른들이 뭐라 하니 소음 방지 매트도 지원해주셨으면 좋겠어요."

현수 아빠와 김 목사의 얘기를 듣던 면장 얼굴이 점점 밝아지며 말했다.

"아! 그건 가능할 것 같아요. 지역의 많은 단체들이 서로 사무실을 달라고 아우성이지만 애들을 위해서 저희가 공간을 쓰시도록 조처하겠습니다. 그리고 백보드판과 학습 재료는 바로 지원하도록 하겠습니다."

대답을 듣는 순간 학부모와 교사들의 표정이 환해졌다. 면장은 앞으로 청소년 공부방이 안정적인 공간으로 운영될 수 있도록 최선을 다하겠다는 약속도 했다.

우리는 들어갈 때와는 다르게 편안하게 웃고 떠들며 면장실을 나왔다. 나이가 제일 많은 지은 아빠가 현수 아빠 어깨를 두드리며 말했다.

"현수 아빠 없었으면 어쩔 뻔했어. 오늘 잘했어."

"내가 혼자 말한 게 아니라 대표로 말한 거예요."

현수 아빠가 어깨를 으쓱이며 활짝 웃자 모두 잘했다고 박수를 쳤다.

나는 그동안 공부방 공간을 마련하려고 이리저리 뛰어다니며 고생한 일들이 봄눈 녹듯이 사라졌다. 오늘처럼 학부모들과 마음을 모으면 무엇이든 할 수 있을 것 같았다.

오늘 아이들 공간이 생기기까지는 많은 어려움이 있었다. 공부방을 시작한 처음 2년 동안은 면민회관에 있는 주민자치위원회 사무실을 임시로 빌려 썼다. 그리고 면민회관이 재건축되는 1년 반은 면사무소 휴게실과 면지 편찬위원회 회의실을 옮겨 다니며 공부방을 운영했다. 나는 여기저기 옮겨 다니면서 지역 사람들이 아이들에게 무관심할까 봐 두려웠다. 이런 공부방 공간마저도 없어지면 아이들이 갈 데가 없었기 때문이었다. 그래서 힘든 상황에서도 학습과 놀이, 지역 나들이를 꾸준히 하며 지역 사람들이 아이들에 대해 관심을 갖도록 노력했다. 그렇게 고생한 보람도 없이 작년 겨울 재건축된 면민회관으로 다시 옮겼으나 공부방 공간이 없어서 임시로 강당을 사용하고 있었다.

그러던 중 함께 강당을 사용하는 동아리 모임의 일부 어른들이 이기적인 행동을 해서 수업을 방해했다. 매년 진행하는 주민자치 발표회가 다가오자 마음이 급했는지 교사가 수업을 해야 하니 강당을 정리해달라고 부탁을 해도 기분 나쁜 표정으로 늦장을 부렸고 30분이나 늦게 나가는 일도 있었다. 그렇게 나가면서는 수업시간을 바꿨으면 좋겠다며 불평을 하기도 했다. 그 일로 교사와 아이들은 화가 났고, 더 이상 안 되겠다는 생각에 학부모들에게 그동안 아이들이 겪었던 일들을 이야기했다. 면민회관은 주민들이 주인이고 지역 아이들도 함께 쓸 수 있는 공간인데도 강당에서 노는 것이 시끄럽다고 해서 추위에 밖으로 나가는 일도 있었고, 시설에 문제가 생기면 아이들에게 따가운 시선을 보내 괜히 주눅 들게 만들었다. 한번은 분필로 마당에 그림을 그리고 놀다가 지저분하다고 혼났던 일도 있었다. 면민회관에서 아이들은 주인이 아니라 귀찮은 손님이었다. 이러한 사실을 알게 된 부모들이 아이들을 이렇게 두는 것은 아니라는 생각이 들었고 문제 해결을 위해 적극적으로 나서게 된 것이다.

여기 맨날 와서 놀아도 돼요?

면장과 면담을 하고 난 다음 날 나는 아이들이 빨리 보고 싶어서 평소보다 일찍 공부방으로 갔다.

"애들아, 그동안 우리 공부방이 없어서 불편했잖아. 오늘부터 여기는 너희들의 공간이야. 너희 엄마 아빠가 면장님을 만나서 여기를 쓰기로 약속을 받았어."

3학년 똑순이 지혜가 좋아서 박수를 치며 말했다.

"와~ 정말요?"

공부방 안 오는 날이면 놀 데가 없어 속상해하던 3학년 은석이도 웃으며 물었다.

"선생님! 그러면 우리 여기 맨날 와서 놀아도 돼요?"

5학년 여자아이들은 흥분했는지 벌떡 일어나서 말했다.

"선생님~~ 그러면 여기 크리스마스트리로 예쁘게 꾸며요."

아이들은 자기들의 공간이 생겼다는 기쁨에 소파 위에서 깡충거리

학부모와 번개 놀이마당-엄마, 아빠와 함께하는 윷놀이

며 뛰고 고학년 여자애들은 종이에 그림까지 그리며 공부방을 꾸밀 계획을 짜기도 했다.

며칠 후 저녁에 아이들과 부모, 교사들이 함께하는 번개 놀이마당을 열었다. 공간이 생기니 눈치 볼 필요 없이 편하게 모임을 할 수 있어서 좋았다. 저녁을 먹고 도토리 팽이치기와 윷놀이를 했다. 처음에 부모들은 어색해서 뒤에 앉아 있거나 핸드폰만 쳐다보고 있었다. 그러나 어른 대 아이 윷놀이로 분위기가 뜨거워지자 모두 달려들어 신나게 놀았다. 특히 막판에 아이들 편에서 세 번 모가 나와 역전이 되자 면민회관이 떠나가도록 소리를 질렀다. 그동안 바빠서 놀이를 못 했던 부모들은 아이들보다 더 신나게 소리를 지르며 놀았고 3월에도 놀자고 제안을 했다. 소극적이던 학부모들이 아이들 공간을 만들고 난 후 아이들과 놀이에 적극적으로 참여하려는 모습을 보며 공간이 얼마나 중요한지 다시 한 번 느낄 수 있었다.

주민이 함께 나선 청소년 돌봄

나의 귀농 이야기

놀이마당을 마치고 집으로 돌아오는 길에 아내가 흐뭇하게 웃으면서 나에게 말했다.

"여보, 우리 공부방 하길 잘한 것 같아. 오랜만에 옛날처럼 사람 사는 정이 느껴져."

아내의 이야기를 듣고 처음 영동에 귀농했을 때가 떠올랐다.

내가 대학을 졸업한 1990년대는 대학만 나오면 취직 걱정이 없었던 때였다. 그러나 학생운동을 했던 나는 농촌 살리기를 꿈꾸며 귀농을 하였다. 1990년대 초 농촌에 들어왔을 때 마을 사람들은 기쁠 때나 슬플 때나 함께하면서 가족처럼 정을 나누고 살았다. 한 집안 잔치는 온 마을 잔치가 되어 잔칫날이 다가오면 마을 젊은이들이 다 같이 모여 돼지를 잡느라 마을이 시끌시끌했다. 아이들은 부침개를 얻어먹으려고 잔칫집 마당을 참새가 방앗간 들락거리듯 하였고 난 마을에서 막내라 심부름하느라 힘들었지만 내 잔치처럼 신이 났다. 장례도 마찬가지였다. 집에서 초상을 치르니 온 마을 사람들이 손님을 받았다. 산소 자리도 마을 젊은 사람들 손으로 일일이 삽질을 해서 만들었다. 그런 과정들을 함께하니 자연스럽게 형제처럼 지내게 되었다.

나는 피붙이 하나 없는 낯선 마을에 들어갔지만 마을 사람들은 젊을 때 벌어야 한다며 나와 아내를 불러 농사일도 가르치며 품삯을 주었다. 그래서 우리는 돈벌이를 할 수 있었고 이듬해 포도밭을 얻어서 농사를 지을 수 있었다. 하루 일이 끝나면 마을 형들은 사랑방으로 날 불러 막걸리 한잔을 건네며 밤늦도록 이야기꽃을 피웠다. 그래서 나는 정을 붙이고 살 수 있었고 가난해도 행복하고 재미있었다.

20여 년이 지난 지금은 마을이 완전히 달라졌다. 마을의 크고 작은 일들이 마을 사람들 손을 떠나버렸다. 결혼식 피로연을 뷔페에서 하고 장례는 장례업체에서 처음부터 끝까지 다 하니 옛날에 비해 편해졌다고 아줌마들은 얘기하지만 한편으론 서운해했다.

지금처럼 마을의 공동체 문화가 무너진 것은 여러 가지 이유가 있지만 가장 심각한 것은 사람들이 없기 때문이다. 우리 면 인구는 1970년대에는 1만 2,000명까지 살았다고 하는데, 지금은 2,990명(2016년 기준)이고 그 가운데 영유아 인구는 8명으로 마을에 아기가 한 명도 없는 곳이 많다. 60세 이상 노인은 1,760명이고 초등부터 고등학생까지는 99명이니까 노인인구가 아동, 청소년 인구에 비해 약 17배가 넘는다. 형편이 이렇다 보니 아이들은 친구와 놀 수가 없고 혼자 방치되는 시간이 많아져 게임과 휴대폰으로 쉽게 빠져든다. 아기를 키우는 엄마들도 수다를 떨 수 있는 사람이 없어 산후우울증에 시달리는 것을 주변에서 쉽게 볼 수 있다. 그래서 아기를 키우는 부모들은 집을 구해 유치원부터 아이들 많은 곳으로 이사를 가고 아빠들은 출퇴근을 한다. 결국 면 단위에 남아 있는 대부분의 영유아는 다문화 가정의 아이들이다. 이렇게 무너지는 농촌이 안타까웠지만 혼자 어떻게 해야 할지 몰라 엄두를 내지 못했다. 그러던 내가 지역과 사람들에게 관심을 갖고 뭔가 해야 되겠다고 생각한 것은 우리 아이들에게 사건이 생기고부터였다.

왕따 문제로 다시 시작한 공동체운동

2002년 월드컵으로 온 나라가 떠들썩할 때 우리는 학산면으로 이사를 했다. 내가 살던 황간은 농사지을 땅을 구하기 어려워 땅이 넓은 학산면으로 옮겼다. 그때 초등학교 입학을 앞두고 있던 큰아이는 정들었던 마을 언니들과 헤어져 고향을 떠나자 힘들어했다. 거기다가 입학 전에 한글을 가르치지 않았는데 담임은 한글을 모르는 아이들을 학습부진아 취급을 했다. 그런 교사의 태도는 왕따로 이어졌다. 처음에 큰아이의 왕따 사실을 알았을 때 많이 당황스러웠다. '우리 부부가 뭘 잘못한 거지?' 죄책감에 시달렸지만 학교에서 해결해주겠지 하는 마음에 담임만 믿고 기다렸다.

시간이 지나도 해결될 기미가 보이질 않아 아내와 함께 가해 아이 엄마들을 찾아가서 도와달라고 부탁했다. 엄마들은 아이들끼리 잘 지내도록 하겠다고 했지만 결국 엄마 탓이라며 아내도 문제 엄마가 되어 엄마들 사이에서 왕따가 되었다. 그렇게 시간이 흘러 학년이 바뀔 때마다 담임을 찾아가 하소연했지만 담임 교사들은 자신을 믿고 기다려달라고만 했다. 아이는 어느덧 3학년이 되었고 왕따는 계속됐다. 해결될 기미가 보이지 않아 할 수 없이 큰아이는 상처만 받고 다른 학교로 전학을 갔다. 다행스럽게도 큰아이는 전학 간 학교에서 친구들과 재미있게 학교를 다녔다. 그렇게 우리 가족은 왕따 문제가 해결됐다고 생각했다.

그런데 막내가 6학년이 되면서 학교를 안 가겠다고 아침마다 골을 부렸다. 혼내기도 하고 달래도 보았지만 아이는 말을 듣지 않았다. 그러던 어느 날 학교를 가지 않겠다고 버티는 아이를 혼내다가 아이 말을 듣고 깜짝 놀랐다.

"나랑 아무도 말을 안 해. 투명인간 취급한다고."

왜 이런 일이 자꾸 생기는지 이해할 수가 없어 한없이 자책만 했다. 그러나 큰아이 때처럼 포기하고 피할 수는 없었다. 이번만큼은 왕따 문제를 해결하고 싶어서 여기저기 알아보고 책도 찾아봤지만 해결책이 보이지 않았다. 모든 것이 내 탓인 것 같아 아이들을 제대로 쳐다볼 수 없었다.

절망적인 상황에서 평소 알고 지내던 마을배움길연구소에서 학교폭력과 왕따 문제에 대해서 연구하고 책을 냈다는 것을 알게 되었다. 반가운 마음에 학교폭력 예방 프로그램 도움을 요청하여 평화샘을 만나게 되었다. 그것은 우리 부부에게는 한 줄기 빛이었다.

평화샘 선생님들과 만나면서 학교폭력이 아이들에게 이미 문화가 되었다는 것과 계급사회에서나 나오는 엄청난 폭력이 교실에서 일상적으로 이루어지는 현실을 알고는 충격으로 며칠 밤을 뜬눈으로 지새웠다. 아이들 세계를 알면 알수록 그동안 내가 너무 무관심하고 무지한 아빠였다는 사실을 알게 됐다. 그래서 나는 가해자 부모들과 만나게 해달라고 담임에게 부탁했다. 담임은 학기 초라 바쁘다는 핑계로 계속 피하기만 했다. 더 이상 기다릴 수 없어 가해 아이 부모들에게 직접 연락해서 학교에서 만났다. 부모들의 만남을 지켜보고 있던 아이들의 표정을 지금도 잊을 수가 없다. 가해 아이들은 우리 부부 눈치를 살피면서 창가에서 기웃거렸다. 가해 아이 엄마들은 처음엔 자기 아이에게 피해가 갈까 봐 말을 안 하고 있었다.

"제가 엄마들을 만나자고 한 것은 책임을 추궁하려는 것도 아니고 아이들을 처벌하겠다고 이야기하는 것도 아닙니다. 애들을 키우는 부모 입장에서 문제를 같이 풀어보자고 하는 겁니다."

아내의 눈물 어린 호소에 엄마들은 조금씩 마음의 문을 열었다. 그동안 막내가 왕따당했던 일들을 적어 엄마들과 함께 읽었다. 읽으면서 우는 엄마들도 있었고, 끝까지 거부하며 자기 아이만을 보호하는 엄마도 있었지만, 대부분의 엄마들은 미안하다며 나와 아내에게 사과했다. 그 가운데 미경이 엄마는 화장실을 가다가 막내를 보자 손을 꼭 잡고 말했다.

"우리 미경이 때문에 많이 힘들었지. 정말 미안해."

미경이 엄마는 눈물을 흘렸고 막내는 그 모습을 보며 대답했다.

"괜찮아요. 아줌마."

그때 막내는 가슴속에 뭉쳐 있던 커다란 뭔가가 쑥 내려가는 것 같았다고 했다. 그렇게 막내는 상처를 치유하기 시작했고 자신감을 찾았다. 막내의 왕따 사건을 겪은 후 나와 아내는 지역 아이들에게 관심을 갖게 되었고, 우리 아이처럼 왕따를 당하는 아이가 없도록 지역에서 적극적으로 나서야겠다는 결심을 했다.

지역에서 관심을 갖고 주위를 살펴보니 내가 생각했던 것보다 한부모나 조손가정이 많았다. 왕따는 소외받는 아이들에게 언제든지 일어날 수 있기에 그 아이들을 돌봐야겠다는 생각을 하게 되었다. 결심은

했지만 지역 사람들한테 아이들 교육 이야기를 꺼내기는 쉽지 않았다. 그동안 아이들 교육은 주로 엄마가 하는 일이라 생각을 하고 살아서인지 입이 잘 떨어지지 않았다.

그러던 어느 날 면사무소에서 고등학생 아들을 둔 규현 형님과 우연히 만나 커피 한잔을 하며 이런저런 이야기를 하게 되었다. 형님이 먼저 말을 꺼냈다.

"요즘 애들 참 걱정돼. 저 로터리식당 아들이 맨날 혼자 면을 돌아다니는 걸 보니 참 안됐어."

친구 없이 혼자 다니는 아이를 보며 걱정하는 말을 꺼냈다.

나는 그 순간 '이때다' 싶어 얼른 맞장구를 쳤다.

"형님, 나도 걱정이에요. 우리 아랫마을에 할아버지 혼자 키우는 아이가 있는데 맨날 게임만 한다고 마을 사람들이 걱정하는 소릴 들었어요. 그런 애들을 돌보는 공간이 있었으면 좋겠는데."

"나도 그런 생각은 들지만 우리가 뭐 어떻게 할 수 있겠어. 동생은 생각한 거 있나?"

"저도 어떻게 할지 잘 모르겠지만 지역에서 어려운 애들을 돌보는 공간을 만들면 좋겠어요."

규현이 형님과 나는 수다를 떨다 우리가 할 수 있는 작은 일부터 해보자고 마음을 모았다. 우리 말고도 이런 생각을 하는 사람들이 있는지 찾아보고 학산 장날 순대집에서 모이기로 했다. 그다음 장날, 순대집에서 나, 규현이형, 옆 마을 사는 동진이 등 여섯 명이 모였다. 그날은 아이들을 돌본다는 것은 좋은 일이니 사람들을 더 모아서 제대로 해보자고 약속을 하고 기분 좋게 헤어졌다.

며칠 후 첫 모임을 하기 위해 면민회관을 가는데 왠지 뭉클했다. 나의 제안에 선뜻 나서준 사람들이 고마웠다. 우리 부부가 가장 먼저 도착해서 기다리는데 문이 열릴 때마다 그렇게 반가울 수가 없었다. 나도 모르게 일어나 손을 잡았다. 모임에 10명이 나왔는데 초등 학부모도 있었지만 대부분 지역에 애정이 많은 50대 아저씨들이었다. 첫 모임인데도 모두들 열정이 넘쳐 면민회관 문 닫을 때까지 시간 가는 줄 모르고 얘기했다.

모임 이름은 학산중학교 앞 넓은 들 이름을 따서 '비아들 부모모임'이라고 정했다. 모임 이름을 정하고, 지역 아이들하고 친해지자는 의견이 나왔는데 아이들과 어떻게 친해져야 할지 막막했다. 그러자 모임에 참여했던 중학생 학부모 한 사람이 요즘 중학교에서 토요일마다 방과후활동으로 축구를 하고 있으니 그 아이들과 친선 경기를 하자고 했다. 경기 후에는 아이들이 좋아하는 자장면도 함께 먹기로 했다.

아이들과 처음으로 축구 하는 날 이야기를 듣고 주민자치위원장과 면장 그리고 지역 어르신들이 나와서 격려해주었다. 덕분에 분위기가 한껏 들떠서 중학교 운동장은 아이와 어른 소리로 들썩거렸다. 나는 오랜만에 아이들과 함께 흠뻑 땀을 흘리고 중학생으로 돌아간 듯 신나게 소리를 지르며 축구를 했다. 끝나고 나서 아이들과 함께 자장면을 먹으며 이야기를 나누었다. 처음엔 어색해하던 우리 마을 3학년 정열이가 먼저 얘기했다.

"어른들이 우리와 함께 논다는 게 처음 겪는 일이라 솔직히 어리둥절했어요. 그런데 이렇게 놀고 나니까 기분 좋고 무언가 든든하다는 생각도 들고 그래요."

1학년 재구가 맞장구를 쳤다.

"맞아, 어른들이랑 노는 게 이상했는데 지금은 기분 좋아요."

70대인 주민자치위원장은 인자한 표정으로 아이들과 우리를 바라보며 말했다.

"참 보기 좋습니다. 어른들이 아이들과 함께 놀고 그러면서 오늘 처음이지만 뭔가 지역이 활성화될 것 같습니다."

그날 비아들 부모모임은 아이들과 한마음이 되어 즐겁게 하루를 보냈고 이후 축구도 하고 대전으로 프로축구 경기도 구경하러 다녔다. 축구를 함께했던 중·고등학교 남자아이들과 어디서 만나든 반갑게 인사를 할 정도로 가까워졌다. 모임 사람들은 몇 명의 아이들만이 아니라 지역 전체 아이들을 돌볼 수 있는 방법을 찾자고 했다. 그래서 뭘 할까 고민하다 우리와 비슷한 면 단위에서 아이들을 돌보고 있는 지역으로 견학을 가자는 이야기가 나왔다.

공동체의 시작은 공간 만들기-안남면 도서관 견학

실제로 보고 배우기로 했지만 어른들이 지역 아이들을 돌보는 지역을 찾기는 쉽지 않았다. 회의를 하면서 이리저리 깊이 조사를 하다가 우리 같은 면 지역에서 공동체를 살리기 위해 노력하는 옥천 안남면의 배바우 작은 도서관을 가기로 했다. 안남면은 지역공동체를 살리기 위해 10년 넘게 장터도 열고 지역신문도 내며 작은 도서관을 지어 지역 아이들을 돌보는 곳이었다. 늘 부러웠는데 지역 사람들과 함께 배우러 가니 가슴이 설렜다.

2013년 초 화창한 봄날, 만나기로 한 소방서 앞으로 약속 시간보다 일찍 나갔다. 햇살이 너무 좋아서 기뻐해야 할지 좋은 날에 일을 못하게 하는 걸 미안해해야 할지 헷갈리는 날씨였다. 바쁜 봄철이라 차가 텅텅 비면 어쩌나 하며 속을 태웠다. 그러나 그것은 쓸데없는 걱정이었다. 주민자치위원장, 교육에 관심이 많은 주민자치운영위원장과 모임 사람들로 금세 자리가 꽉 차 차가 1대 더 가야 했다. 견학을 가는 차 안은 수학여행을 가는 아이들처럼 시끄럽고 들떠 있었다.

1시간 정도 달려 드디어 목적지에 도착했다. 면 입구 길가 옆에 아담하고 예쁘게 세워진 도서관은 멀리서 봐도 아이들 도서관이었다. 미리 나와 반갑게 맞아주는 관장은 검게 그을린 얼굴과 악수할 때 느꼈던 거친 손가락 마디로 농사꾼이란 걸 알 수 있었다. 지역 돌봄을 배우러 간 우리들은 도서관을 주민들이 만들었다는 이야기를 듣고 부러워하며 질문을 쏟아냈다. 먼저 활달하고 적극적인 주민자치운영위원장이 물었다.

"주민들이 도서관 만들기가 쉽지 않았을 것 같은데 어떻게 만드셨어요?"

도서관장은 우리를 여유 있게 둘러보며 느긋하게 대답했다.

"처음에 우리도 아이들을 돌보고 싶었는데 공간이 없어서 막막했어요. 공간이 우선 확보돼야 그다음이 있잖아요. 우리도 여러분처럼 맨날 모이고 그랬어요. 그런데 마침 삼성에서 농어촌 지역에 작은 도서관을 만들어준다는 거예요. 그래서 신청을 했고 지역단체가 나서 도와주면서 땅도 생기고 해서 만들게 되었어요."

진지하게 듣고 있던 주민자치위원장이 물었다.

"만들고 나서 가장 보람된 일은 뭡니까?"

관장은 빙그레 웃으며 자랑스러운 표정으로 대답했다.

"마을에 다문화 가정이 있는데 가정 불화로 엄마는 집을 나갔고 혼자 남은 아버지는 홧김에 매일 술을 먹다 보니 알코올 중독자가 되어 아이를 방치했어요. 그러니 아이는 돌봄이 전혀 되지 않아 정상적인 학교생활이 안 되고 왕따가 되었죠. 이를 보다 못한 마을 어른들이 도서관으로 데려왔습니다. 처음에는 아이가 도서관 구석에서 웅크리고 앉아 나오질 않았어요. 그래도 아이들과 어른들이 반갑게 인사해주고 음식도 같이 먹고 하면서 한두 달 정도 되니까 아이들과 어울려 놀기 시작하고 그림도 그리고 하면서 서서히 변해갔어요. 왕따에서 서서히 벗어나고. 그렇게 아이가 변하기 시작하니까 한 날은 아이 아빠가 와서 눈물을 줄줄 흘리면서 '고맙습니다. 내가 바보 같아 아이를 이 지경을 만들었는데 이렇게 도와주어서 고맙습니다. 이제 다시는 술 먹지 않고 열심히 살겠습니다.' 하고 다짐했어요. 그분 지금까지 술 안 먹고 잘 지내고 있습니다."

이야기가 끝나자 너도나도 고개를 끄덕이며 박수를 쳤다. 지역사회에서 아이들을 보살피는 것이 얼마나 중요한지를 깨닫는 순간이었다. 돌아오는 길에 주민자치위원장과 사람들은 안남면사무소 앞 주민광장과 금요장터를 둘러보고 우리 면에도 이런 게 있으면 좋겠다고 부러워했다. 학산면에 도착하자 주민자치위원장이 내 손을 잡으며 말했다.

"자네가 왜 안남면에 우리를 데려갔는지 알 것 같네."

주민자치위원장 말을 들으며 나는 가슴이 뭉클해졌다. 살면서 오랜만에 지역 사람들과 지역에 대한 꿈을 꾸게 되었다는 사실이 참 좋았다.

지역 아이들의 첫 번째 돌봄 공간-청소년공부방

배바우 작은 도서관을 다녀온 사람들은 어려운 지역 아이들을 돌보기 위해 공부방을 열기로 마음을 모았다. 학원처럼 성적을 올려주는 공부가 아니라 지역 역사문화를 배우는 공부방을 운영하기로 했다. 주민자치위원장은 아이들을 위해 주민자치위원회 사무실을 임시 공간으로 활짝 열어주었고 모임 사람들은 학부모들의 목소리를 듣기 위해 설문지를 만들었다. 설문지는 알고 지내던 학부모들에게도 받고 마을 학부모들에게 받기도 했다. 30부쯤 받았는데 예상했던 대로 학부모들은 영어, 수학에 대한 학교 공부를 도와주기를 바랐다. 아이들을 모으려면 부모들의 생각을 무시할 수 없어 겨울방학을 이용해 영어캠프를 열기로 했다. 면에 현수막을 걸고, 학부모들이 잘 다니는 농협마트와 면사무소 들어가는 입구에 전단지를 붙였다. 전단지를 농협 앞에 붙이는데 30대 초반의 엄마가 반가운 목소리로 물었다.

"어머, 학산에서 이런 것도 해요?"

우리 면에도 아이들을 위해 이런 일들이 있다는 것을 신기해하며 말을 걸었다. 그 엄마의 반응에 내심 사람들이 많이 올 것 같은 기대가 되었다. 그런데 기대와는 다르게 영어캠프 날짜가 다가왔지만 신청하는 사람은 한 명도 없었다. 영어캠프를 여는 날 학부모, 면 복지계장, 군 의원, 부면장, 주민자치위원장 등을 초대했기 때문에 입술이 바싹바싹 타 들어갔다. 걱정이 된 모임 사람들은 몇 명이라도 신청하면 무조건 시작하자고 했다. 마감 전날 확인을 해보니 초등학생 3명만 확실하게 오겠다고 했다. 많은 아이늘이 신청을 한 것은 아니지만 우리는 3명이라도 일단 시작하자고 하며 서로를 다독였다.

2014년 1월, 햇볕이 따뜻했던 영어캠프를 여는 첫날.

면민회관 2층 임시 교실에서 아이들을 맞이할 준비를 하고 있었는데 시간이 되자 갑자기 아래층에서 웅성거리며 아이들과 부모들이 올라오는 소리가 들렸다. 전날까지도 신청자가 3명밖에 없어서 걱정을 했는데 초등학생부터 고등학생까지 많은 아이들이 들어와서 깜짝 놀랐다. 초등학생 16명, 중고생 10명, 부모들, 면 관계자들로 마치 잔칫집처럼 북적거렸다. 그리고 군 의원은 아이들을 위해 화이트보드를 기증했다. 영어캠프 교실에 앉은 아이들은 지역 어른들의 많은 관심에 어리둥절하며 두리번거렸다. 어른들은 흐뭇하게 애들을 바라보며 한마디씩 했다.

"와! 많이 모였네."

"학산에도 애들이 이렇게 많아?"

아이들이 영어 수업을 시작하자 어른들은 자리를 옮겨 간담회를 가졌다. 주민자치운영위원장과 부면장은 이런 자리를 마련해서 고맙다며 앞으로 적극 도와주겠다고 약속해 학부모들에게 많은 박수를 받았다. 나는 일시적인 캠프가 아니라 지속적으로 지역에서 아이들을 함께 돌보자는 제안을 했고, 부모들은 그렇게 됐으면 좋겠다고 환영했다. 영어캠프에 영어 재능기부를 하기도 한 지내리 재림교회 이 목사가 있는 교회에서도 80대 어르신들이 몇 분 오셨다. 어르신들은 환한 미소를 지으며 봉투를 주셨다. 한 자 한 자 정성스럽게 눌러쓰신 '감사합니다'라는 글씨를 보는 순간 울컥했다. 어르신들은 비아들 부모모임 사람들에게 진심을 다해 말씀하셨다.

"학산에서 처음 있는 일입니다. 아이들을 위해 이렇게 나서주셔서 고맙습니다."

고개를 깊이 숙여 공손히 인사를 하시는데 너무 고마워서 코끝이 찡했다. 손녀를 보낸 할머니가 내 손을 꼭 잡으며 말씀하셨다.

"애들을 위해서 끝까지 애써주세요."

나와 모임 사람들은 지역 어르신들의 격려를 받으니 무척 기쁘고 힘이 났다. 처음에 지역 아이들을 돌보자고 사람들에게 이야기했을 때만 해도 될 수 있을까 하며 수없이 망설였는데, 이렇게 시작하게 되니 꿈꾸는 것만 같았다. 특히 어르신들이 끝까지 포기하지 말고 힘써달라고 한 말은 지금도 가슴속에 남아 큰 힘이 되고 있다. 운동을 하면서 이렇게 따뜻하게 환영받고 시작한 건 처음이었다. '운동은 힘들고 어려운 일이라고 생각했는데 이렇게 하면 되는구나.' 하고 느낀 행복한 하루였다. 집으로 돌아와 밤하늘을 보니 유난히 환한 보름달이 떠 있었다. 나는 달을 보며 '아무리 어렵고 힘든 일이 있어도 절대로 아이들을 포기하지 않겠다'고 결심했다.

아이들 세계를 알게 해준 비석치기

모임 사람들은 영어캠프를 성공적으로 끝내고 부모들의 뜨거운 지지를 받으며 공부방을 만들기 위해서 노력했다. 주민자치위원회는 영어캠프로 썼던 주민자치위원회 사무실을 공부방으로 계속 쓸 수 있도록 부탁하자 선뜻 허락해주었다. 가장 중요한 공간이 생기자 모든 일이 빨라졌다. 영어캠프에 참여했던 아이들은 모두 공부방을 다니겠다고 했다. 새 학기에 맞춰 공부방을 열기 위해 모임 사람들이 정신없이 뛰어다녔다. 날마다 회의를 하며 하나하나 만들어나갔다. 막상 시작하니 여러 가지가 어려웠는데 교사를 구하는 일이 가장 힘들었다. 영동읍에서 거리가 먼 여기까지 재능기부를 하러 오는 교사를 찾기란 모래밭에서 바늘 찾는 것만큼 어려웠다. 마치 창문 없는 방에 갇힌 것처럼 답답했다. 결국 오랜 시간을 헤매다 영어캠프 때 영어 재능기부를 했던 지내리 재림교회 이 목사가 영어를 재능기부하기로 했고 사모는 수학 재능기부를 하기로 했다. 그때부터 일이 풀리기 시작했다.

　도청에서 진행하는 지역 역사 답사 프로그램도 하게 되면서 공부방은 일주일에 3일을 하기로 했다. 산 넘어 산이라고 하더니 공부방 운영은 할 일이 너무 많았다. 수업도 하고 간식도 챙겨줘야지, 귀가 차량도 운행해야지, 4월이 되자 모임 사람들은 바빠서 정신이 없었다. 모임 사람들이 대부분 농사를 짓고 있어서 시간이 지나자 힘들어했다. 나는 학부모들에게 도움을 요청했지만 어떤 분들은 학원처럼 성적만 올려주길 바라며 관심이 없었고, 어떤 분들은 귀농한 지 얼마 안 되거나 경제적으로 형편이 어려워 마음의 여유가 없었다. 자원봉사로 참여한 모임 사람들은 학부모들과 주민들의 무관심한 모습에 실망이 쌓였고 하나둘씩 그만두기 시작했다. 결국 1년도 못 돼서 지내리 재림교회 이 목사 부부와 우리 부부 그리고 교회 신도들 몇 명만 남게 되었다. 공부방을 시작한 지 1년도 되지 않아 그만두어야 할 위기에 맞닥뜨리자 정말 당황스러웠다. 아이들을 생각하면 차마 그만둘 수 없어 하루하루가 힘든 나날이었다.

　어른들의 모습도 힘들었지만 나를 더욱 힘들게 했던 것은 무기력한 아이들 모습이었다. 처음에는 기대감을 갖고 왔던 아이들이 영어와 수학 중심으로 수업만 하자 점차 흥미를 잃어갔다. 아이들에게 도움이 되고 싶어 시작한 일인데 아이들의 무표정한 얼굴을 보니 속이 바짝 바짝 타 들어갔다. 시간이 지날수록 아이들과 한 공간에 있지만 서로 다른 세계에 있는 사람처럼 멀게만 느껴졌다.

'내가 뭘 잘못하고 있나?', '어떻게 해야 아이들과 가까워질 수 있을까?' 많은 고민을 했지만 방법을 찾을 수 없었다. 고민 끝에 마을배움길연구소 문재현 소장에게 아이들과 가까워지고 싶은데 어떻게 해야 될지 모르겠다고 상담을 했다.

"아이들과 관계가 깊어지고 싶으면 아이들의 세계를 알아야 하고, 그건 놀이를 통해서 하면 됩니다."

문 소장 이야기를 듣고 희망이 보이는 것 같았다. 그런데 바로 놀이를 시작하지 못하고 주춤거렸다. 아이들과 축구만 했지 즐겁게 놀아본 경험이 없어서 어떻게 시작해야 할지 어려웠다. 그러던 중에 9월에 초·중학교 애들을 데리고 옥천으로 정지용 역사 탐방을 가게 되었다. 교사들과 답사 준비를 하면서 내가 어릴 때 즐겁게 놀았던 비석치기가 떠올라 이번 답사 때 한번 놀아보자고 했다. 모두 좋다고 했다. 가족들과 마을 앞 도랑에서 비석을 주워서 가져갔다. 정지용이 다니던 죽향초등학교에서 처음으로 놀이를 시작했다. 지금도 놀이한 첫날을 잊을 수가 없다. 비석치기를 하기 전에 아이들이 안 논다고 하면 어쩌나 싶어서 조심스럽게 물었다.

"애들아, 너희 비석치기 해봤니?"

그러자 공부방에 들어와 몇 개월간 말 한마디 없던 5학년 은지가 귀찮은 듯 물었다.

"비석치기가 뭐예요?"

처음 듣는 은지의 목소리였다. 너무나 반가워 큰 소리로 얘기했다.

"비석치기는 서로가 편을 나눠서 돌을 던져서 넘어뜨리는 거야."

학부모와 번개놀이마당-엄마, 아빠와 함께하는 윷놀이

비석치기가 시작되자 뒤에서 지켜보던 은지는 비석이 빗나가거나 부딪칠 때마다 비명과 환호성을 지르며 즐거워했다.

"야! 맞았다!!"

"와~ 아싸!!"

4학년 현석이가 처음으로 비석을 넘어뜨리자 모두가 운동장이 떠나 갈 듯 환호성을 질렀다. 마치 월드컵 축구에서 4강에 올라갔을 때처럼 서로 안고 발을 구르고 난리법석을 떨었다.

시시하다고 비석치기를 안 하고 그네만 타고 있던 중학생들은 아이들의 함성에 눈을 동그랗게 뜨고 놀라서 쏜살같이 달려왔다. 우리는 3시간을 넘게 비석치기를 하며 한바탕 놀았다. 시간이 지나 노을이 질 때쯤 아이들에게 말했다.

"얘들아. 이제 가야겠다. 이러다 한밤중에 가겠어."

그러자 땀에 흠뻑 젖은 은지가 큰 소리로 외쳤다.

"선생님 집에 가면 재미없어요. 10분만 더 놀아요."

'아! 얼마나 듣고 싶었던 말인가.' 공부방 시작하고 처음으로 집에 가기 싫다는 얘기를 들었을 때 하늘을 나는 기분이었다. 늘 집에 언제 가느냐며 날 힘 빠지게 했던 아이들이었다.

작은 비석 하나로 이렇게 되다니! 말없고 조용하던 아이들이 참새처럼 재잘거리고 아이돌 노래를 목청껏 부르는데 마치 마술에 걸린 것 같았다.

그날 밤 나는 놀이가 아이들과 친해지는 데 큰 힘이 된다는 사실을 절실하게 깨달았다. 마치 죽다 살아난 기분이었다. 놀이는 무기력에 빠졌던 나에게 새롭게 시작할 수 있는 힘이 되었다.

돌봄과 농사는 오랜 기다림

죽향초등학교를 다녀온 후 아이들과 관계가 좋아지자 나는 다른 사람이 그만두어도 끝까지 공부방을 할 수 있겠다는 자신이 생겼다. 그동안 공부방이 위기라고 느끼면서도 모두가 그만둘까 봐 차마 말을 꺼내지 못했는데, 모임에 대한 자기 생각을 솔직하게 이야기해보자는 제안을 했다. 오랜만에 운영위원회가 열려서인지 모두 참석했다. 다들 어두운 낯빛으로 앉아 있었다. 만나자고 한 내가 먼저 말을 꺼냈다.

"다들 아시겠지만 지금 공부방이 힘들어요. 사람들도 많이 나가고 남은 분들도 정말 어렵게 봉사하고 계시다는 것 잘 알고 있습니다. 어떻게 하고 싶은지 서로 솔직하게 얘기를 나눴으면 합니다."

가장 열심히 참여하고 있는 30대 이 목사가 먼저 말을 꺼냈다.

"처음에 이곳에 왔을 때 교회 아이들을 보며 마음이 아팠어요. 갈데도 없이 집에만 있는 아이들을 돕기 위해 시작한 일인데 여기까지 왔네요. 저는 몇 분이라도 하신다면 남아서 끝까지 돕고 싶어요."

힘들 때마다 포기하지 않는 이 목사가 고마웠다. 그때 귀농해서 블루베리 농사를 짓고 있는 별이 아빠가 말을 꺼냈다.

"제가 농촌에 와서 살아보니 뭐든 쉽게 되는 게 없었어요. 저는 5년 차인데 이제 겨우 작년부터 블루베리 수확을 조금씩 하고 있어요. 그래서 생각해봤는데 이 일은 좋은 일이니까 그만두지 말고 계속했으면 좋겠어요. 포도나무도 한 3년은 고생해야 포도가 나오잖아요."

서로 한동안 말이 없었다. 귀농한 지 2년 된 간식 담당 미숙 씨가 긴 침묵을 깨고 이야기했다.

"저는 이제 귀농한 지 얼마 되지 않아 이 일을 함께하기는 너무 힘들어요. 아이들을 생각하면 계속하고 싶지만 제가 자리가 잡히면 그때 할게요."

어렵게 이야기를 꺼낸 미숙 씨에게 다들 고개를 끄덕이며 공감을 해주었다. 토론은 긴 시간 동안 어떤 결론을 내지는 못했지만, 서로 마음에 담고 있었던 이야기를 꺼내서인지 홀가분한 얼굴로 헤어졌다. 그날 이후 모임을 나가는 사람들은 미안해하며 그만두었고 남은 사람들은 더욱 똘똘 뭉칠 수 있었다. 남은 사람이 7명밖에 없어서 그 후 일 년은 참 힘들었다. 하지만 지내리 재림교회 이 목사 부부와 교인들이 많은 힘이 되었다. 아무런 조건 없이 묵묵히 맡겨진 일을 열심히 해주었다. 서로가 경험도 없고 많이 부족했지만 헌신적으로 일 년 동안 봉사를 하고 주민자치위원회에 지원을 요구했다. 주민자치위원회에서는 처음엔 없는 살림에 아이들 예산을 세우자고 하니 반발이 심했다. 그렇지만 아이들을 헌신적으로 돌보는 걸 지켜보던 주민자치위원장의 적극적인 도움으로 공부방을 시작한 지 2년 만에 주민자치 예산에서 교사 한 명의 인건비를 지원받게 되었다. 4년 동안 꾸준히 아이들을 돌보자 지금은 교재비까지 지원해주고 있다. 처음에 비하면 놀라운 변화다. 군에서도 드림스타트가 수학 교사 인건비를 지원해주고 있다. 드림스타트에서 지원하는 아이들이 대부분 공부방을 다니기 때문이다. 그것만으로도 고마웠다.

2017년 가을부터는 드림스타트 학산면 담당자와 아이들 가정에 대한 지원 방법을 찾고 면 청소년복지계에도 지원을 요청할 수 있는 환경이 만들어져서 어려운 아이가 생기면 여러 방면으로 도울 수 있게 되었다. 아버지가 아파서 힘든 가정의 아이가 있었는데 면 복지계와 드림스타트, 그리고 학교까지 함께 연락해서 빠르게 도울 수 있었다. 지금은 그 가정의 아빠가 건강해지고 희망을 찾아 아이들이 많이 밝아졌다.

어느덧 4년이 흐른 지금은 작은 성과들이 조금씩 쌓이면서 새로운 꿈을 꿀 수 있게 되었다. 공부방과 학교 교사들, 학부모들이 힘을 합쳐 청소년을 안정적으로 돌볼 수 있는 공간과 영유아 놀이방을 만들려고 한다. 영유아와 초·중고 청소년이 많지 않아 어려움은 있지만 힘을 모아 아이들이 맘껏 뛰놀고 편하게 쉴 수 있는 공간을 만들 계획이다. 학교하고도 협력이 잘되고 있어 꿈이 아닌 현실로 가능해질 거라 믿는다.

놀이는 공동체 문화의 뿌리

왕따는 어둠, 놀이는 빛

첫 놀이 후 면소재지에서 놀 공간을 찾았는데 학교 운동장 말고는 놀 공간이 없었다. 그래서 금요일마다 학교로 들어가 놀이마당을 시작했고 3년 동안 금요놀이마당을 하였다.

항상 즐거운 것만은 아니었다. 처음에는 비석치기 하나로 6개월을 신나게 놀았다. 그런데 놀이가 익숙해지자 다툼이 많아져 금요놀이를 갈 때마다 전쟁터에 싸우러 가는 기분이었다. 특히 자기가 지고 있는 상황이 되면 아이들은 참지 못하고 폭력적으로 바뀌었고 이기려고만 했다.

어느 날 욕을 심하게 하는 4학년 현도가 5학년 성수에게 비석을 던진 일이 생겼다. 이 일로 나는 충격을 받았는데 아이들은 별로 놀라지 않았다. 성수가 고학년 남자아이들 중에서 왕따였기 때문이다. 이 사건은 왕따 문제를 해결해야만 했다. 처음에는 어떻게 할지 몰라서 서로 사과하는 수준에서 해결하려고 했다. 하지만 아이들은 잘못을 해도 진심으로 사과를 하지 않았고 폭력을 당한 아이에게 상처만 주었

놀이꽃이 활짝 핀 금요놀이마당

다. 최선을 다했지만 풀리지 않아 답답하기만 했다. 그러다 우리 아이가 왕따를 당했을 때 도움을 받은 마을배움길연구소에 도움을 요청했다. 연구소에서는 평화샘들이 '멈춰' 제도와 '평화로운 교실 만들기 4대 규칙'을 만들어서 실천하고 있었다. 평화샘의 도움을 받아 '멈춰'와 '역할극', '4대 규칙'을 배웠다. 특히 멈춰와 역할극은 문제가 생길 때 서로 역할을 바꿔서 상대방 마음을 이해하고 방관하고 있는 아이들이 적극 나서서 왕따 문제를 해결해나가는 방어자를 만들자는 프로그램이었다. 나는 아내와 교육을 받은 후 우리 가족과 함께 먼저 역할극을 해보았다.

금요놀이를 할 때 우리 아이들도 놀이언니와 오빠로 참여하기 때문에 그동안 자주 일어났던 몇 가지 사례를 극으로 만들어서 연습했다. 주로 욕하기와 주먹질, 발차기, 그리고 뒤로 가서 비난하기 내용으로 역할극을 해보았다. 아내는 교육을 받아서인지 자연스럽게 했는데 아이들은 처음 해봐서인지 불편해했다. 특히 둘째 딸과 막내 아들은 걱정스러운 듯 물었다.

"아빠, 아이들이 이걸 시킨다고 할까요?"

"안 한다고 하면 어떻게 해요?"

어색해하는 애들을 보며 급하게 마음먹으면 안 되겠구나 하는 생각이 들었다.

'멈춰'를 하고 역할극이 자리 잡는 데 6개월이 걸렸고, 평화로운 공부방 4대 규칙을 만드는 데 한 달이 걸렸다. 처음에는 '멈춰' 연습을 계속 시키면서 일주일에 한 가지씩 약속을 정했다. 첫 약속은 '욕하지 않기'로 정했다. 늘 욕을 입에 달고 살아서 화가 나면 말보다 욕이 먼저 나왔다. 다음 주엔 '때리지 않기'로 정하고, 두 가지가 지켜지면 그 다음엔 '비난하지 않기' 등 공부방 아이들이 꼭 지켰으면 하는 규칙을 자발적으로 정하면서 4대 규칙을 실천해나갔다. 약속들이 정해지자 가장 먼저 바뀐 것은 저학년 아이들이었다.

늘 형들한테 기죽어 말도 제대로 못했는데 규칙이 만들어지자 지켜지지 않으면 나에게 와서 적극적으로 표현했다.

"멈춰를 해도 안 멈춰요."

"선생님, 언니들이 규칙을 안 지켜요."

덕분에 놀이에서 생긴 많은 싸움들이 줄어들기는 했는데, '멈춰'를 큰 소리로 외치기까지는 시간이 걸렸다. 왜냐하면 5학년 경호와 경호를 무척 따르는 4학년 현도가 멈춰를 계속 방해하는 분위기를 만들어서 전체적으로 '멈춰'를 외치기까지는 쉽지 않았다.

경호가 어느 날 비석치기에서 계속 지자 축구를 하고 싶다고 하면서 비석치기를 방해했다. 더 이상 참을 수 없어서 경호와 아이들을 모아놓고 얘길 했다.

"우리가 약속한 규칙들과 멈춰를 외치는 것은 평화롭게 놀기 위한 거야. 만약 그 약속을 지키지 않는다면 함께 놀 수가 없어. 너희들은 어떻게 생각하니?"

3학년 은정이가 날 보며 얘길 했다.

"선생님, 약속을 지키고 재밌게 놀아요."

3학년 사랑이도 한마디 거들었다.

"맞아요."

금요놀이를 가장 좋아하고 즐거워하던 경호는 약속을 안 지키면 놀이를 할 수 없다는 말에 충격을 받은 것 같았다.

이 주일이 지나고 놀이시간에 경호만 나왔다. 그런데 경호가 어딘지 달라 보였다. 보통 때는 축구공을 가지고 대장처럼 으스대며 달려와서 나에게 큰 소리로 인사를 했는데, 그날은 축구공도 안 가져오고 얌전하게 인사를 했다. 그날도 비석치기를 하고 있었는데 규칙을 안 지키는 아이들을 보더니 조용히 이야기했다.

"야, 규칙은 지키라고 있는 거야. 그렇게 하지 마." 하며 규칙을 따르려고 노력했다. 경호가 변하려고 노력하는 모습을 보였다.

몇 주일이 지나고 오랜만에 놀이에 나온 현도가 놀이마당에서 비석치기를 하며 상수를 발로 차려고 하자 작은 목소리로 말했다.

"멈춰."

그래도 현도가 또 차려고 하자 큰 소리로 한 번 더 외쳐 우리 모두를 깜짝 놀라게 했다.

"멈추라고."

가장 많이 놀란 것은 현도였다. 경호는 현도에게 이렇게 말했다.

"현도야, 멈추라고. 때리지 않기로 약속했잖아."

경호가 이렇게 적극적으로 규칙과 멈춰를 외치며 일진에서 방어자로 바뀌자 놀이판은 훨씬 활기 넘치기 시작했다. 이때부터 놀이도 다양해졌고 저학년과 고학년이 자연스럽게 놀이동무가 되었다. 항상 징징거리며 울던 상수는 경호와 단짝이 되어 비석치기를 할 때면 살짝 양보도 하며 져주는 여유까지 부렸다. 경호의 변화로 아이들은 신명나는 놀이판을 만들어갔고 왕따 문제는 조금씩 해결되어갔다.

그런데 놀이가 공부방과 금요놀이마당에서만 진행되어서 아쉬움이 컸다. 방학 때는 금요놀이마당을 하지 않기 때문에 방학이 끝나면 다시 멈춰와 4대 규칙을 처음부터 시작해야 해서 평화로운 금요놀이마당을 만드는 데 3년이나 걸렸다. 아이들이 대부분 시간을 보내는 학교에서는 일상적으로 놀이가 이루어지지 않고 학년별로 놀거나 거의 놀이를 하지 않아 안타까웠다. 또한 놀이가 유치원과 중·고등학교까지 이어지지 않는 것도 문제이다. 놀이마당에서 적극적인 방어자였던 경호를 봐도 6학년이 되면서 학원을 다닌다고 공부방을 그만두고, 중학교에 가자 바로 일진으로 돌아가 다른 아이를 괴롭혔다. 너무나 가슴 아팠다. 놀이가 모든 공간에서 이루어져야 한다는 사실을 경호를 보며 다시 한 번 깨달았다. 일주일에 2~3시간의 놀이마당으로 왕따를 당하는 아이들을 완전히 도울 수는 없었지만, 왕따인 아이들은 놀이하면서 자연스럽게 조금씩 마음의 문을 열기 시작했다. 3년 동안 놀이를 통해 가장 많은 변화를 보여준 것은 쩌따였던 다문화 가정의 재성이었다.

놀이로 세상 밖으로 나온 재성이

재성이는 드림스타트에서 소개해서 들어오게 된 다문화 가정의 아이였다. 처음 공부방에 들어올 때는 4학년이었고 아이들은 재성이를 외국인이라고 불렀다. 재성이를 고학년들이 외국인이라고 부르면 저학년들도 키득거리며 웃을 정도로 학교 아이들 전체가 따돌리는 아이였다. 공부는 잘했고 놀기보다는 책을 좋아해 도서관에서 혼자 지냈다. 주변 사람들한테 집안 이야기를 들어보니 2학년 때 같은 학년 남자아이들에게 집단폭행을 당한 일이 있었는데, 더 큰 피해를 당할까 두려워서 사과도 안 받고 쉬쉬하며 온 집안 식구들이 감추었다고 한다. 사과도 받지 못한 재성이는 큰 상처를 받았고 그 뒤 아무하고도 놀지 않게 되었다. 그 이야기를 듣고 재성이를 보니 얼굴이 항상 무표정했다. 누구보다도 놀이가 필요한 아이였는데 재성이와 놀기까지는 시간이 걸렸다. 공부방 수업만 끝나면 도망치듯 가버렸다. 한 달이 지난 어느 날 내가 먼저 말을 건넸다.

"재성아, 넌 안 놀아?"

재성이는 땅만 바라보며 표정 없이 말했다.

"전 노는 거 싫어해요."

"그래? 그럼 구슬치기도 모르겠네?"

"그게 뭐예요?"

"내가 알려줄게. 내일 해볼래?"

"몰라요."

재성이는 고개를 돌리며 대충 대답하고는 가버렸다.

다음 날, 수업이 끝나고 재성이는 계단에 앉아 날 기다리고 있었다.

구슬치기

그날부터 나와 재성이는 구슬치기를 하게 되었다. 그런데 재성이는 놀이는 재미없어하면서 규칙에만 집착했고 다른 아이들이 같이 하자고 다가오면 도망치듯 집으로 가버렸다. 그래서 연구소 소장님과 상의해 보니 또래와 놀기 어려운 아이들은 개별 놀이를 통해 놀이의 재미를 알려주는 것이 먼저라고 조언을 해주셨다. 그래서 일요일 오후마다 집으로 찾아가 두세 시간을 같이 놀려고 재성 엄마에게 전화를 했는데 소통이 잘 되지 않았다.

"재성이 어머님, 제가 재성이랑 일요일 오후에 같이 놀고 싶어서 그러는데 그래도 될까요?"

"왜 따로 시간을 내요?"

재성 엄마는 아무리 설명을 해도 허락을 하지 않고 주저했다. 이상하다 생각했는데 따로 놀면 돈을 내는 걸로 오해를 하고 있었다. 몇 번 더 전화를 하고 오해가 풀리면서 적극적으로 재성이를 놀이시간에 보냈다. 그 뒤 재성이는 나와 일요일 오후에 만나 구슬치기를 하면서 조금씩 변하더니 영어 놀이수업을 통해서 몰라보게 바뀌었다. 영어 수업을 하던 원어민 교사가 한 달 반 동안 휴가를 가서 보조 교사를 하던 우리 두 딸이 놀이로 영어 수업을 하기로 했다. 그동안 즐겁게 놀았던 놀이 가운데 몇 가지를 골라 수업안을 만들었다. 첫 수업은 한발 뛰기였다. 놀이에 필요한 모든 단어를 찾아보고 간단한 문장도 만들어서 영어로만 말하기 수업을 했다. 의외로 아이들 호응이 대단했다. 단어와 문장이 적힌 종이를 뚫어져라 보면서 동시에 한발 뛰기를 했다. 술래가 된 현수가 은지를 가리키며 '죽었다'를 영어로 해야 하는데 할 수 없으니 웃으면서 말했다.

"유, 킬!"

하면서 죽는 흉내를 냈고 아이들은 그 모습이 웃겨서 계속 낄낄거리며 흉내를 냈다. 시간이 언제 갔는지도 모르게 웃고 놀다 보니 수업이 금세 끝났다. 영어 놀이수업이 재미있었는지 재성이가 도망가지 않고 아이들 사이에서 어울려 놀았다. 그날 이후 재성이는 스스로 놀이에 참여하면서 많은 변화를 보여주었다. 어느 날은 일찍 와서 멀리뛰기 연습을 하고 있었다. 나는 그런 재성이가 신기해서 물어보았다.

"재성아, 뭐 해?"

재성이는 얼굴이 땀범벅이 되어서 밝게 웃으며 대답했다.

"저 한발 뛰기 연습 좀 하려고요."

재성이 다리는 다른 아이들에 비해 유난히 O자형으로 굽어서 운동신경이 2, 3학년 수준이었다. 그 후 꾸준히 연습을 한 덕분에 4학년 정도의 수준까지 따라와서 아이들을 놀라게 했다. 한번은 영어 수업 후에 진 놀이를 했는데 기분이 좋았는지 양 팀 한가운데에서 덩실 덩실 춤을 추었다. 그 모습은 마치 갇혀 있던 자기만의 세계에서 해방된 듯한 느낌이었다. 그렇게 봄부터 공부방 아이들과 함께 놀이를 하며 재미있게 지냈는데 그해 초겨울에 일이 터졌다.

왕따 문제를 해결한 재성 엄마와 공부방 아이들

이 글은 재성 엄마와 공부방 아이들, 그리고 아내가 재성이 왕따 문제를 해결한 이야기이고 아내가 썼다.

나는 공부방 있는 날이면 항상 간식을 만들어 아이들을 만난다. 늘 아이들 표정을 살피고 특히 학교에서 왕따를 당하는 재성이와 영희를 자세히 살피는 게 습관이 되었다. 그날은 재성이가 공부방에 왔는데 평소보다 지쳐 보였고 말도 한마디 없었다. 수학문제를 풀고 있는데 전혀 집중을 하지 못했다. 물어보니 아무 일도 없었다며 입을 다물었다. 순간 '무슨 일이 있구나' 직감했다. 그래서 활발한 4학년 여자아이들에게 물었다.

"오늘 학교에서 재성이 무슨 일 있었지?"

하늘이가 고개를 절레절레 흔들며 말했다.

"예, 샘. 지금 재성 오빠 완전 기분 꽝일걸요."

옆에 있던 선희도 한마디 거들었다.

"승호 오빠한테 왕따당해서 막 울었어요. 그래서 6학년 태수 오빠가 구해줬어요."

말을 듣는 순간 걱정이 되었다. 승호는 2학년 때도 재성이를 때렸던 아이다. 4학년 여자아이들한테 들어보니 재성이가 방과후수업을 끝내고 교실로 들어가 가방을 챙겨 나오려고 할 때 교실 안에 있던 승호가 모든 문과 창문을 잠그고 열어주지 않았다. 재성이가 문을 열어달라고 한참 소리를 지르자 4학년 공부방 여자애들이 복도로 뛰어나왔다. 재성이와 여자애들은 다 같이 문을 열고 가방을 달라고 소리를 질렀고, 얼마 후 승호는 복도 위쪽 창문으로 가방을 뒤집어 필통이며 공책과 책을 던져버렸다. 그러자 재성이가 속상해 큰 소리로 울기 시작했고 공부방을 다니는 6학년 태수가 나와서 승호에게 화를 내며 문 열라고 소리를 질렀다. 그제야 승호는 문을 열어주었다고 한다. 난 얘기를 듣고 하늘이에게 물었다.

"담임선생님한테 말씀드렸니?"

그러자 하늘이는 시큰둥하게 말했다.

"아뇨, 말 안 했어요."

아이들이 교사들에게 믿음이 없어 보여 이유를 물으니, 서로 사과하고 끝났다고 한다. 저녁에 재성 엄마에게 전화를 했다. 재성이가 겪은 일을 얘기하자 재성 엄마는 한동안 말없이 아빠하고 상의해보겠다며 전화를 끊었다. 나는 현장에 있었던 공부방 아이들에게 전화를 했다. 태수에게 먼저 물었다.

"태수야, 재성이 엄마에게 재성이가 당한 일을 말했어. 그런데 재성 엄마가 많이 속상해서. 어떻게 할지 고민이신가 봐. 네 생각은 어떠니?"

가만히 듣고 있던 태수가 말했다.

"선생님, 제 생각엔 승호가 진심으로 사과했으면 좋겠어요. 재성이가 너무 슬프게 울었어요."

나는 다시 물었다.

"그럼, 담임선생님이 물으면 네가 본 그대로 얘기해줄 수 있니?"

태수는 밝은 목소리로 대답했다.

"당연하죠. 걱정 마세요. 내일 학교에 가면 말씀드릴게요."

태수의 말에 나도 힘이 났다. 그래서 하늘이랑 선희에게도 전화를 걸었다.

선희는 날 안심시키며 말했다.

"선생님, 승호 오빠가 다음부터는 그렇게 재성 오빠를 괴롭히지 않도록 선생님께 다 얘기할게요. 걱정 마세요."

하늘이는 주저하면서 조심스럽게 말했다.

"좀 귀찮기는 하지만 이번에는 승호 오빠가 너무 심했어요. 사실대로 말할게요."

현장에 있던 공부방 아이들은 재성이를 적극적으로 도와주려고 했고 재성이의 아픔을 함께 아파했다.

10시가 넘어 재성 엄마한테 전화가 왔다. 재성이가 겪은 일을 쓴 것을 봤는데 너무 속상하다며 아빠도 이번에는 학교에 가서 이야기를 하라고 했다고 한다. 나는 공부방 아이들도 나도 끝까지 함께하겠다는 말을 했다. 그러자 재성 엄마는 학교에 함께 가줄 수 있느냐고 했다. 내가 당연히 가겠다고, 아이들도 본 사실 그대로 담임에게 얘기할 거라고 하자 정말 고맙다고 하였다.

다음 날 오후. 학교 앞에서 재성 엄마를 만났는데 재성이 할머니도 오셨다. 할머니를 보면서 '이번엔 제대로 해결할 작정이구나.' 하는 생각이 들어 반갑게 인사를 했다. 재성 엄마 얼굴이 굳어 있었다. 얼마 후 그 까닭을 알게 되었다. 할머니와 셋이서 재성이 교실로 가서 담임을 만났다. 담임은 우리를 보자 당황하며 부담스러운 눈빛으로 쳐다봤다.

서로 인사를 하고 나서 나는 담임에게 내가 재성 엄마에게 알렸으며 재성 엄마가 함께 가자고 해서 왔다고 설명을 했다. 가해자인 승호가 재성이 옆에 앉아 있었는데 승호는 놀란 표정으로 우리를 바라보았다. 그때 담임이 나와 재성 엄마를 보며 이야기를 시작했다.

"내가 승호 얘기를 들어보니 서로 애들끼리 장난이 지나쳤던 것 같습니다. 제가 잘 타일러 해결할 수 있는데 이렇게 오셔서 좀 당황스럽네요."

담임은 기분이 나빠 보였다. 승호 얘기만 듣고 이야기하는 것 같았다. 그래서 내가 물었다.

"선생님, 재성이 얘기도 충분히 들어보셨나요?"

담임은 잠시 머뭇거리더니 말했다.

"그럼요. 재성아, 이런 일이 있으면 선생님한테 먼저 얘기를 해야지."

재성이는 고개를 숙이고는 가만히 있었다. 재성이가 말을 안 하자 재성 엄마가 답답한 듯 말했다.

"재성아 그동안 있었던 일 다 얘기해."

재성이가 바닥만 쳐다보며 말을 하지 않자 이번엔 담임이 승호에게 얘기하라고 했다.

승호는 옛날에 재성이도 문을 잠그고 안 열어줬다면서 그래서 자기도 복수를 했다고 말했다. 담임은 재성이에게 그랬느냐고 물었지만 재성이는 고개도 들지 못하고 죄인처럼 굳어 있었다. 담임이 또 물었다.

"재성아, 너도 옛날에 그런 적 있어?"

재성이가 머뭇거리다 작은 소리로 말했다.

"그때는 잡기놀이를 하다가 도망가서 문을 잠갔는데 금방 열었어요."

그러자 승호는 잽싸게 말을 받아 변명을 했다.

"어쨌든 문을 잠갔잖아. 그래서 나도 장난친 거야."

난 승호와 담임의 태도를 보고는 화가 났다. 거기엔 피해자인 재성이는 없었다. 난 다시 얘기했다.

"선생님, 이 일을 본 아이들 얘기는 들어보셨나요. 그리고 지금 피해자는 재성인데 재성이 말을 먼저 들어야 되잖아요?"

담임은 피해자란 말이 거슬린 듯 인상을 찌푸렸다.

"승호와 재성이 모두 저에겐 제자들이고 두 사람 다 소중합니다. 저는 두 사람이 다 상처받는 걸 원치 않아요. 객관적 입장에서 해결할 거니까 공부방 선생님은 그만 얘기하시고 저에게 맡기셨으면 합니다."

담임은 기분 나쁜 표정으로 날 봤다. 그런 담임의 태도에 나도 화가 났다. 그러나 생각해보니 나는 우리 아이 왕따 문제를 해결한 경험도 있고, 공부방을 하면서 마을배움길연구소 평화샘 모임에서 학교폭력 예방교육을 받았다. 그리고 놀이와 나들이를 통해 왕따 문제를 해결한 경험이 있었다. 담임은 아이들에 대한 애정은 있었지만 이런 교육을 제대로 받은 경험이 없는 것 같았다. 두 아이를 모두 돕지 못하는 담임교사를 보며 안타까웠다. 그때였다. 갑자기 재성이 할머니가 벌떡 일어나더니 재성이와 승호 옆으로 가서 아이들의 손을 마주 잡고는 억지로 악수를 시키며 말했다.

"얘들은 다 싸우면서 크는 거야. 그러니 앞으로는 서로 사이좋게 놀고 이제 그만 집으로 가자. 재성아, 얼른 가방 메. 집에 가자."

재성이 할머니는 재성이 모습이 너무 안타까운지 자리를 빨리 피하고 싶었던 모양이다. 재성이 할머니를 보고 담임이 황당한 듯 말했다.

"재성이 할머니, 그건 그렇게 해결될 문제가 아니에요. 자리에 가서 앉으세요."

담임은 재성이와 엄마를 번갈아 보면서 물었다.

"재성아, 일단 자세히 얘길 해봐."

머뭇거리던 재성이가 작은 소리로 어제 일을 더듬거리며 말했다. 얘기가 끝나자마자 승호는 재성이가 가방을 달라고 해서 던진 거라며 거짓말을 했다.

나는 재성 엄마 앞에서도 거짓말을 하는 승호를 보며 담임에게 현장에 있던 아이들에게 확인했으면 좋겠다고 말했다. 내 말을 들은 담임은 확인해보겠다고 하며, 잘 타일러서 앞으로는 이런 일이 없도록 하겠다며 마무리하려고 했다. 이때 재성 엄마가 용기를 내서 말했다.

"저는 이번엔 그냥 넘어갈 수 없어요. 재성 아빠도 화가 많이 났어요. 승호 엄마를 만나야겠어요. 만나서 다시는 이런 일이 없도록 했으면 좋겠어요."

담임은 재성 엄마 말을 듣고는 체념한 듯 이야기했다.

"그러면 교장 선생님께 말씀드리고 연락을 드리겠습니다."

나와 재성 엄마는 다른 아이들 이야기를 꼭 들어보시고 승호 엄마를 만났으면 좋겠다고 이야기하고 교실을 나왔다. 교문을 나오자 재성 할머니는 속상한 듯 먼저 가버렸다.

"할머니가 왜 그러시는 거예요?"

내가 묻자 재성 엄마가 힘없이 말했다.

"제가 이번엔 그냥 안 넘어간다고 하니까 말리려고 오신 거예요. 혹시 재성이한테 더 큰 피해가 갈까 봐 무서우신가 봐요."

나는 재성 엄마가 걱정이 돼서 물었다.

"재성 어머님도 그렇게 생각하세요?"

"아니요. 저는 선생님 생각과 같아요. 그런데 가족들이 말리니까 어떻게 할지 모르겠어요."

나는 힘들어하는 재성 엄마에게 승호 엄마도 알아야 승호가 잘못된 행동을 고칠 수 있다고, 기운 내라고 위로했다.

재성이 엄마는 날 말없이 쳐다보며 말했다.

"선생님, 고마워요."

주눅 들어 있는 재성이를 다독이며 걸어가는 재성이 엄마의 뒷모습이 참 외롭고 힘들어 보였다. 그날 저녁 전화가 왔다. 포기한다고 하면 어쩌지 하는 생각에 금방 전화를 받을 수가 없었다. 재성 엄마는 떨리는 목소리로 말했다.

"지금 아버님도 어머님도 남편도 그냥 조용히 가자고 하는데, 저는 선생님 생각처럼 끝까지 재성이 편이 되고 싶어요. 저 이제 어떻게 해요?"

"이번에도 2학년 때처럼 가족들이 조용히 넘어가면 재성이는 앞으로 어떤 일을 당해도 가족들한테 얘기하지 않을 거예요. 엄마라도 끝까지 재성이를 위해 사과도 받고 이런 일이 또 일어나지 않도록 학교하고 승호 엄마한테 약속을 받아야 된다고 생각해요."

재성 엄마는 내 얘기를 한참 듣고 있다가 말했다.

"선생님, 우리 재성이를 생각해주셔서 감사합니다. 이번에는 재성이만 생각할래요."

그날 밤 나는 잠을 이룰 수가 없었다.

'나라면 온 가족이 막고 있는 일을 혼자서 할 수 있을까?'

아마 엄두도 못 냈을 것이다. 재성 엄마가 대단해 보였다. 다음 날 이른 아침에 재성이 엄마가 전화를 했다.

"선생님, 학교에서 담임선생님이 애들 얘기를 들어보고 교장 선생님께 얘길 해서 전화를 준다고 하는데, 사과 안 하면 교육청에 신고하려고요."

교육청에 신고한다는 말에 깜짝 놀랐다. 재성 엄마의 결심이 느껴졌다. 원래는 똑똑하고 강한 사람이었는데 그동안 주눅 들어 숨죽여 살아왔다는 생각이 들었다.

"어머님이 씩씩해서 잘될 거예요. 공부방 아이들도 사실대로 이야기했을 거고. 모든 게 잘될 거니까 끝까지 흔들리지 말고 재성이만 생각해요."

다음 날 아침에 전화가 왔다. 목소리는 차분했지만 힘이 느껴졌다.

"선생님, 어젯밤에 승호 엄마가 와서 울면서 사과했어요."

"정말요? 아이고 잘됐어요. 승호 엄마도 지금은 힘들겠지만 승호한테 제대로 가르칠 수 있으니 다행이에요."

"승호 엄마가 집에 왔지만 학교에서 교장 선생님과 담임선생님이 있는 자리에서 사과를 받고 약속도 다시 받을 거예요."

"그럼요. 그렇게 해야 재발 방지가 될 수 있어요. 혼자서 정말 대단하세요. 저라면 못할 것 같아요. 잘하셨어요. 어머니."

"아니에요, 선생님. 저 이제는 안 참을 거예요. 선생님이 많이 힘이 됐어요."

주눅 들어 있던 재성 엄마는 간데없고 당당하고 씩씩한 재성 엄마가 되어 있었다. 그 후 승호는 사과를 했고 학교에서도 재발 방지를 약속했다. 이제 재성이는 학교에서 왕따를 당하지 않았다. 학교에서 학교폭력을 예방하기 위한 프로그램을 진행하지 않은 것은 아쉬웠지만, 왕따당하는 아이들에 대해 관심을 갖고 예민하게 보기 시작한 것은 성과였다. 얼마 전 4학년에서 왕따를 당하는 영희가 체육관에 갇히는 일이 생겼는데, 학교가 빠르게 대처를 했고 부모에게도 바로 알려서 사과하는 모습을 보였다. 학교가 달라진 것은 정말 다행이었다. 재성이 엄마도 그 일 이후 공부방에서 하는 모임에 빠짐없이 나오고 아무리 바빠도 지역 아이들 문제에 적극적으로 함께하려고 노력한다.

아이들은 놀이를 통해 공동체 문화도 살리고 재성이와 재성이 엄마처럼 소외된 사람을 보살피는 돌봄도 살리고 있다. 아이들이 고맙고 자랑스럽다. 아이들을 보며 농촌 마을이 살아날 수 있다는 희망을 봤다.

고향에 대한 애착
-마을 나들이

시골 애들은 우물 안 개구리

공부방을 시작할 때 학부모들이 적극적으로 얘기한 것이 있었다. 교과서 역사 체험과 도시문화 체험이었다. 그래서 고민 끝에 읍에서 지역아동센터를 운영하는 친구를 찾아갔다.

마침 도에서 제안한 역사문화 답사 프로그램이 있다며 참가해보라고 알려줬다. 그 친구의 도움을 받아 공부방에서도 엄마들이 일부 교육비를 내고 진행하게 되었다. 그러자 아이들 교육에 적극적인 3학년 새봄이 엄마는 신이 나서 말했다.

"방학에는 서울 국립박물관 같은데도 가면 안 돼요?"

4학년 반장인 한결이 엄마도 들뜬 목소리로 날 보며 얘기했다.

"맞아요. 시골 애들은 우물 안 개구리예요. 사람은 서울로 보내고 말은 제주도로 보내란 말도 있잖아요."

기대하는 부모들의 요구를 무시할 수가 없어서 유적지 중심으로 답사를 다녔다. 그런데 막상 역사 답사를 시작하니 아이들이 재미없어했다. 주말에 대도시로 가다 보니 대부분 차 안에서 많은 시간을 보내게 되었다.

"선생님, 집에 언제 가요?"

"그냥 뛰어가면 안 돼요?"

장시간 차를 타는 것에 익숙하지 않은 아이들은 답사 장소에 도착하기도 전에 짜증을 내곤 했다. 그러다 답사지에 도착하면 벤치에 누워 있거나 광장을 찾아 고삐 풀린 망아지처럼 뛰어다녔다. 한번은 청주박물관 답사를 간 날이었다. 박물관 앞 넓은 잔디밭을 본 아이들은 신이 나서 뛰어다니며 말했다.

"선생님 우리 잡기놀이 해요."

오자마자 놀자고 하는 아이들 말에 기분이 상했다.

"애들아, 박물관 답사를 와서 웬 놀이타령이야. 니들 오늘 집중 안 하면 혼난다."

화가 난 내 표정을 보고 아이들은 한 시간이 넘는 해설사의 설명을 조용히 들었다. 박물관을 다 둘러본 후 소감을 물었다.

"애들아, 박물관 선생님 설명을 듣고 둘러본 느낌이 어때?"

"그냥 그래요."

무성의하게 대답하는 아이들 반응에 화가 났고 아이들을 원망했다.

'바쁜 농번기에 하루 시간을 내서 이 먼 길을 왔는데.'

그날 영동으로 내려오면서 이대로는 안 되겠다는 생각이 들었다. 며칠 후 공부방 선생님들과 역사 답사에 대한 회의를 했다. 내가 먼저 걱정스러운 표정으로 말했다.

"아이들과 답사 다니는 게 생각보다 힘드네요."

"비용 때문인가요?"

"비용도 그렇지만 아이들을 이해할 수가 없어요. 흥미가 없어요. 어디를 가도 관심도 없고 재미없어해요."

내 얘기를 듣고 큰 교회를 다니는 회원이 방법이 있는 듯 말했다.

"우리 교회에 역사 선생님을 하시다가 퇴임하신 분이 계신데 우리 공부방 얘길 하니까 돕고 싶다고 하셨어요. 부탁 좀 드려볼까요."

"예, 한번 부탁 좀 해주세요."

나는 전문가의 도움을 받으면 좋아지지 않을까 하는 생각에 도움을 요청했다. 그런데 막상 도움을 원하면 선뜻 나서주지 않았고 봉사라고는 하지만 교통비나 교육비라도 주어야 해서 돈이 없는 공부방 현실과는 맞지 않았다.

결국 마을배움길연구소에 고민을 얘기했다.

"소장님, 아이들하고 지역 답사를 6개월이나 다녔는데 다닐수록 고민이 돼요. 아이들이 관심이 없어요. 소통도 안 되고 모르겠어요."

내 얘기를 집중해서 듣던 문 소장이 말했다.

"아이들과 소통 관계를 만드는 데 중요한 것이 아이들이 살고 있는 장소와 인간관계에 접속하는 것입니다. 아이들은 자신이 살아가는 장소에 대해 이야기하는 것을 좋아합니다. 자신이 존중받는 느낌을 갖게 되기 때문이지요. 특히 시골에 사는 아이들이 자기가 살고 있는 곳에 대한 애정이 없어요. 자신이 살고 있는 공간과 사람 관계를 사랑하도록 배우는 것이 아니라 부정하고 무시하도록 배우고 있기 때문이지요. 그런데 교사가 자신들이 살고 있는 장소에 대해 관심을 가지고 탐구한다면 어떤 변화가 생길까요? 자부심이 생길 것이고 아이들과 좋은 관계를 맺을 수 있는 가능성은 그만큼 높아지겠지요."

문 소장 이야기를 듣고는 귀가 번쩍 뜨였다.

그동안 지역을 떠나 유명한 유적지 중심으로 답사를 다녔는데 내가 살고 있는 곳을 모르고 먼 곳부터 배운다는 것이 부끄러웠다. 내가 살고 있는 마을과 지역을 배운다고 생각하니 마음이 편안해지고 설레었다.

마을에 배울 게 없다

상담하고 며칠 후에 마을 나들이를 시작하려고 하니 '마을 나들이를 어떻게 시작할까. 아이들이 시큰둥해하면 어쩌지.' 하는 고민이 되었다. 아이들에게 마을 나들이를 하자고 이야기하며 어디를 가면 좋겠냐고 물었다.

"얘들아, 우리 큰 도시로 가지 말고 공부방 친구들 마을부터 나들이하는 건 어떠니?"

아이들은 마을 나들이란 말이 낯선지 날 보며 물었다.

"선생님 마을 나들이가 뭐예요? 사는 마을 구경하는 거예요?"

"친구네 마을 가서 마을 구경도 하고 친구 집도 가보고 마을에서 놀기도 할 거야."

아이들은 내 말을 듣고 좋아하며 환호성을 질렀다.

"선생님! 마을이요. 선생님 마을에 놀러 가고 싶어요."

1초의 망설임도 없이 호기심 많은 미선이가 초롱초롱한 눈망울로 이야기했다.

"그럼 얘들아, 이번 달 마을 나들이는 우리 마을로 올래?

"예!!~~"

해외여행이라도 가는 것처럼 들떠서 소리 지르는 아이들의 반응에 다행이라는 생각이 들었다. 몇 아이들은 시시하다며 툴툴거렸지만 환호 소리에 묻혀버렸다. 아이들과 마을 나들이를 가기로 하고 보니 마을에 대해 너무 모르고 있었다. 그래서 자료를 찾기 위해 면사무소를 찾아갔다. 면지가 있는지 물어보니 면지는 없었고 군지도 어디 있는지 아무도 몰랐다. 면사무소의 자료는 2층 강당 한쪽 면에 역대 면장 사진만 걸려 있지 면 역사를 알 수 있는 사진은 한 장도 없었다. 다행히 지역 출신인 산업계장이 개인적으로 자료를 모으고 있었다. 나는 솔직하게 얘길 했다.

"계장님, 군지는 저도 봤지만 워낙 오래된 자료라 아이들과 마을 공부하기에는 딱딱하고 현실감이 떨어지는 것 같아요. 면사무소에 공식적인 지역 자료가 없다니 참 답답합니다."

"죄송합니다. 그래서 저도 면지가 빨리 만들어졌으면 하는 마음에 자료는 모으고 있는데 맘처럼 진행이 잘 안 되네요."

산업계장은 미안해했다. 기대하던 자료가 없어 실망하긴 했지만 지역에서도 면지를 만들어야겠다는 움직임이 있다는 사실이 다행스러웠다. 하지만 마을에 대한 자료를 어디서 찾아야 할지 막막했다. 그래서 군 도서관과 영동문화원을 찾아가봤는데 군 도서관에는 군지 외에는 없었고, 영동문화원은 출간하는 향토지가 있었지만 그것조차도 옛날에 나왔던 것들이고 일반 주민에게는 빌려주지도 않았다. 주민들이 영동을 공부하고 싶다고 하면 당연히 작은 자료라도 줄 줄 알았다. 그런데 자료도 없고 나를 대하는 태도도 황당했다. 일반 주민이 영동 자료를 왜 묻느냐는 듯 바라보는데 문화원을 나오며 무척 화가 났다. 나는 답답한 맘으로 면 노인회장을 찾아갔다. 마을 나들이를 할 때 경로당 어르신들의 협조가 필요할 것 같아 부탁드리기 위해서였다.

"마을에 뭐 공부할 게 있다고 그런 일을 하냐."

기대와 달리 너무나 냉담하게 거절을 하셨다. 나는 노인회장의 말을 들으며 내 자신과 마을 어르신들을 무시하는 듯한 느낌을 받아서 불쾌했다. 집으로 돌아와 가족들에게 이야기를 하니 아이들은 우리 마을 어른들한테 찾아가 배우자고 했다. 아내는 마을 탐험을 하자며 설레어 했다. 쇠뿔도 단김에 빼라고 가족들과 함께 다음 날부터 마을 공부를 시작했다.

돌멩이에도 다 사연이 있는 것 같아요

마을 공부를 시작하면서 가족들에게 마을에서 가장 알고 싶은 게 뭐냐고 물어봤다. 그러자 아내는 땅이름이 가장 궁금하다고 했다. 아줌마들과 수다 떨다 보면 땅이름을 이야기하는데 어디를 말하는지 몰라 난감했다고 한다. 처음에는 몰라서 몇 번 물었더니 아직까지 거기도 모르느냐고 혼나고부터는 자꾸 묻기도 미안했다고 한다. 그래서 왜 그런 이름이 생겼는지 알고 싶다고 했다. 자료를 보고 공부하다 궁금한 게 생기면 마을 사람들에게 물으러 다녔다. 아이들까지 데리고 아내와 함께 마을을 다니며 질문을 하자 사람들이 이상하게 바라봤다. 하지만 마을을 알고 싶어서 그런다고 얘기를 하면 반가운 얼굴을 하며 살아온 이야기를 즐겁게 해주었다.

우리 가족의 첫 번째 마을 선생님은 한 번도 마을을 떠난 적이 없는 50대 후반 형님이셨다. 늘 마을 일에 관심이 많아 모르는 게 없는 소식통이다. 내가 먼저 물었다.

가족과 함께 마을 나들이

"형님, 샴(샘)보뜰이 어디야?"

"야, 그것도 몰라? 샴산 앞뜰이잖아."

"샴산이 어딘데?"

"동네 앞산이잖아."

"이름이 왜 샴(샘)산이래?"

손가락으로 산 앞쪽을 가리키며,

"저 산 앞쪽에 도랑이랑 연결되는 데 있지? 거기에서 샘이 솟아나는데 사시사철 마르지 않아서 샴산이지."

"그래. 그럼, 샴산 앞뜰은 샴산 뜰이야?"

"아니. 거긴 샘 있는 곳에 보가 있다고 해서 샴보뜰이라 하지."

형님 말이 끝나자 옛날에 물싸움을 했다는 이야기가 떠올랐다.

"옛날에는 물싸움이 심했다고 들었는데."

형님은 어두운 얼굴을 하며 말했다.

"별별 일이 다 있었지. 가뭄 때 샘보 앞뜰에서 서로 물을 끌어 쓰려고 하다 싸움 나서 살인 날 뻔했었고. 그리고 저기 다리 밑에서 복날에 동네 청년들이 모여 천렵하고 그랬지. 샘보에 있는 물은 아무리 가물어도 마르지 않는다고 해서 우리 마을에서 기우제를 지내던 곳이고."

"마을에서 기우제도 지냈어?"

"그럼~ 저수지가 생기고 물이 흔하지 그전에는 하늘만 쳐다봤어."

아이들은 가만히 듣고만 있다가 저수지 얘기가 나오자 눈을 반짝이며 집중하기 시작했다. 저수지는 아이들과 자주 나들이를 갔던 곳이라 친근했던 모양이다. 큰딸이 물었다.

"저수지는 언제 지어졌어요?"

형님은 저수지 질문을 하자 더 신바람이 나서 소리를 높였다.

"저수지는 1980년에 지어졌는데 우리 아버지가 앞장서서 지었어. 동네 사람들이 말리는데도 꼭 필요하다고 주장해서 지었지. 그때 어려웠던 사람들이 저수지를 지으면서 일도 하고 식당도 해서 돈을 벌어서 땅도 사고 그랬어. 지어놓고 나니 동네 사람들이 물을 마음대로 쓸 수 있다고 다 좋아해."

진지하게 듣던 작은딸이 한마디 물었다.

"우리가 사는 데는 뭐라고 불렀어요?"

"새터말이라고 하지. 본 동네가 먼저 생기고 나중에 생겼거든."

"그런데 왜 지금은 우리 집만 살아요?"

"응, 원래 한 20가구가 살았었지. 그때는 참 재밌었어. 정도 많고 그런데 태풍 루사 때인가 저기~ 제방뚝이 터질락 말락 해서 면에서 위험하다고 전부 윗살목으로 이전하라고 해서 옮겼어."

"윗살목 어디요?"

"응, 점빵 있는 3반. 가만히 보면 집이 다 똑같아. 그리로 옮겼어."

"아~ 그렇구나."

아이들은 지금 우리가 살고 있는 새터말에 20가구가 살았다는 말에 깜짝 놀랐다.

"와! 그때는 재밌었겠다. 근데 20가구가 살려면 완전 따닥따닥 붙어서 살았겠네요."

질문할 때마다 마술 주머니처럼 처음 듣는 신기한 이야기들이 끝없이 나왔다. 아이들은 너무 재밌었는지 핸드폰으로 녹음까지 하며 들었다. 특히 땅이름에 대해서 얘기를 할 때는 그냥 땅이름이 아니었다. 거기에는 마을 사람들의 웃음과 눈물이 함께 있었다. 그래서 나는 하루가 멀다 하고 마을 형들이나 어르신을 쫓아다니며 땅이름 공부를 했다. 우리 마을로 이사 와서 가장 열심히 사람들을 만나러 다녔다. 축산을 하다 보니 마을과 떨어져 있었고 농사 품목도 달라서 이야깃거리가 거의 없었는데, 마을 공부는 나와 마을 사람들을 연결해주는 다리 같았다. 마을 사람들만이 아니라 우리 가족도 마을 공부를 함께 하니 얘깃거리가 많아져 매일 밤 수다로 시간 가는 줄 몰랐다. 하루는 저녁을 먹으며 아내가 들떠서 말했다.

"여보, 땅이름을 공부할수록 마을 사람들하고 더 가까워지는 것 같아. 사람들도 우리를 달리 보는 것 같고."

나도 신바람이 나서 얘기했다.

"맞아. 어떤 때는 역사의 야사를 듣는 것 같지 않아? 진짜 재밌지?"

큰딸도 덩달아 신이 나서 큰 소리로 말했다.

"아빠! 땅이름 공부하고 새로운 버릇이 생겼어. 마을을 다녀도 그

냥 안 다니게 돼. 돌멩이를 봐도 다 사연이 숨어 있을 것 같아 묻고
싶어져."

가장 많이 쫓아다닌 큰딸은 요즘 부쩍 공부가 재밌다는 말을 많이
했다.

새로운 경험이었다. 마을 공부는 하는 만큼 마을 사람들 삶을 이해
하고 애정을 갖게 된 것이 가장 큰 변화였다. 마치 옛날과 현재를 왔
다 갔다 하며 시간여행을 하는 타임머신 같았고 공간도 초월하는 것
같았다. 이야기를 듣고 우리 집 주변을 걷다 보면 옛날 모습이 떠오르
면서 상상을 하게 되고 내가 마치 옛날부터 마을에 살았던 것 같은
생각이 들었다.

선생님 마을에는 신기한 게 너무 많아요

공부방 아이들과 약속대로 첫 마을 나들이는 우리 마을에서 시작
하였다. 아이들을 태우고 마을에 도착하니 호기심 많은 재성이는 도
랑을 기웃거렸고 성현이는 유래비를 만져보기도 했다. 마을 입구 느
티나무에 면서기를 하셨던 여든이 넘으신 어르신과 노인회장이 나와
계셨다. 나는 아이들이 마을 할아버지들의 이야기에 어떻게 반응할지
궁금했다. 지금까지 들었던 해설사의 설명은 조금 지나면 지루해하며
재미없어했기 때문이다. 80여 년을 마을에서 사신 어르신은 힘찬 목
소리로 인사를 하며 이야기를 시작하셨다.

"안녕하세요. 이렇게 우리 마을을 방문해주셔서 감사합니다. 우리
마을은 저기 저 백두산에서 흘러내린 산줄기가 삼도봉에서 갈라져

나와 우리 마을 뒷산까지 이어져 그 산자락에 앉은 마을로 시항골이라 했어요. 시항골이 뭐냐 하면 '활 시' 자, '목 항' 자로 화살 목을 닮은 형세라 '살목'이라 하고, 또 옛날 어르신들은 뒷산 장군봉에서 활쏘는 연습을 했다 해서 '살목'이라고 했어요."

어르신의 표정과 말투에 마을에 대한 자부심이 넘쳤다. 아이들을 하나하나 바라보시며 백두산과 우리 마을을 말씀해주시는 모습을 보니 평소와는 달라 보였다. 아이들도 나와 같은 마음인지 이제까지와는 다르게 숨소리까지 들릴 정도로 집중해서 들었다. 마을 소개가 끝나자 질문이 이어졌다. 첫 질문은 마을 지도를 유심히 보던 재성이었다.

"그런데 왜 범화리예요?"

"학교는 언제 생겼어요?"

"그건 잘 모르겠어요. 일정 때부터 그렇게 불렀어. 그리고 학교는 1935년에 세워졌는데 그때는 간이학교라 해서 나무로 교실 한 칸, 교무실 한 칸, 그래서 1학년, 2학년 두 학년밖에 없었어. 몇 년 있다가 심상소학교라 해서 일본식 교육이 본격적으로 이루어져 내가 그때 3학년이었는데 한글을 1년밖에 배우지 못했어. 조선어를 하면 무척 혼나고 때리기까지 해서 무서워서 못했지."

어르신의 말이 끝나자. 아이들 질문이 또 이어졌다.

"그때는 서당이 없었어요?"

"서당은 없었고 글을 배우고 싶은 사람은 마을에 글 잘하는 사람한테 가서 스승으로 모시고 글을 배우곤 했지."

이야기를 들은 아이들은 학교에 가보자고 했다. 범화초등학교는 폐교가 되었지만 아직도 오래된 소나무 두 그루가 현관 앞을 지켜주는 멋진 모습으로 있었다. 아이들은 폐교된 것을 아쉬워하며 마을 중앙

500년 된 느티나무

에 있는 500살 먹은 느티나무로 갔다. 나는 느티나무에 얽혀 있는 송병순 독립운동지사의 이야기를 해주었다.

"조선 말에 일본 놈들이 우리나라를 침략하려고 을사보호조약을 맺었잖아. 그때 그 일에 분개한 송병순 애국지사가 바로 이 나무 아래에서 을사5적을 목 베고 허위 조약을 폐기하라고 외쳤던 곳이야. 이 나무도 을사조약이 맺어진 날과 송병순 선생님이 자결하신 날, 이렇게 두 번 울었대. 참 기특하고 특별한 나무지."

호기심 많은 3학년 수종이는 신기한 듯 나무를 만지며 말했다.

"와, 그럼 이 나무도 독립지사예요?"

"선생님은 그렇게 생각해."

"저도요."

유심히 나무를 보고 있던 진희가 물었다.

"와, 나무가 너무 커요. 이거 얼마나 돼요?"

"우리 서로 손을 잡고 둘레 한번 재볼래?"

"좋아요. 애들아, 다 붙어."

배려심 많은 6학년 진희가 쭈뼛거리는 2학년 왕따 한성이의 손을 얼른 잡았다. 평소에 한성이와 어울리지 않으려던 아이들이 자연스럽게 한성이 손을 잡고 나무 둘레를 빙 돌았다. 마치 나무와 친구가 된 듯한 기분이었다.

"자, 이제 선생님이 가장 좋아하는 우리 마을 보물 가운데 하나인 저수지에 올라가자."

기분이 좋아진 한성이가 궁금한 듯 물었다.

"선생님, 왜 보물이에요?"

"응. 이 저수지는 우리 마을뿐만 아니라 이 골짜기에 있는 논, 밭에다 물을 대주니까 보물이지. 저수지 올라가는 길이 아주 예뻐. 가보자."

내가 보물이라고 해서 그런지 아이들은 저수지를 올라가는 길에 핀 꽃과 나무들을 하나하나 소중히 보며 눈에 담았다.

"선생님, 너무 신기해요."

"선생님, 이것 좀 보세요. 노란 꽃이에요."

"이 나무에도 꽃이 피었어요."

소나무 꽃이었다. 천천히 걸으며 같은 곳을 보고 느끼니 나도 늘 다니던 곳인데도 새롭게 다가왔다. 놀이 때는 조용하던 재성이가 오늘 신바람이 났다. 2학년 현정이가 소리쳤다.

"선생님! 나비가 날아가요!"

"애들아, 이 나무 좀 봐. 가시가 있어. 찔레꽃 같은데."

같이 갔던 공부방 영어 선생님도 아이들과 어울리면서 여기저기 찾으며 재밌어했다.

"여기 애벌레 있어요!"

우렁찬 재성이의 말에 주변 아이들이 우르르 몰려왔다.

"선생님, 이게 뭐예요?"

"옆에 연두색이 있네. 털도 나 있고 우리 이 녀석 뭔지 도감 찾아볼까?"

재성이가 도감을 찾자 아이들도 도감을 찾기 시작했다. 금세 찾은 재성이가 소리쳤다.

"이거 참나무 겨울가지 나방 같아요."

나는 재성이 말에 맞장구를 쳤다.

"와! 똑같다. 나도 몰랐는데 재성이 덕분에 알게 됐네."

재성이는 뿌듯한 표정으로 아이들을 쳐다봤고 처음으로 아이들은 부러운 눈길로 재성이를 봤다.

아이들은 15분 정도 가는 저수지 길을 30분도 넘게 웃고 떠들며 올라갔다.

"선생님, 동네에 이런 저수지가 있었어요?"

"처음 본 느낌이 어때?"

"아름다워요, 시원해요."

"마을이 한눈에 다 보여요."

저마다 참새처럼 재잘재잘 한마디씩 했다. 아이들은 저수지에서 물수제비도 뜨고 간식도 먹고 사진도 찍었다. 사진 찍기 좋아하는 4학년 수연이가 나를 보며 말했다.

"선생님, 이제 선생님 집에 가고 싶어요."

"그래, 그럼 가자."

"네~."

아이들은 뭐가 그리 좋은지 우리 집으로 가는 동안 콧노래를 부르며 신바람이 났다. 친한 친구가 생기면 친구네 마을에 놀러 가고 싶은 것처럼 아이들은 나에 대한 모든 것들을 궁금해했다. 아이들은 우리 집에 와서는 집 구경보다 놀이를 하며 집을 휘젓고 다녔다. 매일 놀러 오는 집처럼 편안해했다. 사람이 좋아지면 공간도 좋아지나 보다. 나에게도 첫 마을 나들이는 정말 뿌듯했다. 마을에 대한 공부를 하며 마을에 자부심과 애착이 생기는 계기가 되었다. 아이들과도 같은 공간에서 함께 보고 먹고 놀아서인지 관계가 더 깊어진 것 같은 느낌이 들었다. 잊지 못할 추억이 되었다. 소장님이 왜 마을 나들이를 권했는지 알 것 같았다.

우리 마을을 애들한테 보여주고 싶어요

그 후 2년째 마을 나들이가 이어졌다. 아이들도 처음에는 마을 나들이 얘기를 꺼낼 때만 해도 어른들처럼 "우리 마을은 볼 게 아무것도 없어요."하며 손사래를 쳤었다. 지금은 마을 나들이를 서로 하고 싶어서 사다리타기를 할 정도다. 어느 순간 갑자기 온 것이 아니라 사계절을 두 번 보내면서 자연스럽게 되었다. 얼마 전 아이들과 마을 나들이 얘기를 나누었다. 갑자기 샛별이가 날 쳐다보며 간절한 눈빛으로 말했다.

"선생님, 내년 봄에는 우리 마을로 오세요."

"왜?"

"우리 마을 저수지에 진달래가 너무 아름다워요. 애들한테 보여주고 싶어요."

우리 마을엔 아무것도 없다고 했던 샛별이가 마을 보물이라며 얘기한다.

그러자 샘 많은 3학년 한결이도 불쑥 말을 꺼낸다.

"선생님, 그럼 우리 마을은 여름에 오세요."

"왜?"

"우리 마을 또랑에 물이 많아서 수영하기 좋잖아요."

마을 앞 도랑을 사랑하는 한결이는 마을 얘기만 나오면 자랑이다. 작년에 한결이네 도랑에서 신나게 놀던 재성이도 거든다.

"맞아요. 저번 날에도 가서 올뱅이도 잡고 재밌었어요."

아이들은 올해 나들이 계획을 알아서 짜고 있었다. 난 그런 아이들의 모습이 대견스럽기만 하다. 마을에서 놀기만 했는데 자기 마을이 언제 아름다운지 언제 놀기 좋은지 알게 되면서 마을 자랑들이 제법이다. 변화는 아이들만 있는 것이 아니라 마을 어르신들과 지역 주민들에게도 있었다. 처음에 마을 답사를 하면서 부탁을 드리면 뭘 배울게 있냐고 퉁명스럽게 하시던 분들이 아이들을 데리고 가면 구석구석 정성을 다해 설명해주시며 마을에 대한 자부심을 보이셨다. 그러곤 고향을 소중히 해야 한다며 고마워하셨다.

특히 공부방에 다니는 아이들의 할아버지가 직접 설명을 해준 마을들은 아이들이 더 집중하며 들었다.

"독립운동 얘기하면 역시 우리 할아버지지."

"우리 할아버지가 우리 마을 소개하는 거 봤지?"

지금도 기회만 되면 할아버지가 마을 소개를 한 5학년 미정이는 자랑을 하곤 한다. 지역에서도 면사무소 탐방을 계기로 면지를 만드는 촉진제 역할을 하기도 했으며, 이번 행복지구사업모임에서는 학산초 선생님들과 지역 주민들이 함께 마을 나들이를 하게 만든 계기가 되기도 했다.

이번 가을에 교사들에게 마을 나들이를 하며 설명을 해본 두 마을 이장님들은, "선생님들께 마을 역사를 설명하고 나니까 참 기분이 좋고 이런 사업은 꼭 성공시켜야겠다는 생각이 듭니다. 왠지 자부심이 생기네요." 하시며 그동안 마을 나들이를 가볍게 봤는데 생각이 바뀌는 계기가 되었다고 하였다.

마을 나들이를 함께한 교사들도 좋아했다.

"마을을 몰라서 책으로만 설명하고 지나가서 찜찜했는데, 이렇게 설명을 듣고 다녀보니까 마을 공부를 아이들과 제대로 할 수 있을 것 같아요."

선생님들과 함께하는 마을 나들이는 지역교육의 첫걸음이란 생각이 들었다. 그동안 지역에서는 면지를 만들었다. 면지가 나오자 공부방 아이들과 함께 나들이할 때 도움이 됐으면 좋겠다면서 나에게 보내주셨다. 이제부터는 아이들과 더 알차게 마을 나들이를 해볼 생각이다. 행복지구사업모임에서도 마을 사람들 이야기를 좀 더 많은 사람들이 알 수 있도록 주민들과 교사가 마을 이야기책을 만들어보기로 했다. 주민뿐만이 아니라 마을을 배우고 싶은 누구나가 쉽게 접근해서 보고 느낄 수 있도록 면사무소, 농협, 도서관 등에 마을 자료들을 따로 보관하는 공간도 있으면 좋겠다. 그래서 공부방에서 면사무소와 군청, 교육청에 적극적으로 마을 배우기 자료 공간을 제안해볼 계획이다.

농촌 마을 살리기의 미래
-세대별 마을 공간

4년간 청소년 공부방을 하면서 절실히 깨달은 것이 있다. 바로 농촌 지역을 살리기 위해서는 마을공동체가 살아나야 하고, 그 기본 바탕은 마을에서 살고 있는 각 세대별 사람들이 함께 모여서 놀고 쉬며 기쁨과 슬픔을 함께 나눌 수 있는 공간이 있어야 한다는 것이다. 지난겨울 학부모들과 면장 간담회를 통해 청소년 공부방 공간을 얻으며 더욱 절실히 깨닫게 되었다. 마을 어디에나 어르신들을 위한 경로당이 있듯이 청소년 공간도, 청장년 공간도, 영유아 놀이방도 있어야 한다. 아이들이 함께 어울리며 스스로 놀이문화를 살려내고 돌봄이 필요한 아이를 배려하며 왕따 문제를 해결해나가는 모습을 보며 믿음을 갖게 됐다. 그래서 나는 마을과 면에서 세대가 어울릴 수 있는 공간들이 만들어지면 공동체가 살아날 수 있다고 확신한다.

농촌 공동체를 살리는 첫걸음마-영유아 놀이방

작년 가을 큰딸 부부가 우리 마을로 10개월 된 손자와 함께 귀농하였다. 큰딸이 쓴 일기를 읽으며 젊은 부부들이 농촌에 사는 것이 얼마나 힘든지 절실히 느끼게 되었다. 큰딸에게 양해를 구하고 이야기를 소개할까 한다.

2017년 11월 중순

시골로 이사와 처음으로 이웃집 선희 언니의 초대를 받아 놀러 갔다. 선희 언니네는 딸이 다섯이나 되는 딸 부잣집이다. 집에 놀러 갔는데 마침 언니네 가족들이 모두 모여 있었고 해솔이 또래의 애기도 있었다. 선희 언니와 다른 언니들이 먼저 반갑게 아들에게 인사를 했다.

"어서 와! 안녕, 해솔아."

"해솔아! 너무 이쁘다. 이쪽은 우리 조카 다솜이야."

나도 오랜만에 아기를 보니 너무 반가웠다.

"안녕, 다솜아~"

다솜이는 셋째 언니의 아들이다. 다솜이를 중심으로 놀고 있는 판에 해솔이도 같이 껴서 분위기가 한층 더 화기애애해졌다. 언니네 가족은 노래도 부르고 손뼉도 치면서 해솔이를 맞아주었다.

"해솔아~ 곤지곤지 곤지곤지 쥐암 쥐암 쥐암 쥐암."

"애기들이 많으니까 분위기가 사네. 너무 귀엽다."

"그래 너무 좋다. 자주 놀러 와. 집에만 있으면 낯가림도 심해지고 너도 우울증 걸려. 내가 잠깐이라도 봐줄게. 자꾸 놀러 와."

"고마워요. 언니 자주 놀러 올게요!"

주변에 자주 놀러 다녀야겠다는 생각이 들었다. 그러던 중 놀던 다솜이가 해솔이에게 호기심을 보이며 슬금슬금 기어왔다. 그런데 기어오는 다솜이를 본 해솔이가 화들짝 놀라면서 황급히 내게 달려와 안

거서 깜짝 놀랐다. 나는 해솔이를 다독이며 말했다.

"해솔아 왜 그래? 다솜이는 친구야."

선희 언니도 웃으며 말했다.

"왜 그럴까? 괜찮아, 해솔아. 친구야?"

낯가림을 하던 중인데 경로당에 할머니들도 만나러 다니고 학산면 청소년공부방 아이들과 만나면서 많이 사라진 줄 알았다. 어른들과 낯가림이 없으면 아기들도 자연스레 없을 줄 알았는데 그게 아니었다. 아기를 처음 본 해솔이는 다솜이가 다가올 때마다 뒷걸음질 치고 놀라며 경계했고 피해 다녔다. 나도 당황하며 말했다.

"해솔이가 아기를 처음 보거든요. 낯설어서 그런가 봐요."

선희 언니네 가족들도 해솔이를 달래며 말했다.

"그런가 보네. 아가~ 해솔아~ 괜찮아."

"근데 놀라는 모습도 귀엽다. 하하하하."

다들 웃고 넘어가서 나도 웃었지만 사실 많이 속상했다.

집에 돌아와서도 또래가 한 명이라도 있으면 좋겠다는 생각이 머릿속에서 떠나질 않았다. 영동읍으로 나가야 하나 고민된다.

2018년 1월 초순

다양한 사람을 만나야겠다는 생각이 들어 마을배움길연구소에서 진행하는 겨울놀이연수에 남편과 해솔이를 데리고 참여했다. 연수에서 해솔이 또래를 키우는 부모들을 만나고 해솔이도 아기들을 만나 즐겁게 며칠을 보냈다. 처음엔 아기들을 보고 고개를 돌리기만 하던 해솔이가 한 공간을 쓰며 함께 먹기도 하고 놀기도 하다 보니 개월 수가 많은 보리 누나를 쫓아다니며 누나의 흉내를 내곤 했다. 많은 시간이 아닌 3박 4일이었는데 지금 해솔이는 지나가는 아기들에게 호기심과 흥미를 가지고 먼저 다가가게 되었다. 신기했다.

짧은 만남으로도 이렇게 바뀌는 모습을 보니 다른 아이들과 적극적으로 만나야겠다는 생각은 들지만 어떻게 해야 할지 막막하다. 내가 사는 마을도 해솔이 혼자고 어느 마을에 아기들이 있는지도 몰라 마실을 갈 수도 없다. 다른 사람들처럼 아기들이 많이 있는 읍으로 가야 하는지 고민이 들 때도 많다. 농사일도 걱정이지만 해솔이 교육이 가장 고민이다. 가까운 곳에 아기 엄마들이 서로 만날 수 있는 공간이 있으면 정말 좋겠다. 마을에 있으면 더욱 좋겠지만 그게 안 된다면 면에라도 있으면 소원이 없겠다. 영동까지 나가기엔 솔직히 부담이 된다. 남편이 바쁜데 계속 태워달라고 하기도 미안하다. 애가 없다고 완전 소외된 느낌이다. 엄마 집에 가지 않는 날은 섬에 고립된 것 같다. 해솔이도 나도 맘껏 놀고 수다를 떨 수 있는 친구 한 명만 있으면 좋겠다.

손자가 없을 땐 나도 다른 사람들처럼 영유아 문제에 관심이 없었다. 그런데 손자가 생기면서 젊은 부부들 삶이 얼마나 힘든지 알게 되었다. 나와 아내가 있으니 얼마든지 잘 지낼 수 있을 거라 생각했다. 그러나 아무리 노력해도 젊은 딸 부부에게 채워줄 수 없는 게 있었다. 어울릴 수 있는 또래가 없다는 것은 나도 어찌할 수가 없었고, 한편으로는 괜히 우리 곁으로 불렀나 싶어 마음고생이 심했다. 고민 끝에 이 문제를 큰딸 부부와 함께 풀어야겠다고 결심하게 되었다. 딸 부부에게 가장 힘든 게 무엇인지 물어보니 먹고사는 것도 중요하지만 또래가 없고 만나기 힘들어서 아기 부모들과 만날 수 있는 공간이 있으면 좋겠다고 했다. 다른 아기 엄마들 생각도 궁금해서 주변 사람들의 소개로 전화 인터뷰를 했다. 가장 힘든 게 무엇인지, 또 가장 필요한 게 무엇인지를 물어봤다. 학산면에 사는 영유아 엄마들에게 인터뷰를 해보니 대부분 아기들과 혼자 있는 게 가장 힘들다고 했고, 아기들이 또래와 놀 수 있는 공간을 가장 바라고 있었다. 영동읍에 사는 엄마들도 마찬가지였다. 영동읍에 사는 아기 엄마들은 일주일에 한두 번 정도 차를 타고 큰 도시의 백화점 놀이방을 찾는다고 했다. 아기 엄마들은 인터뷰하는 동안 소외감과 고립감이란 말을 많이 했고, 면에 사는 엄마들 중 몇 명은 말투나 목소리가 무기력하게 느껴졌다. 인터뷰 후에 가까운 지인들에게 물어보니 산후우울증으로 약물치료까지 받고 있다고 했다. 큰딸도 혼자 손자를 키울 때는 무기력하고 핸드폰만 보는 증세가 보여서 산후우울증이 심해질까 봐 걱정을 했었다. 그런데 인터뷰를 해보니 혼자 아기를 키우는 엄마들에겐 누구나 나타날 수 있는 증세란 걸 알았다. 인터뷰 맨 마지막에 나는 엄마들에게 물었다.

"영동에 영유아 놀이방이 생기면 어때요?"

"정말요? 그럼 너무 좋죠. 멀리까지 나갈 필요도 없고요. 하지만 그게 가능해요?"

모두들 가능하냐며 의아해했지만 놀이방 얘기만 들어도 엄마들의 목소리는 들떠 있었다. 생각만 해도 기분이 좋은 것 같았다. 모두들 절실하게 요구하고 있음을 느낄 수 있었다.

인터뷰가 끝나고 정부의 지원과 정책이 어떻게 되고 있는지 궁금해서 찾아보았다. 현재 정부에서는 영유아지원금을 주고 있다.

가정양육수당 지원금

단위	일반	농어촌	장애 아동
12개월 미만	월 200,000원	월 200,000원	월 200,000원
24개월 미만	월 150,000원	월 177,000원	월 200,000원
36개월 미만	월 100,000원	월 156,000원	월 200,000원
48개월 미만	월 100,000원	월 129,000원	월 100,000원
84개월 미만	월 100,000원	월 100,000원	월 100,000원

어린이집 보육료 지원금

구분	지원 대상	지원 비율	연령	지원 단가
영유아	영유아 가구	정부 지원 단가	만 0세	406,000원
	전체 계층	100%	만 1세	357,000원
			만 2세	295,000원
			만 3~5세 누리공통과정	220,000원

유아 지원을 위한 정부기관으로는 전국육아종합지원센터가 전국에 19개소가 있으며, 육아종합지원센터는 서울시에 25개소, 각 도와 시에 1개씩 있다. 군에도 세워진 곳이 있지만 영동군은 없어서 군 보건소와 군청에서 지원하고 있다. 영동군 보건소에 진행하고 있는 모자보건사업을 알아보니 임신부 건강관리, 영유아 건강관리, 분만 취약지 지원 사업을 하고 있다. 그 외에 출산장려 지원, 예방접종, 영유아 건강검진을 하고 있다.

조사한 결과 대부분의 정책이 건강관리와 출산 중심이고 출산 후 육아과정에서 아기 엄마들이 겪는 어려움에 대해서는 지원금 말고는 거의 도움이 없었다. 이래서 아이를 낳지 않는구나 하는 생각이 저절로 들었다. 이 답답한 상황을 해결할 방법이 없을까 고민하다 눈에 띄는 기사를 찾을 수 있었다.

2017년 12월 18일 자『대전일보』에 나온 충남여성정책개발원에 따르면 충청남도 군 지역 영유아 210명을 대상으로 양육 실태와 육아지원정책 욕구 조사를 했다.

가장 어려운 점을 묻는 질문에 아동과 함께 참여할 수 있는 시설이 없다는 점과 대중교통의 불편함, 혼자 돌보는 문제, 개인적 시간 부족을 꼽았다. 그리고 이런 문제를 극복하는 정책으로 육아종합지원센터의 가정양육지원 사업이나 건강가정지원센터의 돌봄 품앗이 등의 사업이 진행될 수 있는 '우리 마을 돌봄나눔터(가칭)' 공간을 마련해야 한다고 제안했다.

나와 딸 부부는 기사를 보고 많은 공감이 되었다. 영동군에도 육아돌봄지원센터를 만들어서 아기 엄마들이 가까운 마을이나 면을 포함한 권역별로 놀이방을 만들었으면 좋겠다. 또한 영유아 돌봄 공간이 만들어지면 돌봄 교사 파견이나 시간제 돌봄을 실시하여 엄마들도 쉴 수 있고 볼일도 볼 수 있는 육아 지원 서비스가 생겼으면 한다. 차량은 새로 마련하거나 마을버스나 택시를 이용해도 괜찮을 것 같다. 그리고 다문화 가정의 엄마들과 함께 예부터 내려오는 아이 어르는 소리도 배우고 다문화 육아 프로그램도 다 같이 배우는 프로그램이 진행된다면 지금 심각하게 나타나는 다문화 엄마들의 소외감도 줄어들 것이라 생각한다. 또한 지역의 중·고등학교와 연계하여 일주일에 몇 시간이라도 아기들을 돌볼 수 있는 '아기 돌봄 자원봉사' 프로그램을 만들어보고 싶다. 그래서 엄마들이 몇 시간이라도 편히 쉴 수 있었으면 좋겠다. 내 어릴 적 기억 중 가장 행복했던 순간이 외할머니가 들려주시는 구수한 자장가 소리를 들으며 잠드는 밤이었다. 요즘 아이들과 놀 줄 몰라 힘들어하는 젊은 부부들에게 마을 할머니들이 가르쳐주는 아기 발달 단계에 맞는 노래와 놀이는 아기들과 젊은 엄마, 아빠들에게 큰 선물이 될 것이다. 사랑하는 손자와 또래 아기들이 온 마을 사람들 품에서 사랑받으며 성장하는 것은 상상만 해도 너무나 행복하다.

농촌 공동체의 희망-청소년 공간

올 새 학기에 학산초등학교에서 학교설명회를 한다고 해서 행복지구사업(충북도교육청에서 하는 사업으로 학교와 마을이 함께 아이들을 교육하는 사업) 마을 참여자로 초대를 받아 가게 되었다. 끝날 무렵 중학교 교장 선생님이 간절한 눈빛으로 읍이 아니라 면 중학교로 아이들을 보내달라고 호소하는 모습을 보고 나는 충격을 받았다. 올해 학산중학교 학생 수는 15명이고, 그 가운데 1학년 입학생은 2명이라는 것이다. 2명이라는 말을 듣고 '우리 면이 벼랑 끝에 섰구나!' 하는 생각이 들었다.

초등학생만 데리고 청소년공부방을 운영하면서 중·고등학생들이 늘 마음에 걸렸는데, 중학교 사정을 듣고 나니 빨리 대책을 세워야겠다는 조바심이 났다. 그래서 중학교 아이들의 생활이 어떤지 목소리를 들어봤으면 싶었는데 마침 공부방이 있는 면민회관에 중하교 2학년 아이들이 놀러 왔다. 공부방 출신 아이도 있어 반갑게 웃으며 물었다.

"애들아, 학교 끝나고 방과 후에는 뭐 하니?"

"영동읍에 있는 학원 가지요. 근데 왜요?"

우리 공부방을 다녔던 형택이가 궁금한 표정을 지으며 대답했다.

우리 지역에 중·고등학생을 위한 시설이 없어 어떻게 생활하나 궁금해서 물어보는 것이라며 청소년 문화공간을 만들어볼 생각이라고 말했다. 아이들은 청소년 문화공간이란 말이 생소한지 게임하다 말고 힐끔 쳐다보았다. 난 다시 물었다.

"그럼 주말에는 뭐 하니?"

"영동읍에 가요."

아까보다 반기는 얼굴로 말했다.

"영동 가서 뭐해?"

"PC방 가고 노래방 가고 축구도 하고……."

함께 온 형택이 친구가 거들었다. 이렇게 아이들은 틈만 나면 친구

청소년 문화의 집

들과 어울려 영동읍으로 나간다. 또래들이 부족한 것도 있지만 가까운 곳에 다양한 문화를 즐길 데가 없으니 공간을 찾아나서는 것이다. 나는 아이들과 이야기를 나누며 가까운 곳에 아이들이 활동할 수 있는 공간이 하나도 없다는 것이 어른으로서 부끄러웠다. 아이들이 자기가 살고 있는 곳에서 활발한 청소년 시기를 친구들과 즐겁고 행복하게 보낼 수 있는 공간을 마련해야겠다는 생각을 갖게 되었다. 우선 정부에서는 어떤 지원을 하고 있는지 군청에 알아보았다. 청소년을 위해 정부가 만든 시설은 청소년 수련관, 청소년 문화의 집, 청소년 상담복지센터, 청소년 방과 후 아카데미가 설치되어 있었다.

아이들이 사용하기엔 턱없이 부족하단 생각이 들어서 「청소년활동진흥법」 등 여러 자료를 찾아보았다. 박주민 국회의원이 여성가족부로부터 제출받아 보도한 2017년 10월 13일 자료를 보면, 「청소년활동진흥법」 제11조에 따르면 시도지사 및 시장, 군수, 구청장은 청소년 수련관 1개소 이상, 읍·면·동에 청소년 문화의 집 1개소 이상을 설치, 운영하도록 의무화되어 있다. 그러나 실제로 전국 시, 군, 읍, 면, 동에서는 예산 부족 등의 이유로 실행 집행률이 7.1%에 지나지 않는다. 이 자료는 우리나라 청소년 사망 원인 1위가 자살로 청소년의 스트레스가 매우 심각한 데 비해 청소년 활동 진흥 정책은 부족하다는 것을 말해주고 있다.

청소년들은 나라의 미래이고 공동체를 살릴 수 있는 우리의 희망이다. 그러니 청소년들이 마음 놓고 운동과 스트레스를 풀 수 있는 교육 문화적 공간은 반드시 만들어야 한다.

교육 문화적 공간으로는 청소년 문화의 집처럼 시·군·구의 거점공간이 필요하고, 더불어 걷거나 자전거를 타고 갈 수 있는 가까운 거리에 쉼터나 카페 등 작은 공간이 필요하다. 공간이 마련되면 놀이와 학습 등 여가활동이 풍성해지고 청소년의 자치문화가 활성화되어 지역 공동체 활성화로 이어질 것이다.

힘든 아빠들의 쉼터-청장년층의 사랑방

지금 농촌에서 가장 불안하고 힘든 세대는 청장년층이다. 늘 불안한 농산물 가격과 종잡을 수 없는 날씨로 제대로 된 농산물 수확을 할 수 없기 때문이다. 가을 수확을 마치고 나면 농한기가 아니라 또 다른 일을 찾아나서야 한다. 이렇게 쉴 새 없이 일하지 않으면 농사 수입만으로는 아이들 학비와 생활비를 댈 수 없기 때문이다. 물론 옛날이나 지금이나 어렵게 사는 것은 마찬가지다. 하지만 옛날엔 먹고사는 게 더 힘들었어도 서로 돕고 사는 공동체가 살아 있어서 사람 사는 맛이 있었다고 어른들은 이야기한다. 그래서 요즘 더욱 공동체가 살아나야 한다고 생각을 했고 청소년공부방을 하면서 경험해보니 공동체를 살리려면 공간이 기본이라는 것을 알게 되었다. 마을 형들과 생각을 나누어보았다.

어느 날 마을 공동 물탱크를 청소하고 술 한잔을 하며 마을 이야기를 할 기회가 생겼다. 마을에서 50년 넘게 지낸 필수 형님에게 물어보았다.

"형님, 옛날에는 남자들이 주로 어디서 모였어요?"

"옛날에는 마을에 혼자 사는 홀애비 집이 사랑방이야. 거기서 자주 모여 놀고 그랬어."

"그럼 왜 지금은 안 모여요?"

"요새는 모일 데가 없잖아."

그러자 불쑥 새마을지도자가 끼어들어 한마디 했다.

"우리도 젊은 사람 어울릴 수 있는 공간 만들면 안 돼요?"

노총각 동일이형이 말했다.

"야, 그럼 좋지. 동생이 한번 추진해봐. 난 무조건 오케이."

동일이형 말이 끝나자 형들은 모두 좋다며 신이 났다. 나만 사랑방이 그리운 게 아니었다.

나는 마을 형들의 반응을 보며 내심 놀랐다. 다들 공간이 생기면 모여서 술도 한잔하고 얘기도 하고 싶어 했다. 일이 끝나고 경제적 부담 없이 고민을 나눌 수 있는 마을 공간이 생기면 좋겠다는 이야기에 적극적이었다. 공간이 생기면 수시로 모여 필요한 교육을 받았으면 좋겠다는 얘기도 했다. 사람들과 이야길 하고 나서 나는 농촌에 청장년층을 위한 공간을 만들 수 있는 방법이 없을까 자료를 찾다가 「농어민 삶의질법」이라는 특별법이 2010년에 만들어진 것을 알게 되었다. 삶의질법의 목적은 도시 지역인의 삶과 균등한 생활을 위해 복지, 교육 등 필요한 조항을 지원한다는 것이다. 학산면에 소재지 정비 사업으로 들어왔던 수십억의 농어촌 지역개발지원비가 나오게 된 법이었다. 그래서 시행부서인 농림축산식품부의 농촌정책과에 문의를 해보았다.

"농촌에는 경로당을 제외한 각 세대별 마을 공간이 없습니다. 젊은 사람들이 들어올 수 있는 조건이 되려면 아이들을 키울 수 있고 이웃과도 소통할 수 있는 공간들이 있어야 하는데, 지금 삶의질법을 시행하는 기관으로서 그런 정책이 있나요?"

"저희 부서는 법 조항에 있는 집행만 하고 있습니다. 그런데 말씀하신 제안은 좋은 의견인 것 같습니다. 현장의 목소리를 들어서 정책안을 만드는 농촌경제연구원에 제안하시면 좋겠습니다."

나는 다시 농촌경제연구원의 '삶의 질 향상위원회 전문 지원기관'에 연락을 하게 되었다. 세대별 마을 공간에 대해서 질문을 하였다.

"좋은 말씀이신 것 같아요. 지금 당장 시행되기는 힘들지만 관련 부서들과 상의해서 연락드리겠습니다. 더 자세히 알고 싶으시면 지역의 담당 공무원과 연락해보세요."

농촌경제연구원과 영동군청 지역개발과 마을 만들기 담당 공무원까지 세대별 공간 이야기를 제안했을 때 모두 하나같이 긍정적으로 좋은 의견이라며 격려해주고 경청해서 놀랐다. 지역으로 내려올수록 내 제안을 적극적으로 받아들였다.

관계 기관과 이야기를 하며 나는 더욱 자신이 생겼다. 마을 주민들과 관계 공무원들까지 모두 청장년사랑방 같은 공간이 마을에 있으면 좋겠다는 것을 공감하였다. 이제 뜻을 같이하는 사람들과 지자체 선거 때 도시나 농어촌 지역 정책안으로 제안할 것이다. 마을에 세대별 마을 공간을 만드는 것은 공동체를 살리는 기반이므로 한 지역이 아니라 온 나라 전체가 힘을 모아 만들어가야 될 것이라 생각한다.

마을을 살리는 소통의 꽃-아줌마 수다방

아줌마 수다방은 아내가 많은 아줌마들을 만나고 즐겁게 수다를 피우며 썼다.

얼마 전 마을 앞에 온 마을 사람들이 모여 꽃밭을 만들었다. 이장과 아저씨들도 힘을 보탰지만 부녀회가 앞장서서 일을 진행했다. 온 마을 사람들이 풀을 매고 돌을 나르며 나무를 심고 꽃을 심으니 마치 잔치라도 하는 듯 마을이 들썩거렸다. 커피 타 오는 사람, 음료수 사 오는 사람, 집에서 꽃 뽑아 오는 사람 등 모두가 재주껏 힘을 보탰다. 산에서 소나무를 캐어 온 아저씨들이 구슬땀을 흘리며 한마디 했다.

"어! 여자들이 대단하네. 이러다 소도 잡겠어."

"이제 봐 봐요. 올게(올해)만 고생하면 내년에는 마을이 환해질 거예요."

아저씨들과 마을 어른들은 힘들어하면서도 웃음이 떠나질 않았다. 작업을 끝내고 음료수를 마시며 그전과는 다르게 하고 싶었던 얘기들을 쏟아냈다.

"우리 마을 젊은 사람들 모이니까 재밌네."

"그럼 앞으로 자꾸 얼굴 좀 보게 부녀회에서 사업 좀 만들어봐."

꽃밭을 만들면서 서로의 마음이 모아지자 마을 사업을 꿈꾸기 시작했다. 작년까지만 해도 마을 일에 무관심했던 사람들이 부녀회장 언니가 오토바이를 타고 온 마을을 휘젓고 다니며 수다만 떨었는데 이렇게 바뀐 것이 신기했다. 난 그 모습을 보며 수다의 중요성을 알게 되었고, 공동체를 살리는 길은 크고 거창한 게 아니라 수다로 시작하면 되겠다는 생각을 하게 됐다. 그렇지만 현실은 아줌마들이 편하게 수다를 떨 수 있는 조건이 안 된다. 마을뿐만이 아니다. 영동군 전체에서 아줌마들을 위한 공간은 여성회관과 새로일하기센터 두 곳뿐인데, 따져보면 새로일하기센터는 직업 훈련에 가까운 프로그램을 운영하고 있어 여성회관 한 곳이라고 해도 틀린 말은 아니다. 인구 5만인 군에 여성 공간이 한 곳밖에 없고 면에는 그나마 없다는 것이 우리 농촌의 민낯이다.

나는 아줌마 수다방에 대한 사람들의 생각이 궁금해서 면과 읍, 그리고 농사짓는 아줌마, 직장 다니는 아줌마, 단체 대표 등 다양한 아줌마들에게 물어봤다. 모두 긍정적으로 말했고, 있으면 좋겠다는 의견과 꼭 필요하다는 의견이 나왔다. 있으면 좋다고 다소 소극적인 태도를 보인 아줌마들은 주로 남편과 농사를 짓는 사람들이었다. 늘 함께 있는 시간이 많고 남편이 외출하면 밭일을 도맡아 하기 때문에 시간이 없다고 했다. 하지만 청장년사랑방 공간을 만들어 여자는 수다방, 남자는 사랑방을 만들자는 의견을 내며, 마을에 수다방이 있으면 마을 일이 있을 때 협력이 잘될 것 같고 부업도 하면 좋을 것 같다며 좋아했다. 직장생활을 하거나 사회활동을 많이 하는 아줌마들은 꼭 필요하다며 반겼다. 아줌마들은 마을마다 수다방이 있어야 하고 면과 읍에도 군에서 운영하는 수다 카페가 있었으면 좋겠다고 제안했다. 모임이 있을 때마다 커피숍에 가는 비용이 부담스럽다고 했다. 기대하는 모습을 보였다.

그리고 수다방이 생기면 읍에서 하는 교육도 마을에서 받고 싶다고 했다. 도시는 농촌과 비교하면 교육과 문화적인 시설들이 많아서 걸어갈 수도 있고 대중교통도 편리한 것을 부러워했다. 농촌 지역에서 가장 많은 일을 하고 마을 일도 아줌마들이 없으면 진행이 안 된다. 모이면 먹어야 하고 먹으면서 정이 드는 게 사람 사는 기본이기 때문이다. 그래서 농촌 마을을 살리기 위해서는 먹거리의 일꾼이자 소통의 꽃인 아줌마들의 수다방은 반드시 필요하다.

나는 글 쓰는 동안 마을 형님들은 물론 우리 지역 사람들과 타 지역 사람들까지 세대와 공간을 넘어 공동체에 대해 많은 이야기를 나누었다. 오랜만에 공동체에 대해 깊은 고민을 한 행복한 시간이었다. 세대별 마을 공간에 대한 제안은 모두가 공감하는 주제였다. 그만큼 사람들은 본능적으로 공동체를 살리고 싶다는 생각을 하고 있었다. 그래서 주민들이 좀 더 마음을 모으고 적극적으로 나서야 한다고 생각한다.

　농촌에 세대별 마을 공간이 만들어지려면, 우선 법적 근거가 될 수 있는 「농어촌삶의질법」에 세대별 마을 공간을 넣어서 개정해야 한다. 이를 위해서 국회의원을 설득하고 사회적 의제로 확산시키는 일들을 해나갈 것이다. 그리고 지방자치 선거를 맞이해서 지역의 일꾼이 되고 싶어 하는 모든 후보들에게 제안할 것이다. 마을에서는 청년사랑방 만들기부터 시작하고, 면으로는 이전이 확정된 쓰레기집하장터에 청소년 문화의 집과 세대별 마을 공간을 만들기 위해 학부모와 뜻을 같이하는 사람들과 함께 군수 간담회도 하고, 지역에서 세대별 공간에 대한 토론회도 만들어볼 계획이다.

　모든 사람들이 우리의 공동체를 살리고 마을을 살리는 제안에 깊이 공감했고 박수와 격려를 보내주었다. 나는 모두의 소망을 모아 세대별 마을 공간이 마을에서 시작해서 온 사회로 확산될 수 있도록 최선을 다할 것이다.

정책 제안

공동체 활성화를 위한
세대별 마을 공간 만들기

I. 들어가며

1. 취지와 배경

2018년 4월 6일 증평의 모녀와 5월 8일 구미 원룸의 부자 사망 사건은 우리나라 사회안전망이 제대로 갖추어 있지 않은 것도 문제지만 몇 달이 넘도록 이웃에서 아무도 찾지 않았다는 것이 더욱 충격을 주고 있다. 이것은 우리 사회 공동체의 붕괴를 의미이기 때문이다. 이처럼 공동체가 붕괴되는 데는 여러 가지 요인이 있지만 함께 사는 마을 사람들이 공감과 유대를 나눌 수 있는 공간 자체가 없는 것도 큰 문제이다.

예전 공동체가 살아 있을 때는 마을마다 사랑방이 있어서 누구든지 소통할 수 있었다. 그것도 각 세대별로 소통하는 공간이 따로 있었다. 노인들이 모이는 사랑방, 젊은 사람들이 모이는 사랑방이 있었다. 안방이나 빨래터 등 여자들이 모이는 공간도 있었다. 아이들은 마을 곳곳을 자신들의 놀이터로 삼아 놀았다. 이렇게 공동체 울타리 안에서 기쁨과 슬픔을 함께 나누며 살았다.

하지만 현재 도시든 농촌 마을이든 공동체를 이루며 소통할 수 있는 공간은 노인세대의 경로당밖에 없는 것이 현실이다. 세대별 공간이 없다 보니 홀로 아이를 키우며 스트레스와 우울증에 빠진 아기 엄마들, 마음 놓고 뛰어놀 수 있는 공간이 없는 아이들, PC방과 노래방을 전전하는 청소년들, 술집과 커피숍에서 소비하지 않으면 만날 곳이 없는 장년층 모두가 마을에서 뿌리를 내리지 못하고 살아가고 있다.

산소가 풍족할 때는 그것의 소중함을 느끼지 못하는 것처럼 마을 공동체가 붕괴되고 사람들의 삶이 파편화되니 비로소 공동체의 소중함을 느끼고 있다. 전국적으로 일고 있는 마을공동체운동은 이것을 잘 보여준다. 그런데 현재 진행되고 있는 마을공동체운동을 살펴보면 지방자치단체가 적은 예산을 지원해주면서 마을 사람들이 알아서 공동체를 만들라고 하고 있다. 그것도 프로그램 중심의 공모방식으로 사람들을 경쟁시키고 그에 따른 결과도 마을 사람들이 책임을 지라고 한다. 공동체를 위한 기반이 없는 상태에서 몇몇 자발적인 사람들의 헌신과 지원금만으로 공동체운동을 하라는 것은 무리한 요구이다. 진정 공동체를 살리려면 사람들의 생활적 요구, 절박한 요구로부터 출발해야 한다. 그리고 그 시작은 마을 사람 누구나 자유롭게 드나들며 서로 관계 맺고 일상적인 소통을 할 수 있는 공동체 공간을 마련하는 것이다. 그것도 예전 마을공동체처럼 같은 세대가 소통할 수 있는 공간이 있어야 한다. 이것이 세대별 마을 공간이다.

세대별 마을 공간을 마을 사람들이 자발적으로 만드는 것은 너무도 크고 엄청난 일이다. 왜냐하면 법과 제도, 행정 을 모두 바꿔야 하기 때문이다. 국민들이 공동체적인 삶을 누리고 행복하게 살 수 있는 기본적인 전제인 세대별 마을 공간은 국가와 지방자치단체의 책무이다. 하지만 그동안 국가와 지방자치단체는 공동체를 위한 세대별 마을 공간을 만들지 않았다. 도시계획과 주택계획에는 세대별 마을 공간이라는 개념 자체가 아예 없다. 그러면서 공동체 붕괴의 책임을 개인과 사회로 돌리고 있다.

이제라도 국가와 지자체는 공동체적 삶을 바라는 국민들의 요구에 귀 기울이고 공동체 활성화의 기반이 되는 세대별 마을 공간 만들기에 적극 나서야 한다.

이에 마을배움길연구소에서는 공동체 활성화를 위해 주거 형태와 조건에 따라 아파트 단지를 중심으로 한 공동주택, 주택가 골목, 농촌 마을의 세대별 마을 공간에 대한 현황과 문제점을 살펴보고, 정책 대안을 정리하여 다음과 같이 제안한다.

2. 세대별 마을 공간이란

세대별 마을 공간은 마을에서 생애주기에 따라 세대별 구성원들이 모여 자신들의 경험, 요구, 권리를 바탕으로 관계를 만들고 공동체 활동에 참여할 수 있는 기반이 되는 공유 공간을 말한다.

가. 아기 엄마들을 위한 놀이방

아기 엄마들이 육아의 정보도 나누고 쉴 수도 있고 아기들과 함께 놀이하고 마을 사람들의 협력으로 공동 육아도 할 수 있는 공간. 수유방과 간단한 식사할 수 있는 공간.

나. 아이들을 위한 실내외 놀이 공간

세계인권선언의 4대 원칙 가운데 하나인 '아동 이익 최우선'의 원칙

에 따라 날씨와 미세먼지에 구애받지 않고 언제든지 놀 수 있는 실내외 놀이 공간

다. 청소년들의 문화 공간

청소년들이 악기도 배우고, 춤도 추고, 공연도 하고, 마을 축제도 함께 만드는 놀이와 학습을 공유하고 탐색하는 배움터

라. 장년층의 주민 사랑방

1) 장년층 사랑방: 마을일에 참여하여 논의하고 공동 실천 계획을 세우는 자치 공간. 자녀들과 놀이, 마을 나들이, 진로교육을 위한 프로그램 운영
2) 아줌마 수다방: 차 한잔 나누면서 수다를 떨고 이웃의 슬픔과 기쁨을 같이 나눌 수 있는 공간

마. 경로당

노인들이 모여 대화를 나누며 건전한 취미와 오락 활동을 하는 여가 공간

3. 세대별 마을 공간 만들기의 원칙

가. 국가와 지방자치단체 책임의 원칙

헌법 10조는 "모든 국민은 인간으로서의 존엄과 가치를 가지며, 행복을 추구할 권리를 가진다"라고 명시하고 있다. 이러한 행복추구권에

는 인간다운 주거공간에서 살 권리도 포함된다. 따라서 사람들이 공동체를 이루며 사는 기본 단위인 마을에 세대별 마을 공간을 설치하고 그 운영을 지원하는 것은 중앙정부와 지방자치단체의 책임이다.

중앙정부는 세대별 마을 공간 마련을 국정 시책으로 정하고 국회와 협력하여 관련 법률과 제도를 정비하여 국민들의 공동체 공간 마련 및 공동체 활동에 대한 실질적인 중장기적 지원 대책을 마련해야 한다.

지방자치단체는 도시계획과 주택계획에 세대별 마을 공간을 반영하고, 이미 조성된 아파트 단지와 주택가 골목, 농촌 마을은 주민의 요구를 받아들여 공동체 공간을 만들 수 있도록 재정적, 행정적 지원을 해야 한다.

나. 당사자 최우선 원칙

세대별 마을 공간은 각 세대의 이해와 요구, 소망을 담을 수 있어야 한다. 이런 과정을 담을 수 있도록 기획과 설계, 설치, 운영 전 과정에 당사자들의 참여를 보장할 수 있는 제도적 장치가 마련되어야 한다.

다. 소수자 최우선 원칙

장애인, 여성, 노인, 어린이, 다문화 가정 등 소수자가 세대별 마을 공간의 시설과 설비를 동등하게 이용하고, 자유롭게 접근할 수 있도록 해야 한다. 이를 위하여 세대별 마을 공간의 기획과 설계 과정부터 장애인지적, 성인지적, 아동중심적 원칙이 반영되어야 한다.

II. 공동주택(아파트 등) 세대별 마을 공간 만들기

1. 현황

가. 도시의 주거 유형으로 공동주택이 차지하는 비율 계속 증가하고 있음

2016년 인구주택총조사

주택 유형		주택 수	구성비	비고
총 주택		16,692	100.0	
단독 주택	소계	3,968	23.8	
	일반단독	2,698	16.2	
	다가구단독	854	5.1	
	영업겸용단독	416	2.5	
공동 주택	소계	12,523	75.0	
	아파트	10,030	60.1	
	연립주택	492	3.0	
	다세대주택	2,001	12.0	
비거주용 건물 내 주택		202	1.2	

1) 2016년 주택총조사에 의하면 공동주택이 전체 주택에서 차지하는 비율이 75%
2) 인천시가 88.4%, 서울시 86.8%, 경기도 85.9% 순으로 대도시로 가면 대다수 사람들이 공동주택에 모여 살고 있으며 이런 추세는 계속 늘어나고 있음
3) 아파트는 공동주택의 80%를 차지할 정도로 절대적임

나. 공동주택의 세대별 마을 공간 사회적 기준 미비함

1) 공동주택 공유공간은 「주택건설기준 등에 관한 규정」 제2조에 주민공동시설이라고 명시되어 있음
   - 주민공동시설로는 경로당, 어린이놀이터, 어린이집, 주민운동시설, 도서실, 주민교육시설, 청소년수련시설, 주민휴게시설, 독서실, 입주자집회소, 공용취사장, 공용세탁실
2) 주민공동시설 중 꼭 설치해야 하는 필수시설(제55조의 2)은 일부에 불과하고 이 필수시설도 2014년 10월 28일 이후에 신축된 공동주택에만 적용됨

- **150세대 이상**　경로당, 어린이놀이터
- **300세대 이상**　경로당, 어린이놀이터, 어린이집
- **500세대 이상**　경로당, 어린이놀이터, 어린이집, 주민운동시설, 작은 도서관

다. 아파트 평수 등 경제적 여건에 따라 세대별 마을 공간이 차이가
  심함
1) 큰 평수 아파트: 부대시설이라 해서 주민공동시설 설치
    - 골프 연습장, 피트니스, G/X실, 카페, 실내수영장, 사우나, 독서
      실, 작은 도서관 등
2) LH와 지역개발공사가 공급한 공공임대주택과 민간임대주택의
  차이가 심함
    - LH와 지역개발공사가 공급하는 공공임대아파트는 법으로 정
      한 기준보다 공간을 더 확보하여 지역아동센터나 복지관 등을
      설치하는 곳도 있음
    - 세대별 마을 공간은 경로당 이외에는 없음
    - 민간임대주택의 경우는 법에서 정한 최소한의 공간만 확보
3) 2014년 이전에 건축된 아파트와 세대가 적은 아파트
    - 경로당과 어린이집, 어린이놀이터 등 최소한의 공간만 설치
    - 어린이집은 아파트에서 별도로 설치하지 않고 아파트에 있는
      민간어립이집으로 대체하여 실제 주민공동시설이라고 보기 어
      려움

2. 문제점

가. 경로당을 제외한 세대별 마을 공간이 없어 세대 간 소통이 어려움
 1) 세대별 마을 공간은 경로당이 유일하며, 경로당도 공간이 좁고
    시설이 낙후한 것이 많고 운영 재원도 부족한 편임

2) 「주택건설기준 등에 관한 규정」 주민공동시설 정의에 아기 엄마
들을 위한 공간, 아이들을 위한 실내외 놀이 공간, 청장년의 공
간, 주부들의 공간은 정의조차 되어 있지 않음

나. 500세대 미만과 법 개정 이전에 만들어진 아파트 강제할 방법 없음

그나마 공동체 공간으로 의미가 있는 작은 도서관은 2014년 이후
신축된 500세대 이상의 공동주택에서만 필수로 규정하고 있어 500세
대 미만과 법 개정 이전에 만들어진 아파트는 강제할 방법이 없음

다. 아파트 평수 등 경제적인 여건에 따라 주민공동시설이 달라 빈익빈 부익부의 사회경제적 차별을 심화시키고 있음

1) 큰 평수 아파트의 골프 연습장, 피트니스, G/X실, 카페, 실내수영
장, 사우나 등은 주민들의 자치공간이라기보다는 개인의 취미를
위한 사적 공간이 주를 이루고 있음. 이런 주민공동시설은 아파
트의 분양가를 높이는 수단으로 이용되고 있음
2) 작은 평수 아파트의 경우는 분양가 상승 요인이라는 이유로 법
이 규정한 최소 조건만 설치하고 있음
3) 공기업인 LH공사가 공급하는 공공임대아파트의 경우는 일정한
공간을 확보하고 있어 임차인들의 요구에 따라 세대별 마을 공
간으로 사용할 여지가 있지만 민간 건설사가 제공하는 임대아파
트의 경우는 법이 규정한 최소한의 조건만 갖추고 있음
4) 임대아파트는 임차인입주자대표회의를 구성하지 못하는 경우도
많아 주민자치가 어려움

3. 정책 대안

가. 「주택건설기준 등에 관한 규정」개정을 통한 새로운 공동주택 신축 시 세대별 마을 공간 설치 의무화

1) 주민공동시설 정의에 아기 엄마들을 위한 영유아 놀이방, 아이들의 실내외 놀이 공간, 청장년층의 사랑방, 주부들을 위한 수다방 등을 명시
2) 세대별 마을 공간을 필수시설로 명시
3) 이미 설치된 경로당도 낡은 시설 개선 및 운영 지원
4) 세대별 마을 공간을 100세대 이상의 공동주택으로 확대 적용

나. 임대아파트 공급 시 세대별 마을 공간에 대한 설치기준 강화

1) 공기업인 LH공사의 공공임대아파트를 공급할 때 우선 적용하여 민간임대아파트로 확산
2) 임차인대표자회의를 아파트 자치기구 격상

다. 2014년 10월 28일 이전(현행법 개정 이전)에 설치된 공동주택에 세대별 마을 공간 마련을 위한 정부 지원 정책 수립 또는 특별법 제정 필요

1) 세대별 마을 공간을 주민이 요구할 때 기존 주민공동시설에 구조 변경 비용 지원
2) 기존 시설에 여유 공간이 없어 새로운 공간이 필요할 때 신축, 매입 또는 임대비용 지원

라. 세대가 적은 공동주택은 인근 공동주택 또는 일반주택가와 세대
　　별 마을 공간을 공동으로 구성할 수 있도록 의무화하는 법제도
　　정비

1) 100세대 미만의 아파트, 연립주택, 다세대주택 등 공동주택을 공
　　급할 때 개발이익금을 환수하여 세대별 마을 공간 마련을 위한
　　비용으로 사용

마. 평수가 큰 고급 아파트는 공간이 없는 게 아니므로 공간을 구성원
　　들의 합의과정을 거쳐 세대별 마을 공간과 자치 공간으로 만들 수
　　있도록 전환 유도

Ⅲ. 도시 주택가 골목 세대별
마을 공간 만들기

1. 현황

가. 사라져버린 주택가 골목

1) 도로와 주차장으로 변해버린 주택가 골목
2) 해마다 공동주택의 증가 때문에 단독주택이 감소하는 추세임
   - 인구주택총조사에 따르면 전체 주택에서 단독주택 비율이
     2005년 32.2%에서 2016년 23.8%로 줄어듦

[주택가 골목]

- 단독주택들이 골목을 따라 밀집하여 만들어진 생활 구역
- 단독주택에는 일반단독, 다가구단독, 영업겸용단독이 있음
- 도시개발을 할 때 단독주택지로 기획된 경우와 자연마을이 도
  시에 편입되면서 만들어진 경우가 있음
- 도시개발 과정에서 만들어진 단독주택 단지는 소공원을 중심
  으로 골목이 나 있고 직선으로 뻗은 골목을 따라 비슷한 형태
  의 단독주택들이 들어선 형태임
- 자연마을이 도시에 편입되어 만들어진 경우는 삐뚤삐뚤한 좁
  은 골목과 다양한 형태의 단독주택들로 마을이 구성되어 있음

나. 주택가 골목에 세대별 마을 공간은 경로당이 유일함

1) 지역과 마을에 따라 낡은 시설과 좁은 공간의 문제로 이용하기 불편한 곳이 많음

2) 도시개발을 할 때 주택단지를 조성하며 공동체 공간의 설치를 계획조차 안 하였으며, 경로당도 주택단지 조성 이후에 설치하여 부지가 없어 소공원 귀퉁이에 지은 경우가 대다수임

3) 자연마을이 도시에 편입된 주택가 골목의 경로당은 예전 마을회관을 경로당으로 전환한 것이 대부분임

[보기-청주시 경로당 지원 사례]

▶ 경로당 설치 기준
• 읍면 1리당 1개소: 20명 회원에 10명 이용
• 동 주택가는 반경 500미터 거리를 두고 설치함: 30명 회원에 20명 이용

▶ 경로당 운영비 지원 내역 및 규모
• 지원 내역은 일반 운영비와 냉난방비, 양곡비, 신문구독료, 회장 교육비 등임
• 지원은 경로당의 규모에 따라 다르겠지만 전체 지원금을 경로당 수로 나누어보면 경로당 1곳에 지원되는 규모가 약 360여만 원임을 알 수 있음. 곧 월 30만 원 정도임

2. 문제점

가. 정부와 지자체가 도시계획과 주택계획을 세우면서 공동체를 위한 공간을 반영하지 않음

나. 골목은 주차장으로 바뀌어 소통 공간이 사라짐
1) 아이들이 위험해서 놀이를 하지 못함
2) 골목에 평상을 놓고 이웃과 소통하던 풍경이 사라짐

다. 마을에 청소년이 소통할 수 있는 공간이 없음
1) 공원이나 후미진 골목이 일탈행위가 일어날 가능성이 높은 지역으로 변하고 있음
2) 「청소년활동진흥법」 11조에 따르면 정보·문화·예술 중심의 간단한 청소년 수련시설인 〈청소년 문화의 집〉을 읍·면·동에 1개소 이상 의무적으로 설치하도록 하고 있음에도 정부와 지자체는 설치를 안 하고 있음
   - 현재 전국에 설치한 비율 7.1%에 불과함(2017년 10월 더불어민주당 박주민의원실 보도자료)

라. 주택가 골목에 사는 아기 엄마들이 갈 데가 없음
아이들과 나들이할 곳이 없어 비용을 들여 실내 놀이터나 키즈 카페를 갈 수밖에 없음

마. 장년층과 주부들도 모일 장소가 없어 식당, 커피숍, 술집 등에서 만남

3. 정책 대안

가. 주택가 골목, 세대별 마을 공간 설치 및 운영 지원에 따른 법률 제·개정 등 제도적 정비

1) 아기 엄마를 위한 마을 영유아 놀이방

- 마을마다 아기 엄마들의 품앗이와 마을 주민들의 도움으로 운영하는 마을 영유아 놀이방을 정부와 지방자치단체가 의무적으로 설치하도록 「영유아보육법」에 조문을 신설해야 함
- 「영유아보육법」 7조에 규정되어 있는 육아종합지원센터를 동까지 의무 설치하도록 개정

2) 아동청소년을 위한 놀이 및 문화 공간

- 예산의 우선 배정하여 법적 의무규정인 읍면동 청소년 문화의 집 설치해야 함
- 도시의 큰 마을의 경우 주택가 골목에 아동청소년 공간을 설치하도록 「아동복지법」과 「청소년활동진흥법」에 조문을 신설해야 함

3) 청장년·아주머니들을 위한 주민 사랑방

- 현재 주민 사랑방 설치를 규정한 법률이 없음
- 주민의 공동체 활동을 지원하고 보장하기 위한 법 제정이 필요함

4) 노인세대 마을 공간 경로당

정부 차원에서 낡은 시설 개선 및 협소한 공간의 확장을 위한 예산 지원이 필요함

나. 도시계획 수립단계에서 세대별 마을 공간 반영하기 위해서는 「도시개발법」 개정

「도시개발법」 제5조 개발계획의 내용과 동법 시행령 8조 개발계획에 포함될 사항에 세대별 마을 공간의 설치에 대한 계획의 수립을 의무화하는 조문을 신설해야 함

다. 주택가 골목 세대별 마을 공간의 배치와 구성

1) 주민들이 쉽게 접근할 수 있는 주택가 중심에 설치

2) 개발된 도시의 주택가 경로당 대부분이 주택가 골목의 중심인 소공원 또는 어린이 공원과 연계하여 있기 때문에 그 주변에 배치하여 세대 사이의 협력과 연계성을 높이는 것이 좋음

3) 자연마을이 도시화한 주택가의 경우도 경로당이 마을 중심부에 있는 경우가 많으므로 그 주변에 세대별 마을 공간을 배치하는 것이 바람직함

Ⅳ. 농촌지역 세대별 마을 공간 만들기

1. 현황

가. 인구 절벽으로 인한 공동체 붕괴 위기

1) 도시로의 지속적 인구 유출과 급속한 고령화와 저출산으로 인해 우리나라 인구 중 농업인구는 5%에도 미치지 못하고 있음
   - 1970년대 1,400만 농민 → 2015년 12월 기준 256만 농민
   - 영동군 인구 1980년 95,046명 → 2017년 50,486명
2) 농촌경제연구원에 따르면 2018년을 기점으로 전국의 '읍'지역 인구가 '면'지역 인구를 추월할 것으로 예상하고 있어 면 지역의 붕괴가 현실로 드러남
3) 30년 뒤에 전국 지자체 가운데 6개 군이 사라질 위기에 있고 읍·면·동 기준으로 소멸 위험 지역은 3,708곳 중 1,490곳(40.2%)임

나. 농촌 공동체 활성화를 위한 세대별 마을 공간 부족

1) 공동체를 위한 공간으로 마을회관이 있고, 세대별 공간은 경로

당밖에 없음

2) 경로당은 모임, 공동급식, 건강관리 및 여가생활을 하며 노인층 삶의 주요한 공동 터전임

3) 권역별(5~6개 마을을 묶어서 1개 권역으로 부름) 사업이 진행된 곳은 마을교류센터 등의 형식으로 공동체 공간이 있음

4) 면 단위에 공동체 공간은 복지회관 1곳, 면 노인회관 1곳, 도서관 1곳

 - 노인회관은 노인대표자회의, 동아리 활동 등으로 활용되고 있음

 - 면민회관(복지회관): 주민회의실, 찜질방, 아동, 청소년 공간, 동아리 모임방 등으로 쓰임

2. 문제점

가. 인구절벽과 경제적 어려움으로 인해 공동체 붕괴 위기를 맞음

1) 농촌경제연구원 자료에 의하면 2017년도 기준으로 농가 소득은 연간 1,000만 원 정도

2) 아이들 교육환경도 열악하고 안정된 삶을 마련할 수 있는 공동체 문화도 없어 도시로 나가는 젊은 세대들이 많음

3) 세대별로 함께 어울리고 협력하는 공동체 문화가 없어 개인적인 삶으로 고립되거나 개별화되고 있음

4) 마을에 또래가 없고, 놀이문화의 상실로 인해 사회성이 떨어져 인간관계 맺음이 소극적이고 자기성취감이 현저히 떨어지며 자

존감이 부족함

**나. 경로당을 제외한 세대별 마을 공간이 없어 세대 간 기본적인 삶의
조건이 보장되지 못하고 있음**

1) 영유아를 키우는 젊은 엄마들은 함께 어울리지 못하는 고립된
생활로 인해 산후우울증과 많은 육아의 스트레스로 농촌을 떠
나려고 함

2) 아동청소년들을 위한 공간이 없어 아이들은 돌봄이 시급할 정도
로 방치된 상태임. 특히 농번기는 아이들 식사도 제때 먹이지 못
할 정도로 바빠서 게임, 인터넷 중독 현상을 앓고 있지만 개인
문제로 돌리고 지방자치단체는 방관만 하고 있음

3) 청장년과 여성들도 세대별 마을 공간이 없어 모임하기 어렵고 소
통이 안 되어 개별화되고 공동체적인 삶이 해체됨. 그래서 귀농
인들과 현지 토착민이 소통하지 못해 심한 문화적 차이로 지역
화합에 문제가 생김

4) 다문화 가정이 급속히 늘고 있지만 군 단위 1~2곳 정도의 지원
기관이 있을 정도로 근접성이 떨어져 면 단위의 다문화 가정 엄
마들의 적응을 지연시키는 요인이 됨

3. 정책 대안

**가. 농촌지역 세대별 마을 공간 설치 및 지원을 위한 「농어촌삶의질특
별법」 개정**

1) 농어촌 공동체 활성화를 위한 세대별 마을 공간 설치 및 운영 지원 의무화 규정 신설
2) 영유아 놀이방, 청소년 문화의 방, 장년층 사랑방, 아줌마 수다방
3) 100세 시대의 요구에 맞게 경로당 공간 확충

나.「영유아보호법」제7조에 규정되어 있는 육아종합지원센터를 지자체 면 단위까지 반드시 의무로 설치하도록 개정

1) 육아종합지원센터 영유아 놀이방 설계 구성: 실내 놀이터, 실외 흙바닥 놀이터, 수유실, 엄마들의 쉼터 등
2) 이동수단 지원: 100원 택시, 육아종합지원센터 자체 버스 마련
3) 돌봄 도우미 인적 지원: 시간제 아이 돌봄 서비스 활성화, 놀이방 전담 교사 지원
4) 지역 청소년들과 노인들을 연계한 돌봄·교육 프로그램 개발

다. 면 단위 청소년 방과 후 아카데미와 청소년 문화의 집 설치 의무화 준수

1) 아동청소년의 인원수와 관계없이 면지역에 청소년 문화의 집 설치(군 단위×지역을 나눠 권역별 설치)
2) 청소년 방과 후 아카데미를 면 지역으로 확대하고 차량 지원
3) 실내, 실외 놀이터를 마련하여 청소년들의 놀 권리를 보장

라. 학교의 빈 공간을 세대별 마을 공간으로 적극적으로 활용

한 공간에서 지역 아이들을 돌봄으로 인해서 안전성이 확보되고 설치비와 운영비를 절감할 수 있는 경제적 효과 높음

마. 청장년층과 여성을 위한 사랑방 설치

면과 마을에 청장년층을 위한 사랑방과 아줌마들을 위한 수다방을 만들어 농촌의 바탕이 되는 마을의 공동체 문화를 활성화함

1) 마을 사랑방은 경로당 운영비에 준하여 지자체 지원
2) 마을 사랑방에 주민들이 원하는 교육과 프로그램에 활동비와 인력 지원

아파트 평수에 따라
세대별 마을 공간이 달라요

흔히 아파트, 연립주택, 다세대주택을 공동주택이라고 한다. 공동주택은 하나의 건축물의 벽·복도·계단·그 밖의 설비의 전부 또는 일부를 여러 세대가 공동으로 사용하면서 각 세대마다 독립된 주거생활이 가능한 구조로 된 주택이라고 말한다. 2016년 주택총조사에 의하면 공동주택이 전체 주택에서 차지하는 비율이 75%를 차지한다. 이 공동주택 가운데 아파트가 차지하는 비율은 80%이다.

공동주택에서 주민들이 함께 사용하는 시설을 주민공동시설이라고 한다. 국토교통부의 「주택건설기준 등에 관한 규정」 제2조에 의하면 주민공동시설로 경로당, 어린이놀이터, 어린이집, 주민운동시설, 도서실, 주민교육시설, 청소년수련시설, 주민휴게시설, 독서실, 입주자집회소, 공용취사장, 공용세탁실 등 그 종류가 다양하게 정의되어 있다. 제55조의 2(2014. 10. 28)항에는 주민공동시설 가운데 꼭 설치해야 하는 필수시설을 세대수에 따라 다음과 같이 규정한다.

150세대 이상: 경로당, 어린이놀이터
300세대 이상: 경로당, 어린이놀이터, 어린이집
500세대 이상: 경로당, 어린이놀이터, 어린이집, 주민운동시설, 작은 도서관

규정 이외에 필수적으로 설치해야 하는 세대별 주민공동시설의 종류에 대해서는 특별시·광역시·특별자치시·특별자치도·시 또는 군의 여건들을 고려하여 조례로 따로 정할 수 있다고 되어 있다.

이 주민공동시설에 대한 규정도 2014년 10월 28일 이후에 건축된 공동주택에만 적용이 되고 그전에 지어진 공동주택의 경우에는 적용되지 않는다.

이 규정이 실제 아파트에서는 어떻게 지켜지고 있는지를 알아보기 위해 청주시에 있는 각 유형별 아파트를 방문하여 주민공동시설을 확인해보았다.

또한 공동체라면 있어야 하는 세대별 마을 공간으로서의 뜻과 속살을 갖춘 곳이 있는지와 이후 개선 방안에 대해서도 살펴보았다.

큰 평수, 고급 아파트

1. S아파트

가. 현황
- 세대: 700세대
- 면적: 109m^2(33평), 131m^2(40평), 164m^2(50평)
- 신축 연도: 2015년
- 주민공동시설: 경로당, 어린이집, 공동육아나눔터, 모임방, 독서실, 작은 도서관, 키즈 카페, G/X룸, 골프 연습장, 헬스장
- 세대별 마을 공간: 경로당, 공동육아나눔터(청주시청 운영), 키즈 카페

나. 검토 의견
- 커뮤니티센터라는 별도의 건물이 있고 공간이 많이 있는 편임
- 주민공동시설 가운데 주로 이용하는 곳은 체육관, 피트니스, 골프 연습장 등 회원제로 운영되는 개인의 취미를 위한 공간임
- 커뮤니티센터가 주민들의 자치 공간이라기보다는 아파트 분양가를 높이는 수단으로서 의미를 가지는 것으로 보임
- 키즈 카페도 아기 엄마와 아기들이 쉴 수 있는 공간은 아님
- 공동육아나눔터도 청주시 건강가정지원센터에서 지원을 받고 있고 청주시 청원구 전체를 포괄하는 공간으로, 영아기 아기를 둔 엄마들이 쉴 수 있는 공간은 없음

- 이 아파트는 공동체를 위한 공간이 없는 게 아니므로 세대별 마을 공간과 자치 공간에 대한 입주민의 합의 과정이 필요

어린이집

공동육아나눔터

키즈 카페

모임방

스튜디오

독서실

체육관

골프 연습장

2. W아파트

가. 현황
- 세대수: 총 1,900세대
- 면적: 112㎡(34평)
- 신축 연도: 2015년
- 주민공동시설: 실버룸(경로당), 키즈룸, 작은 도서관, 피트니스, 골프 연습장, 사우나, 탁구장, 어린이집
- 세대별 마을 공간: 경로당, 키즈룸

나. 검토 의견
- 주민공동시설 대다수가 개인의 취미를 위한 사적 공간(피트니스, 1,500명 회원제로 운영)
- 주변 백화점과 연계한 소비를 위한 공간
- 주민공동시설이 자치 공간이라기보다는 아파트 분양가를 높이는 수단으로서 의미를 가지는 것으로 보임
- 키즈룸도 아기 엄마와 아기가 쉴 수 있는 공간은 없었음
- 공간이 없는 게 아니므로 세대별 마을 공간과 자치 공간이라는 인식 전환이 필요

어린이집

경로당

키즈룸

작은 도서관

독서실

회의실

피트니스

골프 연습장(스크린 골프장)

사우나

탁구장

LH 임대아파트

1. 영구임대아파트

가. 현황
- 세대: 1,989세대
- 면적: 36.85(11평)~43.92㎥(13.3평)
- 건축 연도: 1993년도
- 주민공동시설: 경로당, 복지관
- 세대별 마을 공간: 경로당

복지관

경로당

나. 검토 의견
- 영구임대아파트로 복지관이 함께 설치됨
- 복지관에서는 노인복지, 장애인복지, 다문화 가정 관련된 복지 서비스를 주로 하고 있음
- 복지관의 포괄 범위도 마을이나 아파트 단지가 아닌 시나 구 전체를 포괄함

- 세대별 마을 공간은 경로당이 유일함
- 최근 주거복지동을 신축하면서 복지관 건물에 있는 관리사무소, 경로당, 어린이집이 이전할 예정으로 일부 공간을 주민들을 위한 세대별 마을 공간으로 확보 필요
- 공기업인 LH가 소유주이기 때문에 세대별 마을 공간 설치를 의무화하는 정책 전환
- 임차인대표자회의가 자치기구로서 의사결정권을 가질 수 있도록 권한 부여

2. LH 아파트

가. 현황
- 세대수: 총 745세대
- 면적: 53m^2(16평), 67m^2(20평), 86m^2(26평)
- 신축 연도: 2010년
- 주민공시설: 경로당, 어린이집, 작은 도서관, 장난감 대여센터
- 세대별 마을 공간: 경로당

나. 검토 의견
- 세대별 마을 공간은 경로당이 유일
- 장난감대여센터는 청주시육아지원센터에서 위탁을 받아 운영하는 곳으로 청주시 전체를 대상으로 하고 있음
- 공기업인 LH가 소유주이기 때문에 신규 임대아파트 건설 시 세

경로당

작은 도서관

장난감대여센터

장난감대여센터 내 수유실

장난감대여센터 내 육아 카페

작업장

대별 마을 공간 설치 및 기존 아파트 유휴 공간에 세대별 마을 공간 마련을 위한 정책 전환
- 임차인대표자회의가 자치기구로서 의사결정권을 가질 수 있도록 권한 부여

민간임대아파트

1. T아파트(민간에서 신축을 했는데 중간에 부도로 인해 LH에서 인수)

가. 현황
- 세대수: 400세대
- 면적: 52㎡(15.7평)
- 신축 연도: 1998년
- 주민공동시설: 경로당, 어린이놀이터
- 세대별 마을 공간: 경로당

나. 검토 의견
- 세대별 마을 공간은 경로당이 유일
- 신축 당시에는 민간 건설업체의 임대아파트였으나 부도가 나서 LH로 소유권 이양
- 주민공동시설도 최소한의 요건인 경로당과 어린이놀이터만 설치

경로당

어린이놀이터

- 공기업인 LH가 소유주이기 때문에 기존 아파트 유휴 공간이나 상가 등의 공간을 세대별 마을 공간으로 전환하기 위한 정책 마련
- 임차인대표자회의가 자치기구로서 의사결정권을 가질 수 있도록 권한 부여

2014년 10월 28일 이전 신축된 아파트

1. S맨션 아파트

가. 현황
- 세대수: 170세대
- 면적: 91m^2(28평), 96m^2(29평), 147m^2(45평)
- 신축 연도: 1988년
- 주민공동시설: 경로당, 어린이놀이터
- 세대별 마을 공간: 경로당

나. 검토 의견
- 세대별 마을 공간은 경로당이 유일
- 주민들이 모일 수 있는 공간 자체가 없음(한 사람이 근무하는 관리사무소와 청소하는 사람들을 위한 좁은 건물 하나가 전부)
- 경로당도 별도 건물이 아니라 아파트 한 채를 임대하여 사용

놀이터

경로당

- 인근 공동주택 또는 일반주택가와 세대별 마을 공간을 공동으로
  구성할 수 있도록 의무화하는 법제도 필요

2. H아파트

가. 현황

- 세대수: 1,032세대
- 평수: $81m^2$(25평), $86m^2$(26평), $102m^2$(31평), $148m^2$(45평)
- 신축 연도: 1992년도
- 주민공동시설: 경로당, 어린이놀이터, 작은 도서관
- 세대별 마을 공간: 경로당
- * 작은 도서관은 법의 기준에 따른 것이 아니라 주민들의 요구로
  만들어짐

나. 검토 의견

- 세대별 마을 공간은 경로당이 유일
- 작은 도서관도 신축할 때는 없었고 2013년 주민들의 요구로 만들
  어짐
- 작은 도서관에 놀이방, 사랑방, 꾸러기방을 만들었지만 도서관 내
  에 부속 시설로 들어가 있어 세대별 마을 공간으로서는 한계가
  있음
- 아파트 지하 에어로빅실을 세대별 공간으로 만들려는 움직임
  있음

- 아파트 상가의 빈 공간이나 1층 아파트를 임대하거나 구입하여
  세대별 마을 공간으로 사용하는 방법 고려

| 경로당 | 어린이놀이터 |

| 작은 도서관 | 놀이방 |

3. L아파트

가. 현황
- 세대수: 400세대
- 평수: 112m^2(34평)
- 신축 연도: 2014년
- 주민공동시설: 경로당, 어린이집, 어린이놀이터(주민공동시설이라
  해서 공간은 있으며 헬스장과 탁구장으로 이용하려는 시도가 있었
  으나 운영할 사람이 없어 빈 공간으로 있음)

- 세대별 마을 공간: 경로당

나. 검토 의견

- 세대별 마을 공간은 경로당이 유일
- 주민공동시설이라 하여 공간은 있으나 탁구장과 헬스장 등 개인의 취미를 위한 공간으로 사용하려는 움직임이 있음
- 주민공동시설을 세대별 마을 공간으로 만들 수 있는 주민 협의과정 필요

경로당

어린이집

주민공동시설(빈 공간)

삶의 행복을 꿈꾸는 교육은 어디에서 오는가?

● 교육혁명을 앞당기는 배움책 이야기 혁신교육의 철학과 잉걸진 미래를 만나다!

● 비고츠키 선집 시리즈 발달과 협력의 교육학 어떻게 읽을 것인가?

생각과 말
레프 세묘노비치 비고츠키 지음
배희철·김용호·D. 켈로그 옮김 | 690쪽 | 값 33,000원

도구와 기호
비고츠키·루리야 지음 | 비고츠키 연구회 옮김
336쪽 | 값 16,000원

어린이 자기행동숙달의 역사와 발달 I
L.S. 비고츠키 지음 | 비고츠키 연구회 옮김
564쪽 | 값 28,000원

어린이 자기행동숙달의 역사와 발달 II
L.S. 비고츠키 지음 | 비고츠키 연구회 옮김
552쪽 | 값 28,000원

어린이의 상상과 창조
L.S. 비고츠키 지음 | 비고츠키 연구회 옮김
280쪽 | 값 15,000원

비고츠키와 인지 발달의 비밀
A.R. 루리야 지음 | 배희철 옮김 | 280쪽 | 값 15,000원

수업과 수업 사이
비고츠키 연구회 지음 | 196쪽 | 값 12,000원

비고츠키의 발달교육이란 무엇인가?
비고츠키교육학실천연구모임 지음 | 412쪽 | 값 21,000원

비고츠키 철학으로 본 핀란드 교육과정
배희철 지음 | 456쪽 | 값 23,000원

성장과 분화
L.S. 비고츠키 지음 | 비고츠키 연구회 옮김
308쪽 | 값 15,000원

연령과 위기
L.S. 비고츠키 지음 | 비고츠키 연구회 옮김
336쪽 | 값 17,000원

의식과 숙달
L.S 비고츠키 | 비고츠키 연구회 옮김
348쪽 | 값 17,000원

분열과 사랑
L.S. 비고츠키 지음 | 비고츠키 연구회 옮김
260쪽 | 값 16,000원

성애와 갈등
L.S. 비고츠키 지음 | 비고츠키 연구회 옮김
268쪽 | 값 17,000원

흥미와 개념
L.S. 비고츠키 지음 | 비고츠키 연구회 옮김
408쪽 | 값 21,000원

관계의 교육학, 비고츠키
진보교육연구소 비고츠키교육학실천연구모임 지음
300쪽 | 값 15,000원

비고츠키 생각과 말 쉽게 읽기
진보교육연구소 비고츠키교육학실천연구모임 지음
316쪽 | 값 15,000원

교사와 부모를 위한 비고츠키 교육학
카르포프 지음 | 실천교사번역팀 옮김
308쪽 | 값 15,000원

혁신교육, 철학을 만나다
브렌트 데이비스·데니스 수마라 지음
현인철·서용선 옮김 | 304쪽 | 값 15,000원

혁신교육 존 듀이에게 묻다
서용선 지음 | 292쪽 | 값 14,000원

다시 읽는 조선 교육사
이만규 지음 | 750쪽 | 값 33,000원

대한민국 교육혁명
교육혁명공동행동 연구위원회 지음
224쪽 | 값 12,000원

경쟁을 넘어 발달 교육으로
현광일 지음 | 288쪽 | 값 14,000원

독일 교육, 왜 강한가?
박성희 지음 | 324쪽 | 값 15,000원

핀란드 교육의 기적
한넬레 니에미 외 엮음 | 장수명 외 옮김
456쪽 | 값 23,000원

한국 교육의 현실과 전망
심성보 지음 | 724쪽 | 값 35,000원

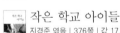

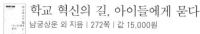
학교 혁신의 길, 아이들에게 묻다
남궁상운 외 지음 | 272쪽 | 값 15,000원

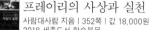
프레이리의 사상과 실천
사람대사람 지음 | 352쪽 | 값 18,000원
2018 세종도서 학술부문

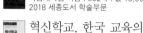
혁신학교, 한국 교육의 미래를 열다
송순재 외 지음 | 608쪽 | 값 30,000원

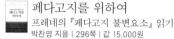
페다고지를 위하여
프레네의 『페다고지 불변요소』 읽기
박찬영 지음 | 296쪽 | 값 15,000원

노자와 탈현대 문명
홍승표 지음 | 284쪽 | 값 15,000원

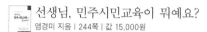
선생님, 민주시민교육이 뭐예요?
염경미 지음 | 244쪽 | 값 15,000원

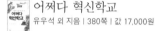
어쩌다 혁신학교
유우석 외 지음 | 380쪽 | 값 17,000원

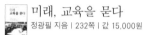
미래, 교육을 묻다
정광필 지음 | 232쪽 | 값 15,000원

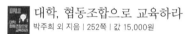
대학, 협동조합으로 교육하라
박주희 외 지음 | 252쪽 | 값 15,000원

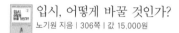
입시, 어떻게 바꿀 것인가?
노기원 지음 | 306쪽 | 값 15,000원

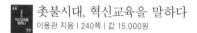
촛불시대, 혁신교육을 말하다
이용관 지음 | 240쪽 | 값 15,000원

라운드 스터디
이시이 데루마사 외 엮음 | 224쪽 | 값 15,000원

미래교육을 디자인하는 학교교육과정
박승열 외 지음 | 348쪽 | 값 18,000원

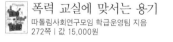
흥미진진한 아일랜드 전환학년 이야기
제리 제퍼스 지음 | 최상덕·김호원 옮김 | 508쪽 | 값 27,000원
2019 대한민국학술원우수학술도서

폭력 교실에 맞서는 용기
따돌림사회연구모임 학급운영팀 지음
272쪽 | 값 15,000원

그래도 혁신학교
박은혜 외 지음 | 248쪽 | 값 15,000원

학교는 어떤 공동체인가?
성열관 외 지음 | 228쪽 | 값 15,000원

학교 민주주의의 불한당들
정은균 지음 | 276쪽 | 값 14,000원

교육과정, 수업, 평가의 일체화
리사 카터 지음 | 박승열 외 옮김 | 196쪽 | 값 13,000원

학교를 개선하는 교장
지속가능한 학교 혁신을 위한 실천 전략
마이클 풀란 지음 | 서동연·정효준 옮김 | 216쪽 | 값 13,000원

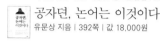
공자던, 논어는 이것이다
유문상 지음 | 392쪽 | 값 18,000원

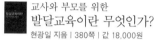
교사와 부모를 위한
발달교육이란 무엇인가?
현광일 지음 | 380쪽 | 값 18,000원

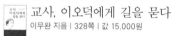
교사, 이오덕에게 길을 묻다
이무완 지음 | 328쪽 | 값 15,000원

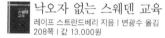
낙오자 없는 스웨덴 교육
레이프 스트란드베리 지음 | 변광수 옮김
208쪽 | 값 13,000원

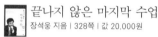
끝나지 않은 마지막 수업
장석웅 지음 | 328쪽 | 값 20,000원

경기꿈의학교
진흥섭 외 지음 | 360쪽 | 값 17,000원

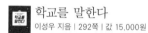
학교를 말한다
이성우 지음 | 292쪽 | 값 15,000원

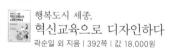
행복도시 세종,
혁신교육으로 디자인하다
곽순일 외 지음 | 392쪽 | 값 18,000원

나는 거꾸로 교실 거꾸로 교사
류광모·임정훈 지음 | 212쪽 | 값 13,000원

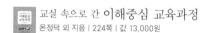
교실 속으로 간 이해중심 교육과정
온정덕 외 지음 | 224쪽 | 값 13,000원

교실, 평화를 말하다
따돌림사회연구모임 초등우정팀 지음
268쪽 | 값 15,000원

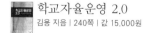
학교자율운영 2.0
김용 지음 | 240쪽 | 값 15,000원

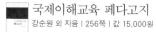
학교자치를 부탁해
유우석 외 지음 | 252쪽 | 값 15,000원

국제이해교육 페다고지
강순원 외 지음 | 256쪽 | 값 15,000원

교사 전쟁
다나 골드스타인 지음 | 유성상 외 옮김
468쪽 | 값 23,000원

시민, 학교에 가다
최형규 지음 | 260쪽 | 값 15,000원

학교를 살리는 회복적 생활교육
김민자·이순영·정선영 지음 | 256쪽 | 값 15,000원

교사를 위한 교육학 강의
이형빈 지음 | 336쪽 | 값 17,000원

새로운학교 학생을 날게 하다
새로운학교네트워크 총서 02 | 408쪽 | 값 20,000원

세월호가 묻고 교육이 답하다
경기도교육연구원 지음 | 214쪽 | 값 13,000원

미래교육, 어떻게 만들어갈 것인가?
송기상·김성천 지음 | 300쪽 | 값 16,000원
2019 세종도서 교양부문

교육에 대한 오해
우문영 지음 | 224쪽 | 값 15,000원

혁신교육지구 현장을 가다
이용운 외 4인 지음 | 344쪽 | 값 18,000원

배움의 독립선언, 평생학습
정민승 지음 | 240쪽 | 값 15,000원

선생님, 페미니즘이 뭐예요?
염경미 지음 | 280쪽 | 값 15,000원

평화의 교육과정 섬김의 리더십
이준원·이형빈 지음 | 292쪽 | 값 16,000원

수포자의 시대
김성수·이형빈 지음 | 252쪽 | 값 15,000원

혁신학교와 실천적 교육과정
신은희 지음 | 236쪽 | 값 15,000원

삶의 시간을 잇는 문화예술교육
고영직 지음 | 292쪽 | 값 16,000원

혐오, 교실에 들어오다
이혜정 외 지음 | 232쪽 | 값 15,000원

혁신교육지구와 마을교육공동체는 어떻게 만들어지는가?
김태정 지음 | 376쪽 | 값 18,000원

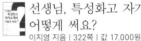
선생님, 특성화고 자기소개서 어떻게 써요?
이지영 지음 | 322쪽 | 값 17,000원

학생과 교사, 수업을 묻다
전용진 지음 | 344쪽 | 값 18,000원

혁신학교의 꽃, 교육과정 다시 그리기
안재일 지음 | 344쪽 | 값 18,000원

● **살림터 참교육 문예 시리즈** 영혼이 있는 삶을 가르치는 온 선생님을 만나다!

꽃보다 귀한 우리 아이는
조재도 지음 | 244쪽 | 값 12,000원

성깔 있는 나무들
최은숙 지음 | 244쪽 | 값 12,000원

아이들에게 세상을 배웠네
명혜정 지음 | 240쪽 | 값 12,000원

밥상에서 세상으로
김흥숙 지음 | 280쪽 | 값 13,000원

우물쭈물하다 끝난 교사 이야기
유기창 지음 | 380쪽 | 값 17,000원

선생님이 먼저 때렸는데요
강병철 지음 | 248쪽 | 값 12,000원

서울 여자, 시골 선생님 되다
조경선 지음 | 252쪽 | 값 12,000원

행복한 창의 교육
최창의 지음 | 328쪽 | 값 15,000원

북유럽 교육 기행
정애경 외 14인 지음 | 288쪽 | 값 14,000원

시험 시간에 웃은 건 처음이에요
조규선 지음 | 252쪽 | 값 15,000원

● 더불어 사는 정의로운 세상을 여는 인문사회과학 사람의 존엄과 평등의 가치를 배운다

밥상혁명
강양구·강이현 지음 | 298쪽 | 값 13,800원

도덕 교과서 무엇이 문제인가?
김대용 지음 | 272쪽 | 값 14,000원

자율주의와 진보교육
조엘 스프링 지음 | 심성보 옮김 | 320쪽 | 값 15,000원

민주화 이후의 공동체 교육
심성보 지음 | 392쪽 | 값 15,000원
2009 문화체육관광부 우수학술도서

갈등을 넘어 협력 사회로
이창언·오수길·유문종·신윤관 지음
280쪽 | 값 15,000원

동양사상과 마음교육
정재걸 외 지음 | 356쪽 | 값 16,000원
2015 세종도서 학술부문

교과서 밖에서 배우는 철학 공부
정은교 지음 | 280쪽 | 값 14,000원

교과서 밖에서 배우는 사회 공부
정은교 지음 | 304쪽 | 값 15,000원

교과서 밖에서 배우는 윤리 공부
정은교 지음 | 292쪽 | 값 15,000원

한글 혁명
김슬옹 지음 | 388쪽 | 값 18,000원

우리 안의 미래교육
정재걸 지음 | 484쪽 | 값 25,000원

왜 그는 한국으로 돌아왔는가?
황선준 지음 | 364쪽 | 값 17,000원
2019 세종도서 교양부문

공간, 문화, 정치의 생태학
현광일 지음 | 232쪽 | 값 15,000원

인공지능 시대의 사회학적 상상력
홍승표 지음 | 260쪽 | 값 15,000원

동양사상과 인간 그리고 사회
이현지 지음 | 418쪽 | 값 21,000원

좌우지간 인권이다
안경환 지음 | 288쪽 | 값 13,000원

민주시민교육
심성보 지음 | 544쪽 | 값 25,000원

민주시민을 위한 도덕교육
심성보 지음 | 500쪽 | 값 25,000원
2015 세종도서 학술부문

교과서 밖에서 배우는 인문학 공부
정은교 지음 | 280쪽 | 값 13,000원

오래된 미래교육
정재걸 지음 | 392쪽 | 값 18,000원

대한민국 의료혁명
전국보건의료산업노동조합 엮음 | 548쪽 | 값 25,000원

교과서 밖에서 배우는 고전 공부
정은교 지음 | 288쪽 | 값 14,000원

전체 안의 전체 사고 속의 사고
김우창의 인문학을 읽다
현광일 지음 | 320쪽 | 값 15,000원

카스트로, 종교를 말하다
피델 카스트로·프레이 베토 대담 | 조세종 옮김
420쪽 | 값 21,000원

일제강점기 한국철학
이태우 지음 | 448쪽 | 값 25,000원

한국 교육 제4의 길을 찾다
이길상 지음 | 400쪽 | 값 21,000원
2019 세종도서 학술부문

마을교육공동체 생태적 의미와 실천
김용련 지음 | 256쪽 | 값 15,000원

교육과정에서 왜 지식이 중요한가
심성보 지음 | 440쪽 | 값 23,000원

식물에게서 교육을 배우다
이차영 지음 | 260쪽 | 값 15,000원

● 평화샘 프로젝트 매뉴얼 시리즈 학교폭력에 대한 근본적인 예방과 대책을 찾는다

학교폭력 어떻게 만들어지는가
문재현 외 지음 | 300쪽 | 값 14,000원

아이들을 살리는 동네
문재현·신동명·김수동 지음 | 204쪽 | 값 10,000원

학교폭력, 멈춰!
문재현 외 지음 | 348쪽 | 값 15,000원

평화! 행복한 학교의 시작
문재현 외 지음 | 252쪽 | 값 12,000원

왕따, 이렇게 해결할 수 있다
문재현 외 지음 | 236쪽 | 값 12,000원

마을에 배움의 길이 있다
문재현 지음 | 208쪽 | 값 10,000원

젊은 부모를 위한 백만 년의 육아 슬기
문재현 지음 | 248쪽 | 값 13,000원

별자리, 인류의 이야기 주머니
문재현·문한뫼 지음 | 444쪽 | 값 20,000원

우리는 마을에 산다
유양우·신동명·김수동·문재현 지음
312쪽 | 값 15,000원

동생아, 우리 뭐 하고 놀까?
문재현 외 지음 | 280쪽 | 값 15,000원

누가, 학교폭력 해결을 가로막는가?
문재현 외 지음 | 312쪽 | 값 15,000원

● 남북이 하나 되는 두물머리 평화교육 분단 극복을 위한 치열한 배움과 실천을 만나다

10년 후 통일
정동영·지승호 지음 | 328쪽 | 값 15,000원

선생님, 통일이 뭐예요?
정경호 지음 | 252쪽 | 값 13,000원

분단시대의 통일교육
성래운 지음 | 428쪽 | 값 18,000원

김창환 교수의 DMZ 지리 이야기
김창환 지음 | 264쪽 | 값 15,000원

한반도 평화교육 어떻게 할 것인가
이기범 외 지음 | 252쪽 | 값 15,000원

● 창의적인 협력 수업을 지향하는 삶이 있는 국어 교실 우리말 글을 배우며 세상을 배운다

중학교 국어 수업 어떻게 할 것인가?
김미경 지음 | 340쪽 | 값 15,000원

토론의 숲에서 나를 만나다
명혜정 엮음 | 312쪽 | 값 15,000원

토닥토닥 토론해요
명혜정·이명선·조선미 엮음 | 288쪽 | 값 15,000원

인문학의 숲을 거니는 토론 수업
순천국어교사모임 엮음 | 308쪽 | 값 15,000원

어린이와 시
오인태 지음 | 192쪽 | 값 12,000원

수업, 슬로리딩과 함께
박경숙 외 지음 | 268쪽 | 값 15,000원

언어던
정은균 지음 | 268쪽 | 값 15,000원
2019 세종도서 교양부문

민촌 이기영 평전
이성렬 지음 | 508쪽 | 값 20,000원

감각의 갱신, 화장하는 인민
남북문학예술연구회 | 380쪽 | 값 19,000원

참된 삶과 교육에 관한
생각 줄기